SUPER GAP STRATEGY OF

삼성전자
전 부사장이 말하는
K-반도체
초격차전략

K-CHIPS

삼성전자
전 부사장이 말하는
K-반도체
초격차전략

이병철 지음

> 기술이 국가 안보를 좌우하는 시대,
> K-반도체는 어떻게 살아남을 것인가!

덫봄

저자의 말

2025년 현재 국제관계 질서를 주도하는 나라는 미국이다. 하지만 이 질서를 근본적으로 변화시키고 있는 핵심 동력은 중국의 부상에 있다. 미·중 패권경쟁의 시작점도 중국의 부상이며, 대한민국 경제의 위기도 중국과 맞닿아 있다. 중국이 어느 산업에 본격적으로 진출하면 해당 산업은 큰 어려움을 겪곤 했다. 지금은 첨단산업마저 위기 상황이다.

중국이 '죽(竹)의 장막'을 걷고 국제무대에 등장한 때는 50여 년 전인 1970년대 초였다. 1971년 당시 '핑퐁 외교'를 계기로 미·중 간 화해 분위기가 급진전되었다. 1978년 개혁개방을 선언한 이후 본격적인 경제 개발에 착수하며 대외관계 개선에 나섰다. 1979년에는 미·중 양국이 국교를 정상화하면서 세계 질서 속으로 편입되는 발판을 마련했다.

1991년 소련 해체로 미·소 양극 체제가 끝나고 미국 중심의 일극 체제가 도래했다. 중국은 이러한 국제질서 변화 속에서 새로운 경제적 기회를 모색했다. 2001년 세계무역기구WTO 가입은 글로벌 경제 체제에 본격적으로 편입되는 계기였으며, 이때부터 '세계의 생산기지이자 성장 엔진'으로 자리매김하기 시작했다.

미국은 중국에서 생산된 저가 제품을 대량으로 수입해 저물가를 유지하면서 소비 중심의 경제성장을 이어갔다. 동시에 '세계의 경찰'로서 자유주의 국제 질서를 주도했다. 제2차 세계대전 이후 국지적 분쟁을 제외하면 대규모 전쟁 없이 세계 경제의 장기 호황이 지속되었다. 그러나 중국의 급격한 부상과 미국의 상대적 쇠퇴에서 이 질서에 균열의 조짐이 나타났다.

중국은 WTO 가입 후 초기 10년은 매년 9~10%의 고도성장을 지속했다. 2014년 구매력평가PPP 기준으로 미국 경제 규모를 추월했고, 명목 GDP 기준으로도 미국의 절반 수준을 넘어섰다.

반면, 미국은 2008년 글로벌 금융위기로 심각한 타격을 입었다. 이 시기에 중국의 4조 위안 규모 경기부양책이 세계 경제를 떠받치는 상황까지 전개되었다. 중국은 2012년 시진핑習近平 주석이 집권하자, '중화민족의 위대한 부흥'中國夢을 전면에 내세우며 더 이상 미국 중심 질서에 순응하지 않겠다는 의지를 분명히 했다. 특히 일대일로一帶一路와 인류운명공동체人類運命共同體 구상 등을 주창하며 새로운 글로벌 질서를 제안하기에 이르렀다.

바야흐로 트럼프 1기, 바이든 행정부를 거친 미·중 간의 기술·무역 전쟁이 트럼프 2기 행정부 출범과 함께 한층 격화되고 있다.

미국은 중국 견제와 자국 제조업 부활을 동시에 추진하고 있다. 지난 바이든 행정부가 보조금과 세제 혜택 등 '당근 전략'을 활용했다면 트럼프 2기 행정부는 고율 관세와 동맹국에 대한 특혜 폐지 등 압박 수단을 통해 미국 정책을 따르도록 하고 있다. 동맹과의 협력을 유지하면서 필요할 경우 동맹국에도 압박을 가하며 전략산업의 국내 생태계 재건을 추진하고 있다.

이에 맞서 중국은 오래전부터 준비해 온 기술 자립 전략의 속도를 높이고 있으며, 반도체·2차전지·AI인공지능 등 핵심 분야에서 성과를 가시화했다. 그중에서 반도체는 미·중 경쟁의 최전선이자 향후 패권의 향방을 가를 핵심산업으로 떠올랐다. 과거 냉전 시절의 군사력 대결은 이제 기술 전쟁 양상으로 바뀌었고, 그 최전선에 반도체가 있다.

현재의 미·중 반도체경쟁 구조를 이해하는 것은 국제 정세를 이해하는 바로미터다. 미국의 제재와 중국의 대응 속에서 각국 반도체 기업들은 생존 전략을 모색하고 있으며, 미국 내 공장 건설이나 기업외교를 통한 리스크 최소화 등 다양한 방식이 시도되고 있다. 이 책은 이러한 '반도체 전쟁'의 전개 현황과 기업들의 생존 방식을 조명하며, 특히 삼성의 사례를 중심으로 기업외교의 전략적 의미를 분석한다.

미·중 간의 경쟁은 반도체에만 국한되지 않는다. 자율주행차, 2차전지, 바이오, 희귀광물, AI, 로봇 등 첨단산업 전 분야로 확산 중이며 더욱 격화될 것이 분명하다. 반도체 사례는 다른 산업의 대응 전략 수립에도 시사점을 줄 수 있을 것으로 생각된다.

중국은 한때 한국 기업에게 무한한 기회의 땅이었다. 1992년 한·중 수교 이후 중국은 한국의 주요 생산 거점이자 최대 수출시장으로 부상했다. 삼성·현대차·LG전자 등 주요 기업은 1990년 중후반부터 중국에 대규모 생산기지를 만들었다. 그러나 2010년 초 중국 로컬 기업의 급성장과 함께 2016년 사드THAAD 사태를 겪으며 한국 기업의 입지는 급격히 좁아졌다.

삼성의 경우 전성기에 중국 내 생산법인이 30개를 초과하였으며, 임직원 규모 또한 10만 명을 상회하였다. 그런데 작금에는 쑤저우苏州 냉장고 공장을 제외한 대부분의 완제품 생산법인은 철수한 상태다. 중국 내수시장에서의 입지도 미미해졌다.

제조 기지의 글로벌 이동은 자연스러운 흐름이다. 중국 로컬 기업들의 기술력과 브랜드 경쟁력이 빠르게 높아지는 반면, 한국 기업들의 설 자리는 점점 좁아지고 있다. 이런 분위기를 반영하듯, 기업 주재원은 물론 외교관과 특파원들 사이에서도 중국 근무를 기피하는 분위기가 확산되고 있다고 한다.

문제는 이러한 위축이 단순히 하나의 시장을 잃는 차원이 아니라는 점이다. 세계 주요 산업 수요의 절반 가까이가 중국에서 나오기 때문이다. 중국시장에서 활로를 찾지 못한다면 마치 100점 만점 시험에서 큰 점수를 감점당한 채 치르는 결과를 낳게 만든다. 다른 시장에서 아무리 최선을 다해도 총점은 만족스러운 결과를 내기가 어렵다.

중국은 단순한 시장을 넘어 세계 기술 혁신의 새로운 진원지로 부상했다. 중국은 매년 수많은 이공계 인력을 배출하며, 그 규모는 계속 확대되고 있다. 이러한 풍부한 인재는 중국 산업 경쟁력의 핵심 동력이 되고 있다. 중국의 '디지털 인해전술' 속에서 중국 로컬 기업들은 글로벌 산업 질서를 재편하고 있다. 앞으로 중국 기업은 자국 시장에서 역량을 축적한 뒤 중국시장은 물론 글로벌 주력시장까지 장악할 태세다.

지금 대한민국의 반도체산업은 큰 도전에 직면해 있다. 기술 초격차를 자랑하던 산업이지만 글로벌 공급망의 재편과 미·중 패권경쟁, 지정학적 리스크, 기술패권 경쟁이 교차하며 전례 없는 압박 속에 놓였다. 반도체를 둘러싼 오늘의 환경은 단순한 산업 경쟁이 아니라 국가 생존을 건 체제 경쟁이며, 기술이 곧 안보이자 외교가 된 시대다.

이 책은 미·중 전략경쟁의 구조, 미국의 산업정책 변화, 중국의 자립자강 전략, 글로벌 반도체 생태계의 재편, 그리고 기업이 외교의 주체로 변모하는 과정까지 종합적으로 조명한다. 생존의 해법은 기술력만이 아니라 외교력, 즉 기업외교에서 찾을 수 있다. '기술이 권력인 시대'에 한국 반도체의 생존은 기술과 외교, 산업과 국가 전략을 함께 읽는 통합적 사고에서 시작된다.

이 책은 최근 중국의 부상과 미·중 기술패권 경쟁을 객관적으로 분석하며, 각 분야의 대응 전략 수립에 필요한 통찰을 제공하고자 한다. 나는 2005년부터 2020년까지 삼성그룹 중국본사 주재원으로 15년 동안 중국 현장에서 근무하면서 직접 몸으로 부딪치며 한·중 사이의 협력과 경쟁의 양면을 경험했다. 그후 아주대 대학원에서 국제관계학 박사 과정을 공부하면서 미·중 기술경쟁과 중국의 부상을 좀 더 체계적으로 분석할 필요를 느꼈다. 이를 위해 중국을 경험한 여러 기업인들, 중국과 반도체 비즈니스를 하는 분들과 교류하고, 관련 학술 논문도 폭넓게 읽고 연구했다. 이러한 다양한 자료를 바탕으로 나온 결과물이 이 책이다. 그러므로 미·중 패권경쟁 속에서 한국이 생존하고 도약하는 데 작은 실마리가 되기를 바란다. 산업과 기술, 지정학의 격변 속에서 기술 초격차가 점점 중요해지고 있는 '기정학技政學, 技術과 地政學의 결합의 시대'를 맞아 스스로의 위치를 점검하고, 전략적 선택을 고민하는 모든 이에게 이 책이 하나의 작은 나침반 역할을 할 수 있기를 기대한다.

나아가 이 책이 한국의 반도체산업이 맞닥뜨린 거대한 도전 속에서 독자 여러분이 함께 지혜를 모아 새로운 돌파구를 찾는 계기가 되기를 바란다.

발간에 이르기까지 물심양면으로 지원을 아끼지 않은 많은 분이 계신다. 박사학위 논문으로 제출한 『지정학적 리스크하 기업외교』의 연구와 집필 과정 전반에 걸쳐 세심한 지도와 격려를 아끼지 않으신 아주대학교 정치외교학과 김흥규 교수님과 이왕휘 교수님께 깊이 감사드린다.

박사학위 과정과 본 책 발간에 큰 지지를 보내주신 세종연구소 정성장 부소장님, 그리고 경기대학교에서 여러 도움을 주시는 류자양 교수님께 깊은 감사를 드린다.

바쁘신 중에도 흔쾌히 추천사를 써주신 현오석 전 기획재정부 부총리님, 강호문 전 삼성전자 부회장님, 그리고 원고 검토와 추천사까지 써주신 가천대 김용석 석좌교수님께도 진심으로 감사드린다. 원고를 꼼꼼히 봐주시고 의견을 주신 동운아나텍 김동철 회장님, 전 중국삼성경제연구원장 이철희 고문님, 이비덴 코리아 이동명 사장님께도 깊이 감사드린다.

아울러 책이 나올 수 있게 전체 기획부터 원고 교정까지 애써준 서대옥 아주대 박사생에게도 심심한 감사 말씀을 드린다. 필자가 삼성에서 배우고 성장할 수 있도록 도와주신 한국과 중국 삼성의 모든 선후배님들께 진심으로 감사드린다.

끝으로 이 책이 세상에 나오기까지 아낌없는 성원과 지원을 보내주신 더봄출판 김덕문 사장님과 관계자 여러분께도 진심으로 감사의 말씀을 드린다. 묵묵히 곁에서 든든한 힘이 되어준 사랑하는 아내와 아들, 딸에게 그 무엇보다 특별한 고마움을 전한다. 시골에서 항상 아들을 응원해 주시는 어머니의 건강과 평안을 기원하면서 감사를 드린다.

CONTENTS

4 저자의 말
12 여는 글 기정학 시대는 기술이 외교이며, 기술이 안보가 되는 시대다!

1장 미·중 패권경쟁과 중국 굴기 …… 23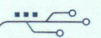

24 미국에게 중국은 '잠재적 위협 국가'
39 중국 입장에서 미국은 '대결해야 할 No. 1'
47 중국의 과학기술 자립자강론
55 '완다오차오처'弯道超车, 코너에서 추월하는 중국의 전략
66 생생토크 1 삼성, '신경영 선언'으로 코너 추월을 하다
　　　　　'코너 추월'은 삼성이 먼저 | LCD TV 시대 시장 1위
　　　　　노키아를 무너뜨린 삼성 갤럭시

2장 미국과 중국의 반도체 전쟁 …… 71

72 미국의 반도체 영토 회복 작전
103 독자적 혁신의 길을 찾는 중국
139 얻어도 잃어도 딜레마
149 '낀' 국가, '낀' 기업의 형편
168 생생토크 2 형식보다 실용을 추구하는 이재용 회장
　　　　　검소하고 실용적인 스타일 | 현실적인 판단과 배려의 리더십

3장 반도체 기업의 생존 전략 ······ 175

- 176 　주요 반도체 기업의 생존 좌표
- 192 　투자 전략은 어떻게 전환되는가?
- 200 　판매·조달 전략도 바꿔야 산다
- 211 　비즈니스 성공과 리스크 관리 전략
- 228 　**생생토크 3** 고故 이건희 회장의 혜안과 중국 공략 솔루션
  중국에 제2의 삼성을 건설하라 | 중국삼성 경영의 비약적 발전과 쇠퇴
  GE와 하니웰의 중국 공략 성공 사례 | 오리온의 중국 성공 사례

4장 미·중 기업외교의 현장 ······ 245

- 246 　성과 창출과 미창출의 차이
- 253 　중국에서는 '성심성의'가 먼저
- 271 　미국에서는 '로비'와 '투자' 우선
- 278 　**생생토크 4** 중국의 미래, 화웨이의 기업문화
  창립자 런정페이의 리더십 | 늑대문화 | 파격적인 보상제도
  실용적인 기업경영 철학 | 실감하는 화웨이의 기세

5장 직접 보고 겪은 중국의 파워 ······ 287

- 288 　중국을 움직이는 힘
- 303 　일을 성사시키는 관료 접촉 전략
- 314 　삼성의 중국투자 막전막후
- 334 　'환영'과 '냉담' 사이의 외자 기업
- 342 　**생생토크 5** 중국에서의 경험담과 중국에서 배운 것들
  마오타이주 | 숫자에 얽힌 중국문화 코드
  3·15 소비자의 날 | 중국의 스케일

- 355 　닫는 글 기정학 시대에 한국 기업이 승리하는 다섯 가지 전략

여는 글 | 기정학 시대는 기술이 외교이며, 기술이 안보가 되는 시대다!

한반도는 유라시아 대륙 세력이 대양으로 통하는 한 귀퉁이를 차지하고 있다. 그중에서도 대한민국은 21세기 패권을 두고 미·중이 전략경쟁으로 충돌하는 사이에 '낀' 나라다. 따라서 세계 정세가 급변하는 현대 국제관계에서 국가 간 경쟁과 갈등의 한복판에 서 있다.

국제 관계에서 경쟁과 갈등의 구조를 이해하려면 '지정학'地政學, Geopolitics과 '지경학'地經學, Geo-Economics을 먼저 알 필요가 있다.

'지정학'은 군사·정치·경제·사회 등 다양한 요소를 포함한 포괄적 개념이다. 지정학에서는 지리적 위치, 자원, 군사적 요충지와 같은 물리적 요소를 기반으로 국가 간 경쟁을 분석한다. 그리고 영토 확장, 해상 교통로 통제, 세력권 형성을 목표로 군사력 배치와 외교적 협상 등의 물리적 수단을 활용하게 된다.

지정학은 그리스어 '지구'γῆ, gê·'정치'πολιτική, politiké에서 유래한 용어로, 지리적 특성이 정치와 국제관계에 미치는 영향을 연구하는 학문이다. 이 개념은 20세기 초 스웨덴의 정치학자 루돌프 첼렌이 '게오폴리티크'Geopolitik라는 용어를 처음 사용하면서 소개되었다.

1970년대에 미국의 전 국무부 장관 헨리 키신저Henry Kissinger가 기존의 지정학적 접근을 미국의 외교정책에 활용하여 세력균형적 정책을 추진한 것으로 유명하다. 1979년 이란혁명과 1989년 베를린 장벽 붕괴, 2001년 9·11 테러와 2003년 이라크 전쟁 등은 지정학적 전환점이 되었다.

'지정학적 리스크'란 '지리와 국제정치 간의 역학관계에서 발생하는 위험 요소'를 뜻한다. 이는 초기에는 단순히 영토경쟁과 무력 대립을 중심으로 했으나, 점차 경제와 기술적 요인 등으로 확대되어 발전해 왔다. 카터 행정부 시절 국가안보회의 의장을 지낸 브레진스키는 『거대한 체스판』1997에서 이렇게 말했다.

"영토를 중심으로 한 경쟁이 여전히 세계를 지배하고 있다. 그러나 핵무기의 존재로 인해 경쟁은 민간 영역으로 이동하는 경향이 두드러지고 있다. 이는 영토 외의 다양한 요소들이 국제적 영향력에서 점점 더 중요한 역할을 하고 있음을 보여준다."

대표적인 지정학적 리스크 사례로는 사우디아라비아와 이란의 갈등으로 인한 원유 가격 급등을 들 수 있다.

2019년 9월 14일, 이란의 배후 지원 의혹을 받던 예멘 후티 반군이 사우디아라비아 석유 시설을 미사일로 공격했다. 이 사건으로 하루 570만 배럴의 생산이 중단되었고, 브렌트유 가격은 약 20% 급등하면서 국제 원유시장과 금융시장에 큰 충격을 주었다.

북한 핵실험이 한국의 금리 및 환율에 미치는 영향도 지정학적 리스크의 대표적 예로 빼놓을 수 없다.

'지경학'의 경우는 경제적 요소의 중요성이 부각되면서 도입된 개념이다. 지경학은 경제적 수단을 통해 정치적 또는 전략적 목표를 달성하려는 국가 간 경쟁을 강조한다. 한마디로 전통적 지정학적 갈등을 넘어 경제적 전환을 상징한다고 볼 수 있다.

미국의 전략가 에드워드 N. 루트왁은 1990년 The National Interest에 발표한 「From Geopolitics to Geo-Economics: Logic of Conflict, Grammar of Commerce」『지정학에서 지정경제학으로』에서 냉전 이후 국제 경쟁이 군사력 중심에서 무역·투자·제재 등 경제적 수단으로 점차 이동하는 양상을 체계화했다. 이 글은 '지정경제학'Geoeconomics을 갈등의 논리와 경제적 문법의 결합으로 설명하며, 경제 수단이 군사적 충돌 없이도 국가의 전략 목표를 달성하는 핵심 도구가 되었음을 강조한다. 이후 로버트 D. 블랙웰과 제니퍼 N. 해리스는 2016년 지경학을 '국가 이익을 증진·방어하기 위해 경제적 수단을 동원하는 국가 전략'으로 정의하며 그 개념을 확장했다.

지금 우리는 '기정학'이라는 새로운 시대의 한복판에 서 있다

한 발 더 나아가, 21세기 국가 간 갈등 구조를 분석하고 이해하는 데는 지정학과 지경학 개념만으로는 부족하다. 그래서 최근에는 디지털 기술·AI·데이터 등 첨단기술의 중요성이 부각되면서 '기정학'技政學, Techno-Geopolitics 개념이 부상하고 있다.

'기정학'은 지정학과 지경학의 전통적 논리를 벗어나, '기술을 중심으로 세계 질서가 재편되는 현상'을 포착하는 개념이다. 이는 기술 중심의 갈등을 설명하는 동시에 지경학과 지정학이 융합된 개념으로 정의된다. 따라서 'Techno-Geopolitics', 즉 기술지정학은 지정학적 관점에서 '기술-정치'를 의미함과 동시에 지경학적 관점에서 '기술-경제'와도 일맥상통하는 개념으로 이해할 수 있다.

기정학은 기술 주도권 확보, 디지털 인프라 장악, 데이터 통제를 핵심 목표로 삼는다. 이는 당연히 5G 네트워크 확장, 반도체 생산 통제, 사이버 보안 등 기술 중심의 전략적 수단을 포함한다. 이 개념은 반도체·AI·통신·에너지와 같은 핵심기술 패권경쟁의 중요성을 강조하며, 21세기 디지털 경제와 4차 산업혁명 시대의 국가 간 갈등 구조를 분석하고 이해하는 새로운 틀로 정립되고 있다.

전통적인 지정학이 영토와 해양, 자원의 선점과 군사적 우위의 지리적 조건을 통해 권력을 확보하는 데 초점을 맞춘다면 기정학은 디지털과 첨단기술을 전략 자산 삼아 데이터, 지식 네트워크, 첨단 공급망 등 비물리적 공간까지 권력경쟁의 장을 확장한다는 점에서 차별화를 이룬다. 이러한 개념은 탈냉전 이후 이념경쟁이 약화하는 가운데 신기술이 사회 혁신과 경제력·군사력의 핵심 원천으로 부각되면서 뚜렷해지고 있다. 특히 상호의존을 전제로 한 기술 세계화가 보호주의와 민족주의가 결합된 패권경쟁으로 전환된 것은 기정학 부상의 주요한 배경으로 작용했다. 이러한 흐름은 2019년 일본의 반도체 소재·부품 수출 규제, 2021년 글로벌 반도체 공급망 대란, 그리고 미·중 간 반도체·AI·5G·배터리 분야의 경쟁 등의 사례가 단적으로 보여주고 있다.

기정학은 다음의 몇 가지 특징을 지닌다. 먼저, 권력의 핵심 자원이 군사력에서 기술 혁신 역량으로 이동하고 있다. 경쟁 공간도 육지와 해양에서 데이터, 사이버, 우주 영역으로 확장되는 중이다. 또한 경제정책과 안보 전략의 경계가 모호해지면서 경제안보 개념이 정립되고, 공급망 지배가 제재와 압박의 수단으로 활용되는 '상호의존성의 무기화' 현상이 두드러진다.

이 개념이 중요한 이유는 첨단기술이 국가 주권과 생존 전략의 기반을 이루기 때문이다. 첨단기술은 군사·산업·정보·금융 등 국가 핵심 기능 전반을 뒷받침하며, 특정 국가에 대한 기술 의존도가 높을수록 지정학적 리스크에 더 취약해진다.

최근에는 기술 동맹과 블록 형성이 새로운 국제 질서의 핵심 축으로 부상하고 있는 추세다. 다른 무엇보다 미·중 패권경쟁과 그에 따른 수출통제정책, 보조금정책, 투자제한정책, 기술표준정책 등은 각국의 국가전략과 기업의 글로벌 전략 수립에 핵심적인 고려 요인이 되고 있다.

실제로 반도체·AI·5G·데이터·사이버 보안 등은 더 이상 민간 영역의 기술 이슈가 아니라, 국가 전략의 최전선이자 외교의 핵심 대상이 되었다. 기술이 외교를 결정하고, 기술 인프라가 동맹 구조를 형성하며, 기술 주도권이 곧 패권의 척도가 되고 있다. 이제 우리는 기정학 시대의 한복판에 서 있는 셈이다.

'기술 초격차'와 '기업외교'는 선택이 아니라 생존의 전제다

미·중 패권경쟁의 본질은 기술 경쟁이다. 기술이야말로 지정학적 리스크를 극복할 근본적인 방안이다. 그러나 기술만으로는 충분하지 않다. 기술 초격차가 기업의 경쟁력을 지탱하는 기초라면, 그 경쟁력을 외부의 불확실한 국제 질서 속에서 지켜내는 방패가 필요하다. 그것이 바로 기업외교다. 즉, 미·중 기술패권 경쟁에 대응하는 한국 기업의 전략은 기술 초격차를 기반으로 하면서 기업외교를 통해 스스로를 지켜나가는 자강自强 전략이어야 한다.

기업외교란 기업이 생존을 위해 자국과 해외에서 정부, 현지 사회, 그리고 다자기구와의 관계를 구축하고, 정부 외교와 유사한 활동을 수행함으로써 위기를 최소화하고 새로운 기회를 창출하는 행위를 의미한다. 21세기에 들어 글로벌 공급망 재편, 기술 경쟁, 경제 블록화 등 지정학적 요인들이 심화되면서 기업외교의 중요성은 한층 더 부각되고 있다.

기업외교의 개념은 초기에는 세계화의 확산에 따른 정치적 리스크 관리와 기업 이미지 보호에 초점을 맞추었다. 그러나 점차 글로벌 거버넌스의 공백을 메꾸는 공공 역할을 수행하는 방향으로 확장되었다. 이제는 국제관계의 변화에 대응하며 비시장 전략을 강화하는 등의 역할로 진화하고 있다.

2020년에 이르러 기업외교는 단순한 리스크 관리 차원을 넘어 정부적 역할까지 수행하는 규범적 접근으로 발전했다. 글로벌 다국적 기업은 이제 국가 경제를 좌우할 만큼 덩치가 커졌고, 그만큼 스스로 몸을 지켜야 하는 존재가 되었다.

유엔무역개발회의UNCTAD의 「World Investment Report 2020」에 따르면, 다국적 기업은 전 세계 무역과 생산, 고용에서 막대한 비중을 차지하며 세계 경제에 깊이 뿌리내렸다. 실제로 다국적 기업의 해외 자회사까지 포함한 활동은 세계 GDP의 약 1/3, 전 세계 고용의 1/4 수준을 차지하는 것으로 추정된다.

미국 경제분석국BEA 통계 또한 이를 뒷받침한다. 2022년 기준으로 미국의 다국적 기업은 전체 기업 수의 1%도 안 되지만 민간 GDP의 약 23.3%를 창출하고, 수출입에서도 절반 이상을 차지하고 있는 것으로 나타났다.

캐나다 사이먼 프레이저 대학교의 징 리Jing Li 교수는 기업외교를 '국가외교와 국제관계에 대응하고, 이를 형성하는 다양한 비시장 전략'이라고 정의한다. 그는 기업이 미·중 기술패권 경쟁과 지정학적 갈등에 맞서려면 공급망을 재편하거나 투자 지역에서 철수하는 등의 전략적 조치를 검토해야 하며, 이를 통해 자국 정부와의 관계도 강화해야 한다고 설명한다.

징 리 교수는 또 기업의 정치 활동Corporate Political Activity, CPA과 사회적 책임Corporate Social Responsibility, CSR을 기업외교의 핵심 수단으로 꼽는다. CPA는 정부 정책에 영향을 주는 방식이고, CSR은 사회적 신뢰를 쌓아 정치적 위험을 완화하는 방식이다. 결국 기업은 단순히 이윤을 추구하는 존재를 넘어 불안한 국제 환경 속에서 살아남기 위해 정치적·사회적 수단까지 동원하는 시대를 맞이한 것이다.

기업외교는 처음에는 리스크 관리와 기업 이미지 보호에 초점이 맞춰져 있었다. 그러나 시간이 지나면서 점차 글로벌 규범과 공공적 역할까지 포함하게 되었고, 이제는 비시장 전략을 포괄하는 개념으로 발전했다.

오늘날의 기업외교는 로비·사회적 책임·글로벌 규범 참여 등 다양한 비시장 전략을 아우르는 개념으로 자리 잡았으며, 기업이 국제무대에서 생존하고 신뢰를 얻는 핵심 수단이 되고 있다.

물론 기업외교는 지정학적 리스크를 줄이는 데 중요한 도구 역할을 하지만 동시에 각 나라의 법과 규칙을 지키고 현지 사회와 불필요한 갈등을 피해야 하는 과제도 함께 안고 있다.

한국에서 인식하는 '대관 업무'와 '기업외교'는 본질적으로 다르다

기업이 정부와 관계를 맺는 방식에는 여러 가지가 있다. 흔히 이야기되는 대정부 업무대관 업무, 로비, 그리고 최근 중요성이 커지고 있는 기업외교가 그것이다. 얼핏 비슷해 보이지만 성격은 다르다.

대정부 업무는 기업이 정부 부처와 꾸준히 소통하면서 정책이나 규제 변화에 대응하는 활동이다. 예를 들어 새로운 환경 규제가 생기면 기업이 정부에 현실적인 대안을 건의하거나, 산업협회를 통해 업계의 의견을 전달하는 방식이다. 말하자면 정부와 장기적으로 좋은 관계를 맺고 불이익을 피하려는 노력을 가리킨다.

로비는 이보다 훨씬 직접적이고 단기적이다. 특정 법안이나 정책이 통과되거나 저지되도록 국회의원이나 정책 담당자에게 영향을 미치는 활동을 말한다. 정치자금을 후원하거나 의원에게 유리한 자료를 제공해 표결 방향을 바꾸려는 시도가 여기에 해당한다. 즉, 눈앞의 정책 결과를 바꾸기 위한 전술적 수단이다.

한편, 기업외교는 범위가 훨씬 넓다. 미·중 갈등 같은 지정학적 위기 속에서 기업이 살아남고자 공급망을 재편하거나, 투자 지역을 옮기거나, CSR 활동을 강화하는 것까지 포함한다. 기업외교는 단순히 단기적 이익을 챙기는 것이 아니라 국제무대에서 장기적으로 신뢰를 쌓고 지속가능성을 확보하려는 전략이다.

정리하면 '대정부 업무는 관계 관리, 로비는 단기적 전술, 기업외교는 전체를 포괄하는 장기적 생존 전략'이라고 할 수 있다.

기업외교는 통합적 활동으로 장기적 신뢰와 우호적 환경 조성을 지향한다. 기업은 한편으로는 정부·의회와 소통하며 새로운 법안이나 규제 변화에 대응해야 하고, 다른 한편으로는 시민사회·언론·NGO와 관계를 맺어 사회적 요구와 여론의 흐름을 반영해야 한다. 이러한 활동은 CSR과 결합해 지역 사회와의 신뢰를 강화하고 사회적 가치를 창출하는 기반이 된다. 따라서 기업외교는 단기적 로비를 넘어 정책과 사회, 시장을 포괄하는 장기적 전략으로 자리매김하며 기업의 지속가능성을 뒷받침한다.

최근 한국 기업들의 필수 전략은 국제정치 흐름을 선제적으로 파악하고 적극 대응하는 것이 되었다. 여기에는 일반적인 대외 업무를 넘어 전략적 방향성을 수립하고, 글로벌 공급망에 내재된 지정학적 위험에 대응하는 것이 포함된다. 특히 트럼프 2기 시대를 맞아 대외 업무 역량을 대폭 강화하고 있다.

기업외교의 핵심 수단으로는 정책 입안자와의 교류, 정부 주도 이니셔티브 참여 등이 있다. NGO·언론·대중 등 이해관계자들과의 대화와 협력도 중요하다. 이러한 업무에서 특정 경력을 가진 전문가를 고용하면 더 나은 성과를 기대할 수 있다.

기업 평판관리는 규제기관 역할을 하는 정부 및 공공기관으로부터 인정받도록 사회적 책임을 성실히 이행하는 것이 효과적이다. CSR 활동은 기업외교의 주요 전략으로, 긍정적인 기업 평판 형성과 사회적 정당성 확보에 기여할 수 있다.

기정학 시대는 기술이 정책이고, 외교이며, 안보가 되는 시대다. 다른 나라들과 달리 강대국들 틈에 있는 한국의 기업은 기술력만으로는 살아남을 수 없다. 기술을 매개로 하는 외교 전략, 공급망의 정치화에 대응하는 위기관리 능력, 그리고 미국과 중국 사이에서 전략적 균형을 유지할 수 있는 복합적 사고를 갖춰야 한다.

SUPER GAP STRATEGY OF
K-CHIPS

1장
미·중 패권경쟁과 중국 굴기崛起

미국에게 중국은 '잠재적 위협 국가'
중국 입장에서 미국은 '대결해야 할 No. 1'
중국의 과학기술 자립자강론
'완다오차오처'弯道超车, 코너에서 추월하는 중국의 전략

01 미국에게 중국은 '잠재적 위협 국가'

2049년에 미국을 추월하겠다는 중국의 목표
중국의 굴기를 대하는 미국의 불만과 두려움

2049년에 미국을 추월하겠다는 중국의 목표

중국은 1978년 개혁개방을 시작한 이후 2000년대 세계화 추세 속에서 세계 제조업의 중심국이자 외국인 직접 투자 Foreign Direct Investment, FDI의 주요 유입 국가로 성장했다.

중국은 2001년 세계무역기구WTO 가입 당시 GDP가 1조 3000억 달러에 불과해 미국 명목 GDP의 12% 수준에 머물렀으나, 2008년 금융위기 때는 미국의 31%까지 올라섰다. 이후 빠른 성장을 거듭하며 2014년에는 구매력평가PPP 기준으로 미국을 추월했고, 2017년에는 미국의 63.5% 수준에 도달했다. 2021년에는 명목 GDP로 미국의 77%까지 근접했으나, 이후 성장세가 둔화되면서 2022년 약 73%를 기록한 뒤, 2024년에는 미국 30조 5000억 달러, 중국 19

조 2000억 달러로 63% 수준에 머물고 있다.

2008년 글로벌 금융위기로 미국의 힘이 약화되기 시작한 시기에 집권한 시진핑 중국 국가주석은 2049년까지 미국을 추월하겠다는 비전을 제시했다. 그 실현 전략으로 일대일로一帶一路, 신형대국관계新型大國關係, 위안화 국제화 등을 추진하며 글로벌 영향력 확대를 꾀해 왔다.

뿐만 아니라, 중국은 '중국 제조 2025'中国制造2025 전략과 '중국표준 2035'中国標準2035 비전을 내세웠다. 2025년까지 세계 2대 제조 강국으로 자리 잡고, 2035년까지는 제조 강국 중 선두에 오르며, 최종적으로 2045년에는 세계 1위 국가가 되는 것을 목표로 하고 있다.

'중국 제조 2025'는 2017~2018년 트럼프 행정부가 집중적으로 문제 삼으면서 미·중 갈등의 시작이 되었고, 중국 정부는 국제적 마찰을 피하려 공식 석상에서 이 용어의 사용을 줄였다. 실제로 2019년 이후 중국 정부의 공식 문건이나 언론에서 '중국 제조 2025'라는 표현은 거의 사라졌다. 그러나 이 전략이 공식적으로 폐기된 것은 아니며, 오히려 최근에는 이를 심화·발전시켜 '신질생산력'新质生产力, 새로운 질적 생산력이라는 새로운 개념을 내놓았다.

'신질생산력'新質生産力은 시진핑이 2023년 말부터 강조한 새로운 발전 이념으로 AI, 빅데이터, 반도체, 신에너지 등 첨단 혁신 산업을 국가성장의 핵심 동력으로 삼아 제조업의 고도화와 경제 구조 전환을 추진하려는 전략이다. 기존의 자본·노동 중심 생산력에서 탈피하여 과학기술 혁신이 주도하는 지능형 혁신 생산력 체계로의 전환을 지향한다. 신질생산력 개념은 '중국 제조 2025' 전략의 연속선상에 있으며, 산업 전반의 가치사슬을 첨단화하고 디지털·녹색·지능형 제조를 중심축으로 하는 새로운 생산체계를 구축하는 것을 목표로 한다. 기술 주권 강화, 산업 경쟁력 제고, 지속가능한 경제성장을 달성하기 위한 중국식 현대화의 핵심 동력이다.

'중국 제조 2025'가 산업기반 확충을 목표로 했다면 '중국 표준 2035'는 제도적·규범적 차원으로 확장한 전략적 완성이라 할 수 있다. '중국 표준 2035'中国标准2035는 2015년 발표된 '중국 제조 2025'中国制造2025의 연장선상에서 추진되는 국가 전략으로, 중국이 제조 중심국에서 '표준 주도국'으로 전환하기 위한 장기 표준화 로드맵이다. 2021년 공산당 중앙과 국무원이 공동 발표한 '국가 표준화 발전강요'国家标准化发展纲要를 기초로, 2035년까지 구조가 최적화되고 국제적으로 호환이 가능한 표준체계를 완비하는 것을 목표로 한다.

'중국 표준 2035'는 기술자립을 넘어 국제표준을 주도하는 규칙제정권 확보 전략이다. 기술표준은 단순한 기술적 사양이 아니라 시장 진입장벽, 특허 수익, 생태계 지배력을 결정하는 핵심 인프라다. 중국은 거대한 내수시장을 기반으로 자국형 표준 생태계를 구축하고 이를 해외로 수출함으로써 기술 종속 구조에서 벗어나 자주적 혁신 역량을 강화하고 있다. 특히 AI, 양자정보, 6G, IoT 등 미래 핵심기술 분야에서 선표준을 확보하면 네트워크 효과와 규칙 설정 차원에서 결정적 우위를 점할 수 있다.

또한 '중국 표준 2035'는 산업 고도화와 글로벌 가치사슬 재편의 방향성과도 맞닿아 있다. 중국 기업들이 표준 설정 과정에 직접 참여하고 '표준 공급자'로 자리매김하면 시장 진입장벽을 설계하고 '팔릴 수밖에 없는' 사양을 만들어 구조적 경쟁 우위를 확보할 수 있다.

아울러 '중국 표준 2035'는 글로벌 거버넌스 재편과 제3세계 기준 제시를 통해 외교·경제 전략의 새로운 축을 형성하고 있다. 중국은 ISO, IEC, ITU 등 국제표준화 기구에서의 영향력을 확대하고, 특히 개도국 시장에 자국 표준을 보급함으로써 해당 국가들의 기술·인프라 구축을 중국 표준에 맞추고 있다. 이는 외교와 경제가 융합된 전략으로, 중국 기업과 기술이 개도국 시장에 심층적으로 침투하는 기반을 마련한다. 더 나아가 중국은 개방형 표준을 내세워 '제3세계 기준'을 제시하고, 서구 중심의 기술표준체계에 대한 대안적 생태계를 구축함으로써 기존 글로벌 질서에 대한 수정을 시도하고 있다.

21세기 글로벌 질서가 기술·데이터·네트워크 중심으로 재편되는 상황에서 표준은 곧 권력이자 규칙이다. 이는 미국·EU 등 서구 중심의 기술표준체계를 대체하거나 병용할 수 있는 대안을 제시함으로써 미중 기술패권 경쟁의 '표준전선'을 형성하고 있다. 이는 단순한 기술 경쟁을 넘어 누가 미래 기술 질서의 규칙을 정하느냐를 둘러싼 권력 투쟁의 성격을 띤다.

이러한 맥락에서 각국은 미중 표준전쟁의 최전선에서 어떤 태세를 취할 것인가라는 중대한 선택에 직면해 있다. 중국 표준 생태계에 편입될 경우 기술 종속 위험이 커지지만, 거대한 중국 시장을 포기하기도 어렵다. 반면 서구 표준체계에만 의존할 경우 중국 시장 접근성이 제한될 수 있다. 따라서 한국은 핵심기술 분야에서 독자적 표준화 역량을 강화하고, 국제표준화 기구에서의 발언권을 확대하며, 가치를 공유하는 국가들과의 표준 협력을 강화하는 다층적 전략이 필요하다. 동시에 특정 표준 블록에 과도하게 종속되지 않도록 기술주권을 확보하는 것이 중요한 과제로 부상하고 있다.

미국과 중국 간 기술 격차는 일부 연구에 따르면 2014년 약 5.8년에서 2018년 3.8년, 2020년 3.3년으로 줄어든 것으로 추정된다. 최근에는 그 격차가 더욱 좁혀져, AI 분야의 경우 중국 기업 딥시크DeepSeek의 모델 개발 사례처럼 일부 핵심기술에서는 미국보다 약 3개월 정도 뒤처져 있다는 평가가 나왔다. 미국 정부 측 인사도 'AI 격차가 이제 3~6개월 수준'이라고 언급한 바 있다.

AI 기술은 미래 경제성장과 국가안보의 원동력이 될 것으로 예상된다. 중국은 이미 AI의 여러 분야에서 세계 1위 자리를 차지하고 있다. 안면인식, 핀테크에서 드론과 5G에 이르기까지 선진국을 따라잡는 수준을 넘어섰다. 장기적인 경쟁에서 중국은 '14억 인구의 풍부한 데이터, 인재, 세계 최대 내수시장, 개인 보호보다는 안보를 중시하는 문화' 등의 뒷받침으로 AI 시대에서 미국보다 더욱 발전할 수 있는 잠재력을 갖추고 있다.

특히 AI 경쟁 우위는 양질의 데이터 확보에서 비롯된다. 중국은 체제 특성상 정부 주도의 대규모 데이터 수집과 활용이 용이하다. 이러한 조건은 중국이 AI 기술 개발 과정에서 방대한 데이터를 자유롭게 활용할 수 있게 해 주어, 경쟁에서 우위를 확보할 수 있는 기반이 된다.

AI 기술 발전에서 데이터는 핵심 자원이지만, 체계적으로 관리하고 산업 전반에 확산시키려면 정부의 전략적 조정이 필수적이다. 중국은 방대한 데이터를 단순히 보유하는 데 그치지 않고, 국가 차원의 목표와 연계하기 위해 정교한 정책을 추진해 왔다. 중국은 중앙정부가 거시적 비전과 방향성을 제시하고, 각 부문이 구체적 실행계획을 수립하여 추진한다.

중국은 정책을 추진할 때 '1+X또는 1+N 방식'을 자주 활용한다. 여기서 '1'은 중앙정부가 정한 핵심 행동계획이고, 'X'는 이를 뒷받침하는 여러 세부 실행조치를 뜻한다. 대표적으로 2021년 발표된 탄소중립 '1+N 정책 체계'에서 '1'은 국가 차원의 탄소정점 행동 방안이며, 'N'은 에너지·산업·교통·건축 등 분야별 세부 실행계획이었다.

이 방식은 AI 분야에서도 적용된다. 국무원国務院, State Council이 발표한 신세대 AI 발전계획에서 '1'은 국가 차원의 AI 발전 총체 계획이고, 'X'는 교육·의료·제조·교통·금융 등 각 산업에 맞춘 세부 실행 방안이다. 예컨대 국가가 "AI 강국이 되겠다"라는 큰 비전을 제시하면, 이를 뒷받침하기 위해 '스마트 교육', '스마트 의료', '지능형 제조' 같은 구체적 프로그램을 동시에 추진하는 식이다.

1+X 방식의 체계는 중국 중앙정부의 통합적 조정력과 산업별 혁신 역량을 동시에 강화함으로써, AI를 중심으로 한 차세대 기술 경쟁에서 중국이 주도권을 확보하기 위한 제도적 기반을 제공한다. 이러한 움직임은 미국과의 기술패권 경쟁이 심화되는 가운데 더욱 주목된다. 실제로 미국의 주요 연구기관들도 미·중 간 기술 격차를 체계적으로 분석하며 양국의 기술 우위와 경쟁 구도를 세밀히 평가하고 있다.

전 구글 CEO 에릭 슈미트가 설립한 초당파 싱크탱크의 연구 보고를 주목할 필요가 있다. 특수경쟁연구프로젝트SCSP는 미·중 기술패권 경쟁을 전문적으로 연구하고, 「2025년 미·중 기술격차 보고서」Gaps Analysis Report 2025를 발표하였다. 이 보고서에서는 12개 핵심기술 분야의 양국 간 격차를 분석하며 기술패권 경쟁의 현실을 구체적으로 보여준다.

분석 대상은 인터넷 플랫폼소셜 미디어, 모바일 운영 체제, 반도체, 합성생물학, 융합 에너지, 양자 컴퓨팅, 첨단 배터리, 5G, 상업용 드론, 첨단 제조, AI, 차세대 네트워크저궤도 위성[1], 바이오 의약품 등이다. 이 가운데 미국이 우위를 보이는 분야는 '인터넷 플랫폼, 반도체, 합성생물학, 융합 에너지, 양자 컴퓨팅' 5개이고, 중국이 앞서는 분야는 '첨단 배터리, 5G, 상업용 드론, 첨단 제조' 4개다. 나머지 'AI, 차세대 네트워크, 바이오 의약품' 3개는 양국이 치열하게 경합하는 접전지대로 꼽힌다.

현재의 구도는 미·중 경쟁이 단순한 기술 격차의 문제가 아니라, 기술의 전략적 응용과 산업 생태계 통제력을 둘러싼 종합적 경쟁임을 보여준다. 즉 중국은 응용기술 중심의 '산업형 패권'을, 미국은 기초기술 중심의 '혁신형 패권'을 지향하며, 양국은 서로 다른 경로를 통해 글로벌 기술질서 재편을 추구하고 있다.

미국이 우위를 보이는 5개 분야 중에서도 반도체와 합성생물학은 당분간 우위를 유지할 것으로 평가되지만 인터넷 플랫폼, 융합 에너지, 양자 컴퓨팅 등은 중국의 추격이 거세서 안심할 수 없는 상황으로 평가되고 있다.

SCSP는 이러한 분석을 토대로 미국이 단순한 혁신만으로는 중국을 따돌리기 어렵다고 지적한다. 따라서 미국은 기초과학과 연구개발R&D을 통한 혁신 역량 강화, 연구 성과를 실제 생산과 상용화로 이루어 내

---

1) 차세대 네트워크(Next-Generation Network, NGN)는 초고속·저지연·대용량 통신을 가능하게 하는 새로운 형태의 통신 인프라로, 5G 이후의 6G, 저궤도 위성 통신(LEO Satellite Network), 양자 통신, AI 기반 네트워크 관리 기술 등을 포함한다. 우주·지상·해양·공중을 통합하는 전방위 연결망(All-domain Connectivity)을 지향한다. 차세대 네트워크는 인공지능·사물인터넷·자율주행 등 미래 기술의 기반 인프라이다.

는 산업적 실행력 확보, 동맹과 협력해 공급망 회복력을 강화하고 AI·생명공학·양자 같은 분야에서 국제 규범과 글로벌 표준을 주도하는 전략, STEM과학·기술·엔지니어링·수학 인재 교육과 글로벌 인재 유치를 통한 인재 기반 확대를 시급히 추진해야 한다고 강조한다.

물론 그동안 중국의 경제성장을 견인했던 핵심 요인들이 약화된 것도 사실이다. 이를 근거로 중국이 정점을 지났다는 이른바 '피크 차이나'Peak China론이 제기되기도 한다.

마이클 베클리와 할 브랜즈의 『Danger Zone: The Coming Conflict with China』한국어판 『중국은 어떻게 실패하는가』, 2022는 중국의 급속한 성장을 네 가지 요인으로 분석했다. 즉, '지정학적 안정성, 시장 지향적 개혁과 세계화, 인구 보너스 효과, 풍부한 자원과 저렴한 노동력에 기반했다'고 분석한다.

지정학적 안정성은 평화로운 국제 환경을 제공했고, 시장 지향적 개혁과 세계화는 해외 자본과 기술 유입을 촉진해 경제적 이익을 극대화했다. 또한 인구 보너스 효과는 값싼 대규모 노동력을 통해 생산성을 끌어올렸으며, 풍부한 자원과 저렴한 인건비는 산업화를 뒷받침하는 기반이 되었다. 그러나 이들 요인은 오늘날에는 더 이상 긍정적으로 작동하지 않는다. 지정학적 안정성은 미·중 전략경쟁 심화와 지정학적 갈등을 초래했고, 세계화는 공급망 재편과 보호무역주의 확산으로 후퇴했다. 인구 보너스는 급격한 고령화와 인구 감소에 의해 '인구 오너

---

2) '인구 오너스'(Onus)는 '부담' 또는 '책임'을 뜻하는 라틴어 기원의 영어 단어로, 경제학에서는 인구 구조 변화로 인한 경제적·사회적 부담의 심화를 의미한다. 노동가능인구의 감소와 고령인구의 급증으로 생산성이 저하되고 복지·연금 등 사회지출이 확대되며, 과거 성장 동력이었던 인구 요인이 오히려 경제 성장을 제약하는 구조적 부담으로 전환된 상태를 지칭한다.

스'Onus, 부담²⁾로 전환되었으며, 풍부한 자원과 값싼 노동력은 환경 규제 강화, 임금 상승, 기술집약적 산업 구조 변화 속에서 경쟁력을 잃고 있다. 결과적으로, 중국의 고속성장 기반이었던 네 가지 요인이 오히려 성장을 제약하는 구조적 한계로 바뀌고 있다는 것이 핵심 진단이다.

하지만 이 같은 내용은 중국의 미래를 지나치게 비관적으로 단정한 듯하다. 중국은 여전히 세계 최대의 내수시장, 막대한 국가 자본, 전략적 산업정책, 세계 최고 수준의 기술 인력, 그리고 기술 자립을 향한 강력한 추진력을 보유하고 있다. 실제로 반도체, 전기차EV, AI, 신재생에너지 같은 첨단산업에서 빠른 성장을 이어가고 있다. 따라서 이는 중국의 약점을 경고하는 데 의미가 있지만, 중국의 복합적 현실과 회복력을 균형 있게 보여주기에는 불완전하다.

이러한 분석과 지적이 있는 반면, 골드만삭스 리서치는 '중국은 2035년경에 미국을 제치고 세계 최대 경제국이 될 것'으로 전망한다 그림1 참조. 그동안 미국이 강한 경제 성과를 보였음에도, 달러의 과도한 가치 상승과 낮은 잠재 성장률 때문에 중국에 뒤처질 가능성이 높다는 전망이다.

물론 중국이 당분간 미국을 추월할 수 없을 것이라는 전망도 있다. 일본의 대표적 민간 싱크탱크인 일본경제연구센터JCER, Japan Center for Economic Research가 IMF 자료를 바탕으로 분석한 자료에 따르면, 중국의 미국 추월 전망은 해마다 지연되고 있다. 2020년 전망에서는 중국이 2028년경 미국을 초월할 가능성이 있다고 보았으나, 2021년 전망에서는 그 시점을 2033년으로 늦췄다. 이어 2022년 전망에서는 이전의 낙관적 시나리오를 철회하고, 중국 경제가 2035년까지도 미국을 추월

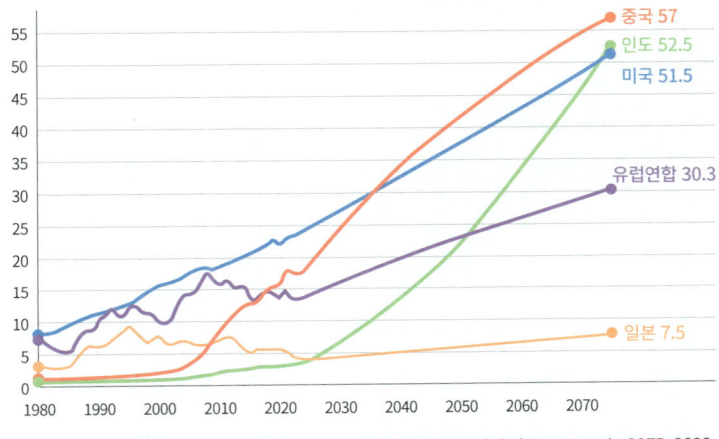

그림1 골드만 삭스 국가별 장기 경제 전망(단위: 조 달러)

출처: Goldman Sachs, The Global Economy in 2075, 2022

하지 못한다는 결론을 내렸다. 일본경제연구센터는 또한 중국의 성장률이 2030년 이후 3% 이하로 떨어지고, 2035년에는 2.2%까지 낮아져 미국의 1.8%와 큰 차이가 없을 것으로 예측했다.

골드만삭스의 보고가 중국의 장기 성장 잠재력을 낙관적으로 평가한 반면, 일본경제연구센터의 보고는 인구 감소와 부채 누적, 생산성 둔화 등 구조적 요인을 근거로 보다 비관적인 전망을 제시하고 있다. 이러한 전망 차이는 중국 경제의 구조적 제약 요인에 대한 평가에서 비롯된다. 골드만삭스가 인구 고령화나 부채 문제에도 불구하고 중국의 산업 전환과 기술 혁신 능력을 높이 평가한 반면, 일본경제연구센터는 부동산 경기 둔화, 청년 실업, 지방정부의 부채 누적, 생산성 정체 등 중장기 성장 동력의 약화에 주목하였다. 특히 미·중 전략경쟁의 심화로 첨단

기술 수출이 제한되고 글로벌 공급망이 재편되는 상황에서 중국의 제조업 주도 성장 모델이 한계에 봉착할 가능성이 높다고 본다.

중국의 굴기를 대하는 미국의 불만과 두려움

미·중 간 패권경쟁은 트럼프 집권 후 2018년 관세 인상 등 무역 전쟁으로 본격화되었다. 그 핵심에는 기술 이전, 지적재산권, 혁신과 관련된 중국의 정책이 잠재해 있다.

미국의 주장은 "중국이 외국 기업의 자국 시장 진입은 철저히 제한하면서 해외기술은 최대한 흡수하려 한다"는 것이다. 구체적으로는 외국인 지분 제한, 기술 이전 요구, 민감한 상업 정보의 사이버 탈취 등이 그 수단으로 지적된다. 미국은 이러한 조건들이 자국 기업의 글로벌 경쟁력과 장기적 혁신 역량을 약화시킨다고 불만을 제기하고 있다.

미국의 대중 인식은 협력과 경쟁이 병존하던 단계에서 벗어나 체제적 경쟁으로 전환되었다. 중국의 부상은 권위주의 정치체제와 국가주도 자본주의가 결합된 비자유주의적 발전모델의 확산으로 인식하고, 자유주의 국제질서의 규범과 가치에 대한 구조적 도전으로 평가한다. 다시 말해, 중국의 부상은 단순히 부유해진다는 의미가 아니라, 서구 중심의 자유주의 질서에 대한 대안 모델로 부상한다는 점이다. 미국은 중국의 성장세를 일시적 갈등 요인이 아닌 장기적 구조변동의 핵심으로 보고 있다. 인식의 초점은 무역·안보 차원을 넘어 기술패권, 가치체계, 국제규범 주도권으로 이동하였다. 미국은 중국을 협력 가능한 경쟁자가 아닌 체제적 경쟁자 systemic rival로 재규정하고, 군사·경제·기술·이념 전반에서 장기적 전략경쟁 구도를 구축하고 있다고 본다.

표1) 중국에 대한 미국의 인식 변화

2010 오바마 국가 안보 전략	"우리는 중국과 긍정적이고 건설적이며 포괄적인 관계를 계속 추구할 것입니다."
2015 오바마 국가 안보 전략	"중국과의 협력 범위는 경계를 늦추지 않으면서도 전례가 없는 수준입니다."
2015 애슈턴 카터 국방부 장관	"강대국 경쟁으로의 복귀"이지만 "이 관계에 대해 미리 정해진 것은 없습니다."
2017 트럼프 국가 안보 전략	"중국은… 미국의 가치와 이익에 반대되는 세계를 형성하기를 원합니다."
2020 마이크 폼페이오 국무부 장관	"중국 공산당의 행동은 오늘날 자유 세계에서 가장 큰 도전입니다."
2021 안토니 블링큰 국무부 장관	"중국과 경쟁적이어야 할 때는 경쟁적, 협력적이어야 할 때는 협력적, 적대적이어야 할 때는 적대적으로 유지"
2022 바이든 국가안보전략	"중국은 국제 질서를 재편하려는 의도와 이를 위한 경제적·외교적·군사적 힘을 모두 갖춘 유일한 경쟁자"
2025 피트 헤그세스 국방부 장관	"중국은 아시아에서 패권 추구, 무력으로 대만을 정복하려는 위협이 실재하고 임박, 대중국 경제적 의존은 악의적 영향력의 심화를 초래"

출처: Jon Bateman, "U.S.-China Technological", 2022(2025 저자 추가)

이러한 중국을 대하는 미국의 인식은 2010년 오바마 국가안보 전략 이래 지속적으로 변천해 왔다 표1 참조. 지난 바이든 행정부는 이 경쟁을 자유, 민주주의 가치와 권위주의 체제 간의 대결로 규정한다. 2022년 바이든 행정부 '국가안보전략'에서는 중국은 국제 질서를 재편하려는 의도와 이를 위한 경제적, 외교적 힘을 갖춘 유일한 경쟁자라 정의하고 있다.

2025년 5월 31일, 트럼프 2기 행정부의 피트 헤그세스Pete Hegseth 국방부 장관은 싱가포르에서 열린 아시아안보회의상그릴라 대화, The Shangri-La Dialogue의 연설을 통해 다음과 같이 언급했다.

"많은 나라가 중국과는 경제적으로, 미국과는 안보적으로 협력하려는 유혹을 받고 있다. 하지만 중국에 대한 지나친 경제 의존은 긴장이 높아질 때 중국의 영향력을 더 크게 만들고, 우리의 안보적 판단을 한층 더 어렵게 만든다."

이러한 언급은 중국의 경제적 영향력을 무시할 수 없는 아시아 국가들을 상대로 '미국의 국익에 반하는 선택'을 하지 말라는 경고로 보인다. 중국은 미국의 이익·가치, 세계 질서의 비전에 점점 더 강력하게 도전할 의지를 보이고, 그럴 능력을 갖춰 나가고 있다. 이 같은 변화는 미국의 대중국 전략에도 큰 영향을 미쳤다. 조심스러운 낙관론은 두려움으로 바뀌었으며, 장기적인 국가 위협으로 인식되고 있다.

미국 의회에서도 중국의 기술 발전이 미국의 기술 리더십을 약화시킬 가능성에 우려를 나타내고 있다. 국가 주도로 이루어지는 중국의 노력은 반도체펀드 조성, 산업정책 추진, 글로벌 규칙과 규범에 대한 도전 등에서 전례 없는 수준에 도달했다고 평가된다. 이에 대응해 미국 의회는 연방 정부의 반도체 R&D 및 운영 투자 확대, 중국 기술 통제 방안 마련, 중국의 제조 역량 제한, 새로운 글로벌 규범 제정, 그리고 동맹국과의 협력 강화를 촉구하고 있다.

미국은 과거 수십 년간 중국에 의존하거나 중국을 지원했던 방식도 바꾸기 시작했다. 그중에서도 기술 분야가 주요 관심사다. 미국이 AI와 5G를 비롯한 차세대 신기술 분야를 주도하고 있지만, 앞서 보았듯 중국은 서방의 역량에 필적하거나 이를 능가할 잠재력을 갖췄다. 미국은 핵심기술을 단순히 시장에 맡겨둘 수 없고, 철저한 보호 아래 국가 전략과 긴밀히 연계해야 한다고 판단하고 있다. 그러므로 앞으로 미·중의 지정학적 경쟁은 미·소 냉전보다 더욱 격렬하고 광범위하게 전개될 것으로 보인다.

무역·자본·기술 등 여러 분야에서 디커플링De-coupling, 탈동조화 현상이 심화될 우려도 있다. '디커플링'이란, 특정 국가나 지역 경제가 기존의 상호의존 구조에서 벗어나 독자적인 공급망·금융·기술 체계를 구축하려는 움직임을 뜻한다. 이는 단순히 교역 감소를 의미하는 것이 아니라, 경제적 통합이 약화되고 상호 연결성이 줄어드는 현상을 가리킨다. 세계화 시대에는 자유로운 무역 활동으로 인해 각국 간의 상호 연결이 강화되었다. 하지만 지정학의 시대에는 상호의존성이 오히려 무기가 될 수 있다. 그래서 각국은 자국의 취약성을 줄이는 동시에 상대방이 더 의존하도록 만들어 위기 상황에서 이를 지렛대로 활용하려는 전략을 추구하게 된다.

미국 존스홉킨스대의 헨리 패럴Henry Farrell과 조지타운대의 에이브러햄 뉴먼Abraham L. Newman은 국제정치에서 '무기화된 상호의존성'Weaponized Interdependence이라는 개념을 제시했다. 이는 국가들이 서로 연결된 네트워크-금융, 데이터, 기술-를 무기처럼 활용할 수 있다는 뜻이다. 실제로 미국은 국제 금융 결제망SWIFT을 활용해 이란을 글로벌 금융에서 배제했고, 달러 결제 시스템을 통해 외국 은행과 기업들을 압박했다. 또 인터넷과 해저 케이블 같은 글로벌 데이터 허브를 장악해 정보 흐름을 감시하거나 통제할 수 있었으며, 화웨이에는 반도체와 5G 장비에 필요한 첨단 칩·소프트웨어의 수출을 막아 중국의 기술 추격을 견제했다.

미·중 패권경쟁은 미·소 냉전과는 세 가지 다른 특성을 보인다.

첫째, 경쟁의 성격에서 차이가 있다. 미·소 냉전은 자유주의와 공산주의의 이념경쟁이 중심이었으나, 미·중 경쟁은 이념보다 경제와 기술을 둘러싼 경쟁이 본질이다. 따라서 제3국도 이념적 진영 선택이 아니라, 공급망과 시장 및 투자 환경에 따라 입장을 정하게 된다.

둘째, 오늘날의 세계는 글로벌화가 심화되어 미·소 냉전 시기처럼 완전히 분리된 경제 블록으로 나뉘는 것이 불가능하다. 당시 베를린 장벽은 자유 세계와 권위주의 세계를 명확히 갈랐지만, 지금의 미·중 경제는 너무나 밀접히 연결되어 있어 완전한 분리는 사실상 불가능하다.

셋째, 경쟁의 핵심 전쟁터도 다르다. 미·소 냉전의 전장에서는 핵무기·군사동맹 등 군사력으로 경쟁했으나, 미·중 경쟁은 반도체·AI·배터리·5G 같은 첨단기술과 공급망 통제로 승부한다. 즉, 군사적 패권보다 기술과 경제 네트워크의 지배력이 핵심으로 부상했다.

미·중 경쟁은 냉전의 단순한 재현이 아니고, 상호의존적 세계 속에서 기술과 경제 네트워크를 둘러싼 구조적 권력경쟁으로 진화하고 있다. 양국은 상호 연결된 시스템을 통해 상대를 견제하며, 패권의 중심축은 군사력이 아닌 기술·데이터·표준의 지배력으로 이동하고 있다.

02 중국 입장에서 미국은 '대결해야 할 No. 1'

신지구전新持久戰으로 극복
양탄일성兩彈一星 성공 경험

신지구전新持久戰으로 극복

미·중 패권경쟁에 임하는 중국의 시각은 2021년 11월, 중국공산당 중앙정치국 회의에서 검토된 '국가안보 전략 2021~2025' 관련 보도에서 드러난다. 중국은 2014년 처음 '종합적 국가안보 개념'을 제시한 이후, 이 회의에서 2021~2025년 국가안보 전략 방향을 논의하며 "중국이 세계무대에서 부상함에 따라 외부의 기대와 경계가 증가하고 일부 국가들의 이중적 태도가 부각되고 있다"고 평가했다. 또 "중·미 간 전략적 경쟁은 강대국 관계의 주요 축으로 자리 잡았으며, 미국은 전방위적으로 중국을 억압하고 있다"는 인식을 드러냈다.

중국은 '패권'이라는 말을 철저히 꺼린다. 시진핑 주석은

2017년 공산당 제19차 당대회 보고에서 "중국은 결코 패권을 추구하지 않으며, 확장이나 세력권도 바라지 않는다"고 천명했고, 2018년 보아오 포럼에서도 '중국은 어떤 발전 단계에서도 패권을 추구하지 않을 것'이라고 거듭 강조했다. 그래서 중국은 G1·G2라는 표현조차 피한다. 대신 오늘의 미·중 경쟁을 '보이'博弈[3], 즉 전략적 경쟁에 비유한다. 미국이 먼저 판을 짠 싸움에 자신들이 어쩔 수 없이 끌려 들어왔을 뿐이며, 싸움을 걸어왔으니 피하지는 않겠다는 것이 중국의 기본 태도다.

중국의 '보이' 인식은 단기적 승부가 아닌 장기적 인내전의 전략으로 이어진다. 중국은 미·중 경쟁을 단기간에 끝날 '충돌'이 아니라, 제도·경제·기술·사상 등 전 영역에서 장기적으로 지속될 '신지구전'新持久戰으로 인식한다. 중국은 미·중 경쟁을 '지혜로 싸우되, 시간으로 승부하는 전쟁'으로 인식하고 있으며, '패권 경쟁'이 아니라 '장기적 주도권 경쟁'이라 보고 있다.

관련 매체 보도에 따르면, 중국은 미국이 대만·홍콩·신장위구르·남중국해 문제 등을 활용해 중국의 핵심 이익에 도전한다고 보고 있다. 또한 미국이 동맹국과 협력해 중국을 배제하는 포위망을 구축하고, 이념적 대립을 유도한다는 평가다. 유럽·영국·일본·인도 등도 미국과 공조해 과학기술, 경제·무역, 인권 분야에서 중국에 압박을 가하는 상황이라는 분석이다.

아울러 중국은 2022년 2월 발간된 『국가안전연구』에서 미·중 간 전략

---

[3] '博弈'는 원래 "바둑이나 장기 같은 전략 게임"을 뜻하는 고전적 표현이다. 『맹자(孟子)·공손추하(公孫丑下)』에 "今之君子多博弈者"라는 구절이 있다. "지략과 인내로 승부를 겨루는 행위"이고, 단순한 경쟁이 아니라 전략적 계산과 심리전이 결합된 '지혜의 경쟁'을 의미한다.

적 경쟁을 '신지구전'으로 정의했다. 과거 '미국의 공격'과 '중국의 방어'라는 구도에서 "상호 공격과 방어가 교차하는 상태로 전환되고 있다"고 설명한다. 이에 따라 과학기술의 자립과 자기 발전의 필요성을 강조하고, 신기술 혁명 속에서 미국과 서방의 견제를 극복하는 것이 중요하다고 명시했다.

중국 외교부外交部, MFA 부부장 출신으로, 중국 외교의 대표적인 전략가이자 여성 외교관인 푸잉의 저서 『세계를 본다』看世界, 2018에도 이 같은 중국의 시각이 잘 드러나 있다.

푸잉은 이 책에서 "중국은 미국이 주도하는 가치와 배타적 세계 질서를 수용하기 어렵고, UN을 중심으로 한 국제 질서를 지지한다"고 했다. 그녀는 또 "경제는 세계화되지만 정치는 분열되는 모순이 기존 국제 질서의 한계를 드러내고 있다"고 진단한다.

중국은 '인류운명공동체, 새로운 글로벌 파트너십, 일대일로 구상'을 기존 미국 주도 질서에 대한 대안으로 내세운다. 아울러 '중국은 평화적 발전 추구의 원칙을 고수하지만, 자국의 주권과 이익을 훼손하는 도발과 위협에는 다양한 대응 수단과 경로를 확보하고 있다'는 것을 강조한다.

스웨덴 안보전략정책연구소ISDP는 중국의 시각을 정리하며, 중국이 미국을 '자본주의적·제국주의적팽창주의적 세력'으로 인식한다고 분석했다. 이는 미국이 자유시장과 민주주의 같은 보편 가치를 내세워 규칙과 질서를 주도하고, 군사·경제력을 통해 패권을 유지하려 한다는 인식이다. 또한 ISDP는 미·중 경쟁의 이해에서 미국의 국내 정치가 중요한 변수로 작용한다고 지적한다. 대중 강경책의 상당 부분이 미국 내부의 정파 갈등, 선거 정치, 산업·노동 이해관계와 밀접히 연결되어 있다고 본다. 실제로 바이든 행정부가 트럼프 1기 때의 관세와 수출 통제를 그대로 유지한 것은 민주·공화 양당 모두 '중국 강경론'에 공감하고 있기 때문이며, 이러한 기조는 미국 내 '정치적 합의 요소'Bipartisan Consensus로 자리 잡아 선거 정치와도 맞닿아 있다는 설명이다.

아울러 ISDP는 미국이 AI·5G·반도체 등 첨단기술 분야에서 중국의 접근을 차단하고, 한국·일본·네덜란드 등 동맹국과 협력해 '기술 방화벽'Technology Firewall을 구축하고 있다는 분석을 내놓는다. 이에 대응해 중국은 '중국 제조 2025'와 쌍순환 전략을 통해 핵심기술의 자립과 서방에 대한 의존 축소를 지향하며, 자립적 산업 구조 강화를 추진 중이라는 전망을 제시했다.

중국은 스스로 패권을 추구하지 않는다고 거듭 강조하지만 미국이 싸움을 걸어올 경우에는 절대 물러서지 않고 맞설 것이라는 점은 확실하다.

양탄일성兩彈一星 성공 경험

중국은 현재 미국이 동맹국과 함께 전방위로 압박하고 있으나, 이전의 관계에서 벗어나 대등한 관계로 올라설 수 있다는 자신감을 내비친다. 중국 푸단대 국제관계 전문가 자오밍하오趙明昊는 2008년 글로벌 금융위기는 미국 주도의 세계 경제 발전 모델인 '워싱턴 컨센서스'Washington Consensus 모델의 결함과 미국 소프트 파워의 약화 때문이라고 보았다. '워싱턴 컨센서스'란, 1989년 세계은행World Bank, 국제통화기금IMF, 미국 재무부 등 워싱턴 소재 국제기구들이 개발도상국에 권고한 경제정책 지침으로, '재정 건전화, 민영화, 무역·금융 자유화'를 말한다. 그는 2008년을 미·중 관계의 중요한 분수령이었다고 짚으며, "이후 미·중 관계는 단순한 초강대국과 일반 강대국의 관계에서 '넘버 1과 넘버 2의 대결 구도'로 변화했다"고 분석했다.

자오밍하오는 '미·중 관계의 핵심 동인이 아시아·태평양 지역에서 드러난다'고 파악한다. 그의 관점에서는 오바마 행정부의 '아시아로의 회귀'Pivot to Asia가 미·중 관계를 더욱 복잡하게 만들었다. 미국은 아시아·태평양의 보호자로 자임하고, 중국은 이 지역을 자신의 본거지로 여기므로 양국의 갈등은 필연적이다. 따라서 앞으로 첨단기술 분야는 미·중 전략경쟁의 주 무대가 될 것이며, 서방이 중국과 관계를 단절하려 하지만 상호의존관계가 깊어서 그 효과는 제한적일 것이라고 전망한다.

중국 지린대 경제학과 리샤오李曉 교수는 미·중 관계의 본질은 단지 권력 갈등이 아니라 '가치관과 이념 충돌'이며, 양국 간의 혁신 능력이 미래를 결정하리라고 본다. 그는 세계화가 경제적 상호의존을 강화했지만 공통의 가치관을 형성하지는 못했음을 지적하며, 미·중 간 상호 존중을 바탕으로 파편화된 세계화를 재구성할 것을 주장했다.

중국은 미국의 제재에 대응해 장기적으로 기술 자강自强을 강화하고, 과학기술 분야의 전면적 자립을 이루는 것을 국가 발전의 핵심 목표로 삼고 있다.

오늘날 중국이 기술 굴기를 위해 총력을 기울이고 있지만 그 기반에는 오랜 기술 혁신의 역사적 전통이 존재한다. 그 대표적 사례가 세계사적으로 큰 영향을 끼친 중국의 4대 발명, 즉 나침반·화약·제지술·인쇄술이다. 나침반은 한나라 시대에서 송나라 시대에 이르기까지 발전하여 항해와 교역의 길을 열었고, 화약은 당나라 9세기 무렵 연금술에서 비롯되어 이후 전쟁의 양식을 바꾸었다. 제지술은 후한 시기인 105년경 채륜에 의해 완성되어 지식의 대중화를 가능하게 했고, 인쇄술은 당나라 7세기 목판에서 시작해 송대 11세기 활판으로 발전하며 문명의 전파를 가속시켰다.

기술 혁신은 중국 문명의 지속적 발전을 이끌어온 근본 동력이었으며, 현대 중국의 기술 자립 전략 또한 이러한 역사적 전통의 연장선상에 있다. 즉, 과거의 자생적 기술개발 경험은 오늘날 과학기술 강국을 지향하는 국가 전략으로 계승되고 있다.

중국은 과거 1960년 초부터 핵무기와 인공위성의 자체적 개발에 나섰던 경험이 있다. 이른바 '양탄일성 프로젝트'다. '양탄'兩彈은 원자탄과 수소탄을 의미하며, '일성'一星은 인공위성을 뜻한다.

중국은 1964년 10월 원자폭탄, 1967년 6월 수소폭탄 실험에 성공했다. 이어 1970년 4월 첫 인공위성인 동방홍东方红을 발사해 세계에서 다섯 번째로 인공위성 보유국이 되었다. 이 프로젝트의 성공은 외부 의존을 극복하고 자력갱생을 통해 기술 자립을 실현하려는 전략적 의지의 상징으로, 오늘날 '과학기술 자강' 노선의 역사적 뿌리를 형성했고, 중국에 엄청난 자부심을 심어주었다.

그 당시 원자탄 개발에만 40억 달러라는 큰돈이 들었는데, 미국과 러시아의 견제를 뚫고 성공을 거뒀다. 이는 중국공산당이 국가정책으로 자원과 인재를 집중시킨 결과였다.

중국의 기술 굴기는 마오쩌둥毛澤東 시기 자력갱생自力更生을 거쳐, 덩샤오핑鄧小平 시기 과학기술은 제1생산력科学技术是第一生产力, 후진타오胡錦濤 시기 자주창신自主創新, 시진핑 시기 과학기술 자립자강科技自立自强으로 이어졌다. 시대에 따라 표현은 달라졌지만, '외부 의존 최소화, 핵심 기술 자립'이라는 국정 기조는 일관되게 이어져 왔다.

이 가운데 시진핑 시기의 '과학기술 자립자강'은 성격이 다르다. 그 배경에는 미·중 전략경쟁이 전면화된 냉혹한 현실이 있다. 과거의 '자력갱생'이나 '자주창신'이 장기적 국가 비전이었다면, '자립자강'은 생존을 걸고 미국과의 첨단기술 패권경쟁에서 절대 물러서지 않겠다는 국가적 총력전의 선언이다.

양탄일성의 성공 경험이 있는 중국은 미·중 관계 개선에 그다지 목을 매지 않는 듯하다. 그래서 미국의 제재와 압박에 '눈에는 눈, 이에는 이'以眼还眼, 以牙还牙 방식의 강경 대응을 할 것으로 보인다. 미국은 중국의 굴기에 우려를 표하는 반면, 중국은 과학기술 분야에서 자신감을 드러내고 있다.

바이든 행정부 당시 제이크 설리번 국가안보보좌관은 2023년 4월에 한 연설에서 중국과의 관계에서 디커플링이 아닌 '디리스킹'De-risking, 리스크 분산을 추구할 것이라고 밝힌 적이 있다. 디리스킹이란 중국에 대한 의존도를 전면적으로 끊는 것이 아니라, 핵심 기술·안보 관련 분야의 위험만 선별적으로 줄이고, 경제적으로 필요한 부분은 계속 유지하겠다는 것이다.

그렇지만 이는 전면적 탈중국화를 의미하는 디커플링의 어감을 완화한 표현에 불과하며, 미국의 대중 압박이 일관되게 지속되고 더 확대될 것으로 보인다. 향후 미·중 간 패권경쟁은 첨단기술을 중심으로 전개되며, 갈등의 주요 축은 '미국의 대중 압박'과 '중국의 과학기술 자립 노력' 간의 대결이 될 것으로 예상한다.

중국의 '양탄일성'이라는 성공 경험은 단순한 역사적 성취에 그치지 않는다. 양탄일성은 오늘날 미국과의 첨단기술 경쟁에서도 '할 수 있다'는 정신적 자산으로 계승되고 있다. 당시 중국은 경제적 낙후와 소련과의 관계 악화에도 불구하고 핵심 인재를 총동원하고 국가 자원을 집중 투입해 불가능을 가능으로 만들었다.

미·중 간 기술패권 경쟁은 중국의 기술 자립에 기름을 부은 격이다. 이제 그 성과가 나타나면서 중국은 이 전략에 더욱 박차를 가하고 있다.

중국의 과학기술 자립자강론

'중국몽'中國夢 실현 디딤돌
세계의 중국 역逆 의존성 형성

'중국몽'中國夢 실현 디딤돌

미국과 기술 경쟁을 하는 현 상황을 바라보는 중국 지도자들의 시각은 어떠할까? 중국 지도자들의 발언에서 이를 가늠해 볼 수 있다.

시진핑 주석은 2013년 국가주석에 취임한 직후 첫 양회兩會에서 과학기술 자립자강을 국가 발전 전략으로 제시했다. 2018년 4월 우한武漢의 YMTC양쯔메모리테크놀로지스 반도체 공장을 시찰하며 "반도체는 현대산업의 심장이며, 반드시 자체 기술로 돌파해야 한다"고 강조했고, 같은 해 9월 헤이룽장성黑龍江省 중국제일중공업中國第一重型機械에서는 "국제적으로 첨단기술 확보가 점점 어려워지고 있다. 일방주의와 보호무역주의가 기승을 부리면서 우리는 자립의 길을 가야 한다"고 언급했다.

2020년 10월 광둥성廣東省 시찰에서는 "백년 넘도록 보지 못한 대변혁에 직면해 있다"며, "더 높은 수준의 자력갱생과 개혁개방, 국내 순환 주축의 새로운 발전 패턴을 가속해야 한다"고 밝혔다.

2021년 3월 양회에서 리커창李克强 총리는 "십 년 동안 칼을 가는 정신으로 관건적 핵심 분야에서 돌파해야 한다"고 발언하며, 핵심기술에 대한 장기적 인내와 축적의 중요성을 강조했다. 이어 같은 해 5월 전국 과학기술 대표대회에서 시진핑은 첨단기술을 '국제경쟁의 주요 전쟁터'라 규정하고, AI·양자기술·생명공학·신에너지·신소재 등 혁신 가속을 촉구했다.

2022년 10월 당 대회에서는 '교육·과학기술·인재'를 현대화 건설의 전략적 버팀목으로 명시하며 높은 수준의 자립자강을 내세웠다. 2023년 3월 취임한 리창李强 총리는 반도체 기업을 방문해 "핵심기술을 외국에 의존하지 말고, 외부 충격이나 제재에도 흔들리지 않는 기술 주권과 공급망 자립력을 확보해야 한다"고 강조했다. 같은 해 5월에는 시 주석의 발언 50편을 모은 『시진핑 과학기술 자립자강론』을 출간해, 과학기술 자립자강이 단순한 구호가 아니라 체계화된 국가 전략임을 보여주었다.

중국 지도부의 이 같은 일련의 발언은 모두 미국 제재 대응과 중국몽 실현의 전제 조건은 '과학기술 자립자강'이라는 하나의 메시지로 수렴된다. 과학기술이야말로 중화민족 부흥을 이끌며, 미국의 전방위 압박을 돌파할 수 있는 핵심 수단이라는 것이다. 중국은 '경제·안보·외교의 모든 영역에서 미국과의 경쟁을 피할 수 없다'고 판단하고 있는데, 이 국면을 극복하는 유일한 길은 핵심기술을 스스로 확보해 의존 구조에서 벗어나는 것임을 분명히 하고 있다.

반도체·AI·양자기술·생명과학·신에너지와 같은 분야의 발전은 산업 발전 차원을 넘어 국가 생존과 체제 정당성과 직결된다. 따라서 중국의 과학기술 전략은 '자립'과 '혁신'을 양대 축으로 삼아, 기술 굴기를 통한 국제 질서 재편을 목표로 하고 있다. 미국이 주도하는 기존의 글로벌 기술 체계와 정면으로 충돌할 수밖에 없다는 점에서 기술 굴기는 중국몽 실현을 좌우하는 최대 도전이자 기회를 의미한다.

과학기술의 자립 없이는 경제적 독립도, 정치적 자주성도, 군사적 안전도 담보할 수 없다는 인식이 중국 내부에 강하게 자리 잡고 있다. 따라서 향후 미·중 갈등이 심화될수록 중국의 정책 우선순위는 더욱 과학기술 자립자강에 집중될 것으로 보이며, 국제 질서 속에서 중국이 '대결해야 할 No.1' 미국에 맞서는 핵심 동력이 될 것이다.

세계의 중국 역逆 의존성 형성

중국은 과학기술 자립을 위한 전략으로 R&D 분야 투자에서 미국과의 격차를 눈에 띄게 좁히고 있다. GDP 대비 연구·개발 지출 비율은 2013년 중국이 약 2.0%였으나 2023년에는 약 2.6~2.7%로 상승했다. 같은 기간 미국은 약 2.7%에서 3.4%로 더 큰 폭으로 늘어나 비율상으로는 여전히 미국이 앞선다. 그러나 중국은 빠른 GDP 성장과 PPP 효과 덕분에 PPP 기준 총 R&D 지출액에서 미국을 추격하며, 2013년 당시 미국의 72% 수준에서 2023년에는 96% 수준까지 올라섰다.

특히 정부 부문 R&D 지출은 미국보다 약 1.6배 높아 국가 주도의 기술

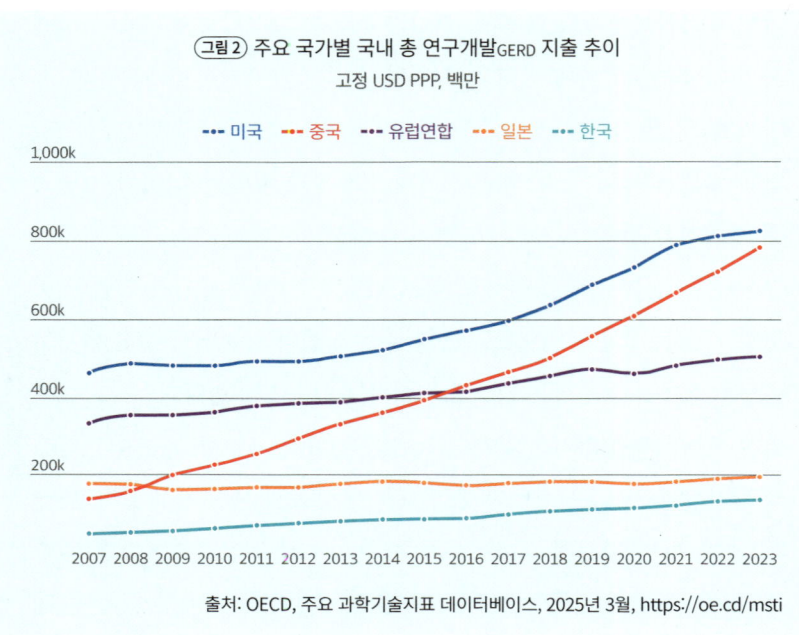

개발 의지를 보여준다. 중국의 R&D 지출 증가율은 8.7%로 OECD 평균2.4%과 미국1.7%을 크게 앞섰다. 한국은 GDP 대비 비율이 약 5.0%로 세계 최고 수준이지만, 2023년 연간 총 R&D 투입 총액은 약 2000억 달러PPP 기준로, 중국의 17%에 불과하다.

정부 주도의 R&D 비중에서 중국이 미국보다 높다는 사실은 중국이 정책적 조정력과 국가 통제 메커니즘을 중심으로 기술 주권 확보를 추구하고 있음을 시사한다. 과학기술은 체제 경쟁의 핵심 변수로 전환되고 있으며, 기술 우위가 패권을 결정 짓는 구조에서 미·중 간 경쟁은 필연적으로 군사, 산업, 표준, 규범 영역으로 확산될 것으로 전망된다.

R&D 인력 측면에서도 중국은 압도적이다. 2022년 기준 중국의 R&D 인력은 약 635만 명으로, 미국의 270만 명에 비해 2.3배 이상 많다. 한국은 약 60만 명으로, 중국의 약 9%와 미국의 약 22% 수준에 머물고 있다.

중국의 R&D 잠재력 또한 막대하다. 2024년 중국의 대학 졸업자는 약 1180만 명이며, 이 중 40%인 약 470만 명이 이공계 전공자다. 중국의 대졸자 수는 매년 약 3%씩 늘어나 2038년에는 약 1700만 명에 이를 것으로 예상된다.

이 같은 기반 위에서 중국은 2007년부터 이미 STEM Science, Technology, Engineering, Mathematics 분야 박사 배출 규모에서 미국을 앞서기 시작했다. 2022년에는 연간 약 5만 명을 배출해 미국의 약 3만 4,000명보다 1.5배 많았다. 2025년에는 연간 7만 7,000명 수준에 이를 것으로 전망되어 미국과의 격차는 더욱 벌어질 것으로 보인다. 반면 한국의 STEM 박사 수는 연간 약 9,000~1만 명에 그쳐 중국의 1/5 수준이다.

한편, 트럼프 1기 행정부 시절 미국의 대중 견제가 중국계 과학자들의 귀국 러시를 불러오면서 오히려 중국 굴기를 가속시키는 상황을 초래했다. 2018년 미국 법무부가 추진한 '차이나 이니셔티브' China Initiative는 중국의 기술 스파이 활동 차단을 명분으로 내세웠지만 미국 내 중국계 과학자들에게 불안감을 확산시켜 중국으로의 귀국을 촉발했다. 스탠퍼드 Stanford CCEE 연구에 따르면, 2010년 900명 수준이던 중국계 과학자의 귀국 인원은 2021년 2,621명으로 늘어났으며, 2018년 이후 탈미국 인재가 약 75% 증가한 것으로 나타났다. 이는 미국의 압박 정책이 중국의 과학기술 인재 회귀를 촉진시킨 역설적 효과를 보여준다.

더욱이 2025년 9월 보도된 H-1B[4] 전문직 비자 수수료 10만 달러 인상안은 해외 인재들의 미국 취업을 더욱 어렵게 만들 것으로 보인다. 미국 이민 당국 자료에 따르면, 2024 회계연도 기준 H-1B 승인자 가운데 중국 국적자는 4만 6,680명으로 전체의 약 11.7%를 차지해 인도에 이어 두 번째로 큰 규모를 기록했다. 이러한 상황을 고려하면, H-1B 비자 비용 부담 증가는 중국계 인재의 귀국을 더 가속화할 것으로 보인다. 이는 중국의 과학기술 역량 강화와 '기술 굴기'에 힘을 보태는 결과가 될 수 있다.

이처럼 막대한 R&D 투자와 기술 인재 육성이 맞물리며, 그 성과로 드러나는 분야가 바로 특허다. 중국은 특허 분야에서도 세계를 압도하고 있다. 중국의 특허 출원 건수는 2010년 미국을 넘어선 뒤 가파르게 증가해 2023년에는 약 161만 건에 달했다. 이는 전 세계의 47%를 차지하는 규모로, 같은 해 미국의 59만 건과 비교하면 세 배 가까이 된다.

이러한 급증의 배경에는 정부의 장려금 정책과 각종 인센티브가 자리하고 있다. 그러나 단순히 '출원 건수'의 많고 적음만으로 기술 경쟁력을 평가할 수는 없다. 특허의 질과 지속성, 즉 유효 특허 수가 기술력의 실질적 수준을 보여주는 지표이기 때문이다. 유효 특허는 단순한 아이디어 단계가 아니라, 법적·경제적 가치를 지닌 실질적 기술자산으로 유지되는 권리를 의미한다. 다시 말해, 기업이나 국가가 장기간의 비용을 감수하며 갱신하는 특허일수록 그 기술의 상용화 가능성과 전략적

---

4) H-1B 비자는 미국이 해외 고급인력을 유치하기 위해 운영하는 전문직 취업비자 제도로, 주로 정보기술(IT), 공학, 의학, 금융 등 전문 분야에서 학사 이상의 학위를 보유한 외국인에게 발급된다. 고용주는 특정 외국 인력을 고용하기 위해 미국 이민당국(USCIS)에 청원서를 제출해야 하며, 통상 3년간 유효하고 최대 6년까지 연장이 가능하다.

중요성이 크다.

이 점에서 중국의 성과는 더욱 주목할 만하다. 바로 중국 국적 출원인이 전 세계에 보유 중인 유효 특허 수 증가이다. 2023년 말 기준 중국은 약 420만 건의 유효 특허를 보유해 미국의 346만 건을 넘어섰다. 단지 출원량에서만 앞서는 정도가 아니라, 실제 권리로 유지되는 특허 규모에서도 중국의 확고한 우위를 보여준다.

LexisNexis IP Solutions의 『Global Patent Powerhouses 2025』에 따르면, 글로벌 상위 20대 유효특허 보유기업 중 중국은 11개사 전체의 55%를 차지했다. 반면 한국은 삼성전자 2위와 LG전자 12위 두 곳뿐으로, 겨우 체면을 유지했을 뿐이다.

2014년 대비 2024년 10년간 유효특허 증가율을 보면, 상위 20개 안에 든 중국 기업들의 단순 평균 증가율은 약 730%로, 13.4% 줄어든 일본은 물론이고 24.5% 증가한 한국에 비해 압도적으로 높다. 이는 중국의 특허 축적 속도가 폭발적으로 빨라졌고, 특허 패권의 중심이 중국으로 급격히 이동하고 있음을 보여준다.

중국 지도부가 강조해 온 '기술 자립론'의 성과는 이제 현실이 되었다. 미국의 대표적 중국 전문 싱크탱크인 로디움그룹 Rhodium Group은 2025년 보고서에서, '중국 제조 2025' 이후 중국이 전기차·배터리·통신장비·친환경 에너지 등 전략산업에서 가격 경쟁력을 높이고, 선진국과의 기술 격차를 급속히 좁히며 글로벌 시장을 재편했다고 평가했다.

중국의 변화는 글로벌 공급망의 구조적 전환을 촉발했다. 중국은 핵심 부품·소재·장비 분야에서 오히려 다른 나라들이 중국산 중간재와 기술에 의존하게 만들고 있다. '중국 제조 2025' 전략은 국내 산업의 자급화를 넘어 기술 표준·부품 공급망·가격 결정력의 주도권을 장악함으로써 세계시장의 판도를 바꾸는 결과를 가져오고 있다. 그에 따라 기술 의존의 방향은 과거와 반대로 전환되었으며, 세계는 중국의 공급망 없이는 주요 산업을 유지하기 어려운 '역逆 의존성' 구조에 들어섰다. 나아가 AI·첨단소재·전자기술 등에서의 성장이 로봇·신에너지차 산업으로 확산되며 중국의 기술 리더십 도약을 이끌고 서방과 새로운 경쟁 구도를 만들고 있다.

이러한 흐름 속에서 미국의 배터리 분야 중국 의존도는 매우 높다. 미국 국방부 보고서2022는 리튬 수산화물 94%, 배터리 셀 76%, 전해질 76%, 탄산리튬 70%, 음극재 65%, 양극재 53% 등 주요 소재·부품에서 중국이 절대적인 우위를 점하고 있다고 지적했다. 또한 UN Data와 세계경제포럼 자료2023에 따르면, 미국의 배터리 수입액 중 약 80%가 중국산이며, 미국지질조사국USGS, 2023은 미국이 천연 흑연을 100% 수입에 의존하고 있고, 이 중 약 1/3이 중국산임을 확인했다. 더 나아가 국제전략문제연구소CSIS, 2024 분석.2025 전망는 글로벌 리튬이온 배터리 셀 생산의 약 75%가 중국에서 이루어진다고 보고 있다.

이러한 사례들은 모두 미국이 핵심 산업의 공급망 전반에서 중국에 대한 구조적 의존을 심화시켜 왔음을 보여준다. 에너지, 보건, 첨단소재 등 전략 부문의 대중 의존은 단순한 무역 불균형을 넘어 경제안보와 국가안보의 연계성을 부각시키고 있다. 따라서 미국은 공급망 재편과 핵심 자원의 국산화를 새로운 안보 전략의 핵심 축으로 삼고 있으며, 이는 '디커플링'Decoupling 혹은 '디리스킹'Derisking 정책으로 구체화되고 있다.

04 '완다오차오처' 弯道超车, 코너에서 추월하는 중국의 전략

전기차에서 성공한 중국의 코너 추월
코너 추월 전략으로 후발주자에서 세계 선도자로 도약

전기차에서 성공한 중국의 코너 추월

쇼트트랙 경기는 단 한순간도 긴장의 끈을 놓을 수 없다. 선수들이 빙판을 가르며 질주하는 동안 관중의 시선도 늘 팽팽한 긴장 속에 묶여 있다. 그런데 가장 손에 땀을 쥐게 만드는 장면은 직선 구간이 아니다.

바로 코너 구간이다. 좁은 곡선을 돌며 속도를 조절하고 몸을 기울이는 순간, 후발주자가 안쪽 라인을 비집고 들어와 선두를 추월한다. 한 순간에 승부가 바뀌고, 경기장은 폭발적인 함성으로 뒤덮인다.

쇼트트랙 경기에서 직선 구간은 스피드가 중요한 구간이다. 선두에 선 선수는 직선에서 이미 속도를 높여 뒤를 견제할 수 있다. 후발주자가 단순히 직선에서 맞붙어 승부를

2025년 7월 KBS 1TV에서 방영된 화제의 〈다큐 인사이트〉 '인재전쟁'에 출연한 저자의 모습. '인재전쟁'은 중국의 기술 굴기와 글로벌 기술패권 경쟁 속에 벌어지는 인재전쟁의 충격적인 실체를 보여주어 큰 반향을 일으켰다.

보려 하면, 기득권을 쥔 선두를 따라잡기 어렵다.

하지만 코너 구간은 다르다. 곡선 구간은 속도가 줄어들고 균형과 기술이 관건이 된다. 바로 이 순간, 뒤따르던 선수가 과감하게 안쪽 라인을 파고 들면 선두를 추월할 수 있다. 직선에서의 체력과 속도 경쟁이 아니라, 코너를 도는 순간의 판단과 전략적 과감성으로 승부가 갈리는 것이다.

중국이 말하는 '코너 추월'도 같은 원리다. 선진국이 이미 압도적 우위를 점한 직선 구간내연기관 자동차·전통 반도체·석유화학에서는 추격이 거의 불가능하다. 중국은 이 구간에서 억지로 맞붙지 않고, 패러다임이 바뀌는 전환점코너 구간을 기다린다.

'산업의 패러다임이 바뀌는 순간'은 후발주자가 선두를 추월할 수 있는 절호의 기회이자, 기존 강자에게는 가장 큰 위기다. 다음 사례들이 주는 교훈은 분명하다.

인텔Intel은 한때 PC 시대의 절대 강자였다. 우리가 쓰던 대부분의 컴퓨터 속에는 인텔 칩이 들어 있었고, '인텔 인사이드'Intel Inside라는 광고 문구가 전 세계를 휩쓸었다. 그러나 스마트폰Smart Phone 시대가 오면서 게임의 룰이 바뀌었다.

스마트폰은 PC와 달리 배터리로 오랜 시간 작동해야 하고, 손바닥만 한 크기 안에 모든 기능을 담아야 한다. PC 시대와는 전혀 다른 요구 조건이었다. 인텔이 강했던 PC용 칩은 성능은 뛰어났지만 전력 소모가 많아 모바일에 적합하지 않았다.

이 틈을 파고든 것이 퀄컴Qualcomm과 애플Apple이었다. 두 회사는 ARM이라는 저전력 설계기술을 활용해 스마트폰에 최적화된 칩을 만들었다. 퀄컴은 '스냅 드래곤'이라는 칩으로 안드로이드 스마트폰 시장을 장악했고, 애플은 아이폰iPhone 전용 'A 시리즈' 칩으로 혁신을 이어갔다.

저전력 설계기술ARM 아키텍처, Advanced RISC Machine architecture은 중앙처리 장치CPU의 연산 효율을 극대화하면서 소비 전력을 최소화하는 구조로, 모바일 기기의 배터리 지속시간을 크게 향상시켰다. 설계의 핵심은 복잡한 명령어를 단순화해 칩의 발열과 전력 소모를 줄이는 RISCReduced Instruction Set Computing 방식에 있다.

그러나 아무리 설계가 우수하더라도 실제 반도체로 구현하기 위해서는 미세 공정기술이 필수적이다. 공정기술이 미세해질수록 회로 간 간격이 줄어들어 속도와 전력 효율이 개선되고, 동일한 설계라도 제조기술 수준에 따라 성능 격차가 크게 벌어진다.

여기에 TSMC Taiwan Semiconductor Manufacturing Company가 이들의 칩을 세계 최고 수준의 공정기술로 생산하며 인텔을 완전히 추월하게 되었다. 결과적으로 PC 시대가 저물고, 모바일 중심의 시대로 바뀌는 시점에서 '코너 추월'이 벌어졌다.

최근에는 AI 시대가 열리면서 또 다른 코너 추월이 일어났다. 이번 주인공은 엔비디아Nvidia다. 원래 게임용 그래픽 칩을 만들던 엔비디아는 AI 연산에 특화된 GPU 기술로 AI·자율주행·데이터센터 시장을 장악하며 퀄컴과 애플을 제치고 시가총액 세계 1위 기업으로 뛰어올랐다. 한때 PC 시대를 지배했던 인텔은 모바일 시대에 이어 AI 시대에도 흐름을 따라잡지 못해 존재감이 크게 줄어들었다.

이제 중국 얘기를 해 보자.

내연기관 중심이던 글로벌 자동차시장에서 20세기 내내 미국·일본·독일의 전통 완성차 기업들이 지배해 왔다. GM, 포드, 도요타, 폭스바겐과 같은 기업들은 엔진·변속기와 같은 핵심기술과 브랜드, 글로벌 유통망에서 후발주자가 감히 넘볼 수 없는 진입장벽을 구축했다.

1990년대까지만 해도 중국은 자동차 핵심기술이 부족해 외국 기업과의 합작을 통해서만 시장에 진출할 수 있었다. 당시 중국 정부는 외국 완성차 업체가 중국시장에 진출하려면 반드시 현지 자동차 기업과 합작법인을 설립하도록 요구했으며, 외국 측 지분은 50%를 넘을 수 없도록 제한했다. 수입차 판매는 형식적으로 허용되었으나, 거의 100%에 달하는 고율 관세와 엄격한 수입쿼터Quota 제한으로 인해 실질적으로는 현지 생산만이 중국시장에 진입할 수 있는 유일한 방법이었다.

이 정책은 중국이 선진국 기업의 기술과 생산 노하우를 체계적으로 학습하는 발판이 되었지만 선진 기업을 따라가지는 못하였다. 그래서 내연기관 자동차의 선두를 좇는 대신 패러다임이 바뀌는 '코너 구간'에서 곧장 선두로 도약하는 전략을 선택했다.

그 전환점이 바로 전기차였다. 기후변화 대응과 탄소중립 기조, 리튬이온 배터리 기술 혁신이 맞물리면서 내연기관의 시대는 서서히 저물고, 전기차라는 새로운 시장이 열릴 것이라 보았다.

중국의 전기차산업 육성은 단순한 친환경 정책이 아니었다. '① 산업 성장, ② 에너지 안보, ③ 환경 개선, ④ 탄소 감축'이라는 네 가지 국가 목표가 결합된 전략이었다. 전기차를 통해 세계적 자동차 강국으로 도약하고, 중동 석유 의존을 줄이며, 도시 대기오염과 탄소 배출을 동시에 해결하려는 목적을 가졌다.

전기차 분야에서 중국의 코너 추월은 정부 주도로 추진되었다. 중국은 2009년 국무원의 '자동차산업 조정 및 진흥계획'에서 전기차를 미래 핵심산업으로 지정했다. 국가 차원의 전략산업으로서 전기차보조금 정책과 인프라 지원을 전례 없이 확대해 나갔다. 2012년에는 '에너지 절약 및 신에너지차산업 발전계획2012~2020'에서 2015년 50만 대, 2020년 누적 500만 대 보급 목표를 세웠다.

정책 수단은 보조금·세제 혜택·인프라 구축이었다. 2010년 상하이上海, 선전深圳 등 5개 도시에서 전기차 한 대당 6만 위안의 보조금을 지급했고, 소득세 면제와 전용 번호판 우선 배정, 공공기관 우선 도입, 도심 진입 규제 완화 등 각종 혜택을 부여하며 내수시장을 키웠다. 2015년까지 8만 개 이상의 충전기를 설치하며, 이를 주택·고속도로·공영

주차장으로 확산시켰다.

이처럼 전기차 인프라를 대규모로 확충하고, 전기차 핵심 부품인 배터리·모터·전력 반도체의 국산화를 국가 차원에서 밀어붙였다. 그 결과 BYD, NIO, XPeng, Li Auto 같은 토종 기업들이 급부상했고, 배터리 분야에서는 CATL과 BYD가 글로벌 1, 2위를 차지하게 되었다.

중국의 전기차 보급은 2015년 누적 20만 대에서 2020년 약 492만 대에 이르렀다. 세계시장 점유율도 절반을 차지했다. 2023년에는 연간 판매 700만 대를 돌파하며 세계 최대 전기차시장으로 자리 잡았다.

내연기관 차량에서 한참 뒤처졌던 중국은 전기차 시대에 들어서면서 기술과 가격 경쟁력을 동시에 확보하는 코너 추월을 이루었다. 2024년 기준 중국 전기차의 글로벌 점유율은 60%를 넘어섰고, BYD는 순수 전기차 판매에서 테슬라와 맞먹는 수준에 도달했으며, 하이브리드 모델까지 포함하면 테슬라를 두 배 이상 앞질렀다.

특히 배터리 혁신은 전기차 도약의 핵심이라고 할 수 있다. CATL과 BYD는 니켈·코발트 의존도를 낮춘 LFP리튬인산철 배터리를 상용화해 글로벌 완성차 업체OEM, Original Equipment Manufacturer에 공급하고 있다.

이 모든 과정은 코너 추월 전략의 교과서적 사례다. 내연기관이라는 기존 패러다임에서 학습을 하고, 패러다임이 전기차로 전환되는 순간에 집중 투자해 단숨에 선두로 도약했다.

이는 삼성이 소니를 CRT TV에서 LCD TV로 추월한 과정, 삼성전자가 노키아Nokia를 피처폰Feature Phone에서 스마트폰으로 추월한 과정과 동일한 패턴이다.

삼성의 사례는 뒤에 '이병철의 톡톡'에서 언급하겠다.

중국의 전기차 산업은 국가가 주도한 전략적 산업정책의 산물이다. 중앙정부는 보조금, 세제 혜택, 기술 표준 제정, 인프라 구축을 일체화한 정책 패키지를 통해 산업 생태계를 조성했다. 지방정부와 국유기업, 민간 스타트업이 연계된 다층적 혁신 네트워크를 구축함으로써 기술 개발과 상용화를 동시에 추진하였다. 이러한 구조적이고 체계적인 지원이야말로 중국식 '코너 추월'의 제도적 기반을 형성했다.

코너 추월 전략으로 후발주자에서 세계 선도자로 도약

경영 전략 연구에서 오랫동안 논의돼 온 '후발주자의 도약'Latecomer's Leapfrog 개념은 후발 기업이나 신흥국이 산업 패러다임이 전환되는 순간 기존 선도자를 추월하는 현상을 설명한다.

서울대 경제학과 이근 교수의 분류에 따르면, 이 이론은 크게 세 가지 유형으로 구분된다. 첫째, '경로 추종형 추격'Path-Following Catch-up이다. 이는 기존 선도자가 밟아온 동일한 단계A→B→C→D를 그대로 따라가는 방식이다. 둘째, '단계 생략형 추격'Stage-Skipping Catch-up, Leapfrogging I은 일부 단계를 건너뛰고A→(B 생략)→C→D 빠르게 도약하는 방식을 말한다. 셋째는 '경로 창출형 추격'Path-Creating Catch-up, Leapfrogging II으로, 기존 선도자가 가보지 않은 새로운 경로A→B→C'→D'를 창출해 기술 전환기의 새로운 패러다임을 주도하는 전략이다.

이 이론은 1990년대 세계은행과 유엔산업개발기구UNIDO 연구에서 본격적으로 사용되었으며, 신흥국의 '추격 전략'Catching-up Strategy을 설명하는 핵심 이론의 틀을 갖췄다. 선도 기업은 기존 패러다임에 묶여 변화에 둔감해지는 반면, 후발 기업은 새로운 기술 전환 구간에서 곧바로 차세대 기술로 도약할 수 있다는 것이다.

'코너추월' 전략은 기존의 플라잉 기스 이론Flying Geese Theory이 전제한 '단계적 추격의 질서'를 뒤흔드는 이론이다. 플라잉 기스 이론은 일본 경제학자 카나메 아카마츠Kaname Akamatsu가 1930년대에 제시한 산업 발전 모형으로, 기러기들이 하늘에서 V자 편대를 이루어 질서 정연하게 날아가듯 선두국이 먼저 신산업을 개척하면 후발국이 그 궤적을 따라가며 성장한다는 것이다. 이 모델에서 '발전'은 '직선 구간의 점진적 추격'을 뜻한다.

하지만 중국은 이 직선의 질서에 머물지 않았다. 그들은 '코너 추월'Corner Overtaking, 즉 곡선 구간에서의 기습 선회를 전략의 중심에 두었다. 기술의 아키텍처가 바뀌고, 가치사슬의 핵심이 이동하며, 규제와 표준이 새로 짜이는 순간을 오히려 도약의 기회로 삼았다.

'코너추월'의 중국식 발음 '완다오차오처'弯道超车라는 개념은 원래 자동차 경주에서 비롯되었다. 이 표현은 직선 구간의 후발주자가 코너 구간에서 선회 기술과 타이밍을 활용하여 선두를 추월하는 전략을 의미한다.

중국 학계와 언론은 2000년대 중반 이후 이미 이 용어를 산업·기술정책 맥락에 적용하기 시작했다. 특히 중국 정부가 전기차와 배터리 산업을 미래 핵심산업으로 규정한 2009년 '자동차산업 조정 및 진흥계획' 수립 이래, 이 표현은 정책 담론의 핵심 키워드가 되었다.

예컨대, 2014년 국무원 산하 산업정보화부MIIT는 전기차산업 발전 로드맵에서 "내연기관 중심시장에서는 선진국을 추격하기 어렵지만 신에너지차 분야에서는 '완다오차오처'로 글로벌 선두로 도약해야 한다"

2021년 4월 12일, 조 바이든 미국 대통령은 백악관 루스벨트룸에서 열린 반도체 대책회의에서 반도체 핵심 소재인 웨이퍼를 손에 들고 반도체 공급망의 중요성을 강조했다. 그는 삼성전자 등 19개 반도체·자동차·IT 기업 경영진과의 화상 회의에서 "내가 들고 있는 이 반도체가 인프라 그 자체"라고 말했다.(위)
2018년, 중국의 시진핑 국가주석은 당시 양쯔메모리테크놀로지(YMTC) 반도체 공장을 시찰했다.(아래)
두 장의 사진은 첨단기술을 둘러싼 체제 경쟁, 즉 기술패권 경쟁의 양극 구도를 상징적으로 보여준다.

는 목표를 제시했다. 또한 2015년 리커창 총리는 전국인민대표대회全
国人民代表大会, 전인대 정부 업무보고에서 '신에너지차와 배터리, 신소재
분야는 중국이 코너에서 추월할 수 있는 결정적 기회'라고 공개적으로
언급한 바 있다.

'완다오차오처'라는 표현은 중국의 국가 전략 문건과 언론 담론에서 AI
반도체·5G·로봇·양자컴퓨팅과 같은 첨단산업으로 확장되며 반복해서
등장했다. 대표적으로 2017년 국무원 발표 '차세대 AI 발전계획'에서
도 'AI는 중국이 서구와 일본의 기술 선두를 추월할 수 있는 코너 구간'
이라고 규정하며, '완다오차오처'를 정책 실행 논리로 재차 강조했다.
이처럼 '후발주자의 도약'이 국제 학계의 이론적 틀이라면 '완다오차
오처'는 이를 중국식 현실에 맞게 변용한 정책·전략 키워드라 할 수 있
다. 중국은 이 개념을 통해 '산업 패러다임 전환기야말로 후발주자가
세계 선도자로 도약할 수 있는 절호의 기회'라는 메시지를 지속적으로
전파하며, 전기차·배터리·AI 등에서 실제로 전략을 실행했다.

기술패권이 국제 권력 구조를 재편하는 시대에 후발국은 정면 경쟁이
아닌 '코너 추월'Corner Overtaking을 통해 기존 질서의 제약을 우회하며
주도권을 확보하려 한다. 중국은 이를 과학기술 자립과 혁신형 국가 건
설의 이념적 근거로 삼아 산업정책·외교전략·담론체계 전반에 걸쳐
'추월형 발전 모델'을 제도화하고 있다.

이건희 회장은 생전에 이렇게 경고했다.

"지금이 위기다. 글로벌 기업들이 무너지고 있다. 삼성도 언제 어떻게
될지 모른다. 앞으로 10년 내에 삼성을 대표하는 사업과 제품은 대부
분 사라질 것이다."

그리고 덧붙였다.

"다시 시작해야 한다. 머뭇거릴 시간이 없다."

이는 산업 패러다임 전환기에 기존 제품과 과거의 성공 방정식만 고집하면 한순간에 도태될 수 있음을 예견한 것이다. 새삼 고인의 통찰력에 감탄하게 된다.

生生Talk 생생토크 ①

삼성, '신경영 선언'으로 코너 추월을 하다

'코너 추월'은 삼성이 먼저

"삼성의 TV가 왜 저 모양인가? 품질과 디자인, 브랜드 모두 근본적으로 바꿔야 한다."

고故 이건희 회장이 1993년 '신경영 선언' 직전 해외 출장 중 미국의 한 대형가전 매장을 방문해 목격한 장면은 삼성 TV 사업 전환의 분수령이었다.

매장 한쪽 구석, 눈에 띄지 않는 곳에 진열된 삼성 TV는 먼지가 수북이 쌓여 있었고, 소비자들의 관심을 받지 못한 채 방치되어 있었다. 이 장면을 본 이건희 회장은 즉시 임원들을 소집해 강력한 질책을 쏟아냈다. 이 사건을 계기로 삼성의 '신경영 선언'이 이어졌고, 이후 삼성은 디지털 전환과 LCD 기술 투자에 사활을 걸며 TV 사업의 체질 개선에 돌입했다.

이런 노력의 결과로 삼성은 2000년대 중반 LCD TV 시장에서 소니를 추월하며 글로벌 1위로 도약하는 '코너 추월'의 성공 사례를 만들었다.

LCD TV 시대 시장 1위

삼성은 1990년대 초 LCD 사업부를 설립해 TFT-LCD 개발과 양산에 본격 착수하면서 다가올 디지털 TV 시대를 준비했다. 본사 차원에서는 임직원 전원을 대상으로 디지털 기술과 산업 패러다임 전환 교육을 의무화하며, 아날로그 중심의 제품과 조직 구조를 LCD 기반의 디지털 체제로 전환해 나갔다. 전사적 추진력을 확보하기 위해 DSC Digital Solution Center라는 전담 조직을 신설하여 디지털 시대의 새로운 성장 동력을 발굴했다. 당시 CEO였던 윤종용 부회장은 매월 신사업 간담회를 주재하며 다양한 디지털 신사업 아이디어를 브레인스토밍 Brainstorming하고 실행 방안을 논의해 삼성의 디지털 혁신을 주도했다. 기획팀 신사업 파트에서 근무하던 나는 삼성과 KT가 협력해 디지털 신사업 추진 방안을 검토하고, 사업 모델과 투자 구조를 설계하는 업무를 맡고 있었다. 그즈음 삼성전자의 전사적 분위기는 그야말로 디지털 전환 그 자체였다. 당시의 노력들이 훗날 삼성전자가 소니를 추월해 TV 시장 1위를 달성하는 촉매제가 된 것은 두말할 나위가 없다.

2001년에 30인치 LCD를 양산하면서 본격적인 디지털 TV 시대를 예고했고, 2005년에는 세계 LCD TV 분야 1위 업체로 부상하게 되었다. CRT TV 시장에서 절대 따라잡을 수 없던 소니를 LCD TV에서 한순간에 추월한 것이다.

소니도 LCD TV로 전환하려는 시도를 했다. 그러나 핵심 부품인 LCD 패널이 없는 것이 문제였다. 2004년 삼성과 S-LCD라는 합작법인을 설립해 LCD 패널을 공급받는 전략을 추진했으나, 경쟁사에게 핵심 부품을 의존하는 소니가 LCD TV에서 삼성을 이긴다는 것은 어불성설이었다. LCD TV 시대를 준비한 삼성전자의 코너 추월은 이후 LCD TV 시장에서 약 20년간 1위를 유지하게 하는 계기가 되었다.

노키아를 무너뜨린 삼성 갤럭시

2000년대 초 글로벌 휴대폰 시장은 노키아의 독무대였다. 1998년부터 노키아는 전화, 문자, 기본적인 멀티미디어만 제공하는 피처폰 중심의 세계시장에서 점유율 35~40%에 이르는 절대 강자였다. 핸드폰 OS는 심비안Symbian으로, 사실상 노키아는 글로벌 표준이었다.

당시 경쟁사들은 노키아를 따라잡는 것이 그야말로 '넘사벽'이라고 여겼다. 삼성도 애니콜Anycall 브랜드에 힘입어 글로벌 시장에서 약진하고 있었지만, 노키아의 절반 수준에 불과했다. 내가 중국에서 근무할 때였다. 영업 조직의 연말 전략회의 때 참석하면 항상 회의 말미의 구호는 "노키아 타도!"로 끝났다.

철옹성 같던 시장의 패러다임은 2007년 아이폰이 등장하면서 급격하게 바뀌었다. 애플의 혁신적 스마트폰은 기존 피처폰 시장을 완전히 뒤집어 놓았다. 이 전환기에 노키아는 여전히 기존 심비안 운영 체제를 고수하며 스마트폰 전환에 소극적으로 대응했다. 이 시기 스마트폰의 혁신을 이끈 아이폰의 iOS에 맞서 구글Google의 안드로이드 OS가 새로운 대항마로 주목받았다.

이때 삼성이 안드로이드 진영의 가장 핵심적인 핸드폰 제조사의 자리를 차지했다. 그리고 2010년 '갤럭시Galaxy S' 시리즈를 발표하면서 안드로이드 진영의 최강자로 떠올랐다. 2012년부터는 세계 핸드폰 시장 점유율 1위에 올라 지금까지 10년 이상 그 위치를 지켜오고 있다.

노키아는 이후 반등하지 못했다. 2014년 휴대폰 사업을 마이크로소프트Microsoft에 매각하며 사실상 시장에서 물러났다. 이에 반해 삼성은 갤럭시 시리즈를 중심으로 세계 스마트폰 시장의 1위를 장기간 유지하며 '포스트 노키아 시대'의 새로운 지배자가 되었다.

다음 코너 추월의 지점은 어디일까?

현재의 산업 변혁을 보면 AI 분야에서 코너 추월이 급속히 진행 중인 것으로 보인다.

SUPER GAP STRATEGY OF
K-CHIPS

2장
미국과 중국의 반도체 전쟁

미국의 반도체 영토 회복 작전
독자적 혁신의 길을 찾는 중국
얻어도 잃어도 딜레마
'낀' 국가, '낀' 기업의 형편

미국의 반도체 영토 회복 작전

반도체산업 주도권은 어디로?
'반도체'를 다시 미국으로!
미국 반도체정책 지지도 상승
새 형태의 '기술 냉전' 선언
반도체산업에 대한 바이든 행정부의 전략적 인식

반도체산업 주도권은 어디로?

국제정치에서 패권국은 자신의 지위를 유지하려 하고, 부상하는 강대국은 자신에게 유리한 변화를 추구하며 기존 질서를 흔들고자 한다. 이러한 경향은 국가 간 상위 권위를 가진 조직이 부재하고 상대국의 의도를 파악하기 어려운 무정부적 체제에서 더욱 두드러진다.

중국은 경제력을 기반으로 군사력을 증대시키며 동북아시아에서 영향력을 확대하려는 움직임을 보이고 있다. 이는 기존 패권국인 미국과의 구조적 긴장을 심화시키며, 양국 관계를 적대적으로 변화시키고 전쟁 가능성을 야기한다.

투키디데스는 『펠로폰네소스 전쟁사』기원전 5세기에서 "새롭게 부상하는 세력이 기존 지배 세력을 위협할 정도로 성장하면 그로 인한 구조적 긴장이 무력 충돌로 이어지는 것은 법칙에 가깝다"고 분석하며, 아테네의 부상과 스파르타의 두려움을 그 원인으로 제시했다.

이 개념은 이후 '투키디데스 함정'Thucydides Trap으로 불리며, 패권국과 새롭게 부상하는 국가 간 충돌 가능성이 높아진 상태를 의미한다그레이엄 앨리슨, 2015. 그레이엄 앨리슨G. Allison은 저서 『예정된 전쟁』Destined for War, 2017에서 지난 500년간 주요 강대국 간 권력 이동 사례 16건을 분석한 결과 그중 12건이 실제 전쟁으로 귀결되었다고 밝혔다.

미·중 관계에서 이러한 구조적 긴장은 전쟁 가능성을 내포하고 있으며, 향후 양국 간 전략경쟁의 본질을 이해하는 데 중요한 시사점을 제공한다.

국제정치 이야기가 나온 김에 지금의 미·중 경쟁을 바라보는 데 도움이 되는 몇 가지 이론적 시각을 짚어보려 한다. 이런 틀을 이해하면 국제 정치가 왜 갈등과 경쟁으로 흐르는지, 그리고 미·중 관계가 왜 쉽게 풀리지 않는지 조금 더 분명하게 보일 것이다.

국제정치는 한 나라가 모든 나라를 통제하는 정부가 없는 상태다. 국제 군대도 없고, 국제경찰도 없다. 그래서 각 나라는 스스로를 지켜야 하며, 다른 나라보다 힘이 약해지지 않으려고 군사력과 안보를 중요하게 생각한다. 이런 구조를 무정부Anarchy 상태라고 부르며, 이 속에서는 서로를 믿기 어렵고 경쟁이 쉽게 생긴다. 한 나라가 군사력이나 기술력을 키우면 다른 나라는 그것을 방어가 아니라 공격 준비로 의심한다. 이로 인해 서로가 더 많은 무기를 만들고, 불신이 커지는 안보 딜레마Security Dilemma에 빠진다. 예컨대, 냉전 시기 미국과 소련이 서로를 견제하며 핵무기를 증강한 것이 대표적 사례다. 양측 모두 자국 방어를 명분으로 삼았지만 결과적으로는 핵무기 경쟁이 가속되며 국제사회 전체의 불안을 키웠다.

이러한 안보 딜레마는 국제체제의 구조적 속성에서 비롯된 것으로, 국가 간 갈등의 근본 원인을 설명하는 현실주의 이론의 출발점이 된다. 현실주의는 인간의 본성과 마찬가지로 국가 역시 이익과 생존을 위해 경쟁하는 존재로 본다. 국제정치는 도덕이나 규범이 아니라 힘의 논리에 의해 움직이며, 국가들은 끊임없이 상대적 우위를 확보하려 한다. 이러한 관점은 특히 강대국의 행위를 설명하는 핵심 이론으로 발전했다.

공격적 현실주의Offensive Realism 이론은 이러한 강대국의 본능을 강조한다. 국제정치학자 존 미어샤이머John J. Mearsheimer는 1990년 「Back to the Future」라는 논문과 2001년에 펴낸 저서 『강대국 국제정치의 비극』The Tragedy of Great Power Politics에서 이를 본격적으로 체계화했다.

그의 주장은 간단하다. 국제 질서는 무정부적이기에 강대국은 끊임없이 힘을 추구할 수밖에 없으며, 궁극적으로 패권만이 안전을 보장한다는 것이다. 그래서 중국은 아시아에서 영향력을 넓히려 하고, 미국은 일본·한국·호주 같은 동맹과 손잡고 이를 견제한다. 국제기구도 있지만, 결국 힘센 나라가 자기 이익에 맞게 활용하는 경우가 많다.

또 하나의 관점은 '세력 전이 이론'Power Transition Theory이다. 정치학자 케네스 오간스키Kenneth Organski가 1958년 『세계 정치』World Politics에서 주창한 이론으로, 신흥국이 기존 패권국의 힘에 근접할 때 가장 큰 충돌 위험이 발생한다고 본다. 지금 중국은 경제와 기술에서 미국을 빠르게 따라잡고 있고, 미국은 싹을 자르려 한다. 따라서 1등과 2등의 격차가 좁혀질수록 전쟁 가능성이 높아진다고 설명한다.

또 다른 이론은 '힘의 균형론'Balance of Power Theory이다. 이 사상은 17~18세기 유럽 국제정치에서 이미 활용되었고, 20세기 들어 한스 모겐소Hans Morgenthau의 『Politics Among Nations』1948와 케네스 왈츠Kenneth Waltz의 『Theory of International Politics』1979로 이론이 정립되었다. 강대국의 부상은 다른 국가들의 연합을 촉발한다는 논리다. 미국은 쿼드Quad, 미국·일본·호주·인도 4개국 안보 회담, AUKUS, 한·미·일 협력을 통해 중국을 압박하고, 중국은 브릭스BRICS 확대와 일대일로一帶一路 같은 협력망으로 세를 넓히려 한다.

'장기 주기 이론'Long Cycle Theory도 있다. 국제정치학자 조지 모델스키George Modelski는 1987년 저서 『Long Cycles in World Politics』에서 '세계 질서가 약 100년 단위로 패권국이 교체되는 장기 사이클을 따른다'고 주장했다. 네덜란드에 이어 영국에서 미국으로 이어진 세계 패권이 이제 중국의 도전을 맞이하는 단계에 들어섰다는 분석이다. 따라서 미·중 경쟁은 당대의 갈등이라기보다 역사적으로 반복되어 온 패권 교체 과정이라고 할 수 있다.

물론 이러한 이론들 각각은 논리적 한계와 약점이 있다. 그러나 공통적으로, '미·중 경쟁이 지도자의 개인적 성격이나 특정 사건만으로 설명되지 않는다'는 점을 강조한다. 안보 딜레마, 강대국의 본능, 세력 전이, 힘의 균형, 안정-불안정 패러독스, 장기 주기 이론 같은 구조적 힘이 동시에 작동하기 때문이다. 그래서 지금의 미·중 갈등은 단순한 현상이 아니라, 국제정치의 오랜 법칙이 반복되는 장면이라고 할 수 있다.

현실주의의 다양한 이론들은 한 가지 공통된 결론에 수렴한다. 국제정치의 본질은 권력 경쟁이며, 기술과 경제력은 현대의 새로운 권력 수단이라는 점이다. 과거 현실주의 이론이 물리적 힘에 초점을 두었다면 오늘날에는 첨단기술과 산업 경쟁력이 국가안보와 패권의 핵심 요소로 부상하였다. 기술력은 글로벌 공급망과 표준을 지배하는 수단이자 기술·경제·산업 네트워크를 통제하는 능력으로 재정의되고 있다.

앞서 서술한 현실주의 이론, ① 미어샤이머의 공격적 현실주의가 말한 '힘의 추구', ② 오간스키의 세력 전이 이론이 설명한 '패권 교체의 긴장', ③ 왈츠와 모겐소의 힘의 균형론이 제시한 '연합과 견제의 구조'는 모두 오늘날 미·중 경쟁을 해석하는 핵심 틀로 작동한다. 이제 갈등의 초점은 군사력이 아니라 기술과 산업 네트워크의 지배력으로 이동하고 있으며, 세계 질서를 결정짓는 새로운 경쟁장은 반도체·AI·에너지 등 첨단기술 영역으로 옮겨가고 있다.

오늘날의 미·중 경쟁은 냉전 시기 핵무기가 '상호 확증 파괴'Mutual Assured Destruction, MAD의 논리를 바탕으로 전쟁을 억제했듯이, 현재 미국약 3,700개과 중국약 600개의 핵 보유 상황에서 군사적 충돌은 현실적으로 불가능하며, 양국 관계는 군사적 억제 속의 전면적 기술 경쟁구도로 전환되었다.

첨단기술 중 반도체는 경제의 동맥이자 군사력의 두뇌로서 지정학적 급소가 되었고, 이를 둘러싼 기술패권 경쟁이 국제질서의 핵심 갈등축으로 자리 잡고 있다.

반도체는 스마트폰과 자율주행차뿐만 아니라 첨단 무기 체계에도 필수적인 요소로, 경제적 가치나 산업 경쟁력 차원을 넘어 국가안보와 직결되는 전략 분야다. 실제로 미국 반도체협회SIA가 발간한 2023년『팩

트북』에 따르면, 전 세계 반도체시장 규모는 5740억 달러에 달하며, 그 수요는 통신 제품30%과 PC·컴퓨터26%를 비롯해 자동차14%, 소비재14%, 산업용14%, 정부·군수 분야2% 순으로 나타난다.

이처럼 반도체는 현대산업의 전반을 지탱하는 '산업의 쌀'이자 첨단기술의 심장으로서 글로벌 경제와 안보 질서를 좌우하는 전략 자원으로 자리 잡고 있다.

미국은 1947년 트랜지스터, 1959년 집적회로IC 발명을 계기로 반도체 분야의 종주국 자리를 오랫동안 지켜왔다. 하지만 1980년대 들어 일본 반도체산업이 급부상하면서 미국과 일본 사이에 '반도체 전쟁'이 벌어졌다. 당시 레이건 정부는 일본의 시장 독점을 견제하기 위해 미·일 반도체 협정을 체결했고, 이 협정으로 일본 기업들의 미국 내 반도체 점유율은 제한을 받게 되었다. 그 결과, 한국 반도체산업이 성장할 수 있는 틈이 열렸다. 이후 파운드리Foundry, 전문 위탁생산 분야에서 대만이 두각을 나타내면서 오늘날 글로벌 반도체산업은 한국·미국·대만 3국이 각기 다른 분야를 주도하는 구도로 자리 잡았다. 메모리는 한국, 설계는 미국, 파운드리는 대만이 강점을 가지며 삼각 구도를 이룬 형태다. 한편 반도체 장비 분야는 미국·일본·네덜란드가 장악하고 있지만 최근 중국이 빠르게 추격하고 있다.

미·중 패권경쟁이 본격화되면서 미국은 중국의 반도체 굴기 억제에 다양한 수단을 동원해 왔다. 미국은 반도체 제조 리쇼어링Reshoring, 인건비 절감을 위해 해외로 이전했던 제조 시설을 다시 본국으로 옮겨오는 것과 중국 제재 강화에 나섰다. 중국 내 반도체 장비 반입 금지, AI 칩 확보 제한, 화웨이Huawei 와 SMIC中芯国际, 중국국제반도체 제재 등을 통해 중국의 첨단 반도체기술 접근을 차단하고 있다.

미국은 동맹국들과 손을 잡고 중국을 압박하는 전략도 강화했다. 한국과 대만 반도체 기업들로 하여금 미국에 반도체 공장을 짓도록 해서 자국 내 생산 능력을 키우려는 전략 등이 그것이다. 또 바이든 행정부 때는 인도-태평양 경제프레임워크IPEF와 '칩4 동맹' 같은 협력체를 만들어 한국·대만·일본 등과 함께 반도체 공급망 강화를 꾀했다. 여기에는 동아시아에서 중국 의존도를 줄이고, 안정적 공급망을 확보하려는 미국의 계산이 깔려 있었다.

CHIP 4는 뒤에서 좀 더 기술하겠다.

이 밖에 미국은 2차 제재Secondary Sanctions라는 강력한 제재 수단을 활용한다. 이는 미국의 대중국 제재에 동참하지 않는 제3국 기업을 제재하는 방식으로, 글로벌 기업들은 사실상 따를 수밖에 없다.

보통 세컨더리 보이콧도 2차 제재의 의미로 사용되는 경우가 있지만 국제정치에서 정확한 용어의 정의는 2차 제재는 정부가 제재 대상국과 거래하는 제3국을 처벌하는 것이고, 세컨더리 보이콧은 시민들이 문제가 있다고 생각하는 기업만 불매하는 게 아니라, 그 기업과 거래하는 회사들까지 압박하는 불매운동이다. 핵심 차이는 주체가 국가인가 민간인가에 있다.

중국도 가만히 있지 않는다. 법과 행정 규정, 심지어 여론전까지 활용해 다국적 기업을 압박하는 다양한 수단을 동원한다. 필요하다면 외국 기업의 중국 내 사업 활동을 제한하거나 자국 기업을 우대하는 방식으로 대응한다.

이처럼 미국의 압박과 중국의 맞대응은 반도체산업에 커다란 불확실성을 만들어낸다. 하지만 동시에 기업마다 어떻게 대응하느냐에 따라 위기일 수도, 기회일 수도 있다.

반도체산업의 주도권은 기술 혁신과 공급망 통제력을 모두 확보한 국가가 차지한다. 현재 미국은 첨단 기술과 장비를, 중국은 대규모 내수시장과 국가 주도의 산업정책을 앞세워 패권경쟁의 주도권을 놓고 전면 대결 중이다.

'반도체'를 다시 미국으로!

아이젠하워 대통령 시기, 미국 최초로 군 경력이 없는 기업인으로서 국방부 장관1953~1957으로 지명된 제너럴 모터스 전 사장 찰스 어윈 윌슨은 상원 청문회에서 이렇게 언급한 바 있다.

"GM에 좋은 것이 미국에 좋고, 그 반대도 마찬가지다."What's good for General Motors is good for the United States, and vice versa. 이 말을 바꿔보면, '반도체산업에 좋은 것은 미국에도 좋고, 미국에 좋은 것은 반도체산업에도 좋다'는 뜻과 같다. 그만큼 반도체산업은 미국 기업의 이익뿐만 아니라 국가 경제, 안보와도 밀접하다.

반도체는 엄청난 자본이 들어가는 대표적인 규모의 산업이다. 경쟁이 워낙 치열하다 보니 많은 기업이 도태되고, 결국 소수의 초강자만이 살아남아 시장을 주도한다. 이렇게 형성된 과점 구조 속에서 반도체 기업의 성패는 곧바로 국가 경제와 산업 경쟁력에 큰 영향을 미친다.

반도체는 인류가 만들어낸 가장 복잡한 장치 가운데 하나다. 설계, 제조, 패키징 등 수백 단계에 이르는 공정을 거쳐야 하고, 이 과정을 거치는 동안 수십 개의 글로벌 기업과 여러 국가가 얽혀 있다. 그래서 어느

한 단계에서 문제가 생기면 전 세계 공급망 전체가 흔들릴 수밖에 없다. 작은 크기와 가벼운 무게 덕분에 물류 측면에서는 유리하지만, 전 세계가 동시에 의존하는 핵심 부품이어서 공급망이 끊기면 산업 전반에 심각한 충격을 줄 수 있다. 따라서 공급망 안정성 보장이 절대적으로 중요하다.

미국은 2018년부터 본격화된 미·중 무역 전쟁이 점차 기술패권 경쟁으로 번지고, 여기에 코로나19 팬데믹으로 글로벌 공급망이 마비되면서 반도체 제조의 중요성을 다시금 절실히 깨닫게 되었다. 특히 미국은 반도체를 해외에 크게 의존하는 상황에서 대만해협을 둘러싼 긴장까지 겹치면서 언제든 공급이 끊길 수 있다는 불안감이 커졌다. 이로 인해 미국은 '자국 내 반도체 생산 능력을 반드시 키워야 한다'는 강한 공감대를 형성하게 되었다.

미국 GDP에서 차지하는 반도체의 비중이 비록 0.3%에 불과하지만, 이는 GDP의 13%에 달하는 다양한 산업에 직접적인 영향을 미친다.

반도체 생태계는 크게 칩 설계, 제조, 그리고 후공정으로 나뉜다. 이 가운데 특히 제조는 설계된 반도체를 현실로 구현하는 핵심이자, 기술패권을 가르는 대체 불가능한 단계다. 그중에서도 파운드리는 현재 3나노㎚ 수준에서 양산되는데, 이를 구현할 수 있는 기업은 세계적으로 삼성전자와 대만의 TSMC 정도뿐이다. 공장 하나를 짓는 데 수십조 원이 들어가고, 극도로 정밀한 공정기술이 요구되기 때문에 아무나 뛰어들 수 없다. 그래서 퀄컴, 엔비디아, 애플 같은 글로벌 설계 기업들도 직접 만들지 못하고 파운드리에 의존한다.

오늘날 인공지능AI, 사물인터넷IoT, 자율주행차 같은 기술이 폭발적으로 성장하면서 데이터를 빠르고 효율적으로 처리하는 고성능 반도체의 수요가 급증하고 있다. 이 기술들의 성패는 '속도'와 '전력 효율'에 달려 있다.

여기에서 말하는 '속도'란 데이터를 얼마나 빠르게 처리·전송·응답할 수 있는가를 종합적으로 나타내는 '정보처리 속도'를 뜻한다.

반도체의 연산 속도는 사람의 두뇌가 계산하는 속도에 비유할 수 있다. 인공지능AI이 이미지를 분석해 사물을 구분하려면 막대한 연산을 짧은 시간 안에 처리해야 하며, 이는 초당 연산 횟수로 표현된다. 연산 속도가 빠를수록 AI는 더 많은 데이터를 신속하게 학습하고 판단할 수 있다.

데이터 전송 속도는 두뇌의 신경망처럼 정보가 얼마나 빠르게 오가는지를 뜻한다. 메모리·프로세서·저장장치 간 데이터가 원활히 이동해야 전체 시스템이 효율적으로 작동한다. 최신 AI 서버는 초당 수백 GB 수준의 데이터를 주고받으며, 이를 가능하게 하는 핵심기술이 바로 HBM3고대역폭 메모리 같은 초고속 메모리다.

응답 속도는 명령에 대한 반도체의 반응 시간, 즉 지연 시간Latency을 의미한다. 자율주행차가 전방 물체를 인식하고 제동을 걸 때 반도체가 0.1초라도 늦게 반응하면 사고로 이어질 수 있다. 스마트폰의 터치 반응이나 음성 비서의 응답 속도도 모두 이 '응답 속도'에 좌우된다.

결국 연산·전송·응답 속도의 균형이 첨단기술의 성능을 결정한다.

기존 컴퓨터의 핵심인 CPU는 연산 담당 프로세서와 데이터 저장 메모리가 분리된 폰 노이만 구조를 사용한다. 아무리 프로세서가 빨라도 데이터를 옮기는 통로가 좁으면 전체 속도가 느려진다. 이를 '병목 현상'이라 부르며, 데이터 이동 과정에서 시간 지연과 전력 낭비가 발생하는 것은 이 구조의 태생적 한계다.

이러한 한계를 극복하기 위해 반도체 업계는 '범용 칩'에서 '특화 칩'으로 전환하고 있다. 특정 기능만을 위한 전용 칩ASIC, Application-Specific Integrated Circuit은 불필요한 회로를 제거하고 데이터 경로를 최적화하여, 범용 칩 대비 10배 이상의 에너지 효율과 5~6배 빠른 속도를 달성한다. 구글 TPUAI 전용, 테슬라 FSD 칩자율주행 전용, 애플 Neural Engine스마트폰 AI 전용이 대표적이다. 테슬라는 최근 엔비디아 칩 대비 성능은 비슷하지만 전력 소모가 더 적고 더 저렴한 칩을 자체 개발할 것이라고 밝혔다.

GPU는 원래 폰 노이만 구조이지만 수천 개의 연산 코어를 병렬 처리하여 폰 노이만 구조의 문제인 병목 현상을 크게 완화한다. 엔비디아 GPU가 AI 시대 핵심 인프라가 된 이유다.

전용 칩과 특화 칩이 성능을 극대화하려면 더 미세한 공정기술이 필수다. 칩 안에 더 많은 트랜지스터를 집적할수록 처리 속도는 빨라지고 전력 소비는 줄어든다. 이를 위해서는 3nm 이하 초미세 공정이 필요한데, 이는 원자 100개 두께, 머리카락 굵기의 3만분의 1 수준으로 회로를 새기는 극한의 기술이다. 전용 칩일수록 더 복잡하고 정밀한 설계를 담아야 하므로 최첨단 미세공정 없이는 그 잠재력을 구현할 수 없다.

바로 이 지점에서 파운드리반도체 위탁생산의 전략적 가치가 기하급수적으로 커진다. 최첨단 반도체 공장 건설에 20조 원 이상 소요되고, 3nm 공정기술은 극소수만 보유하기 때문에 구글, 애플, 아마존도 설계만 하고 제조는 파운드리에 맡긴다. 특화 칩이 미세해질수록 파운드리의 기술력이 곧 칩 성능의 상한선을 결정한다.

파운드리는 글로벌 반도체 공급망의 필수 병목지점이자 미·중 기술패권 경쟁의 최전선이다. 엔비디아의 GPU든, 구글의 TPU든, 애플의 M칩이든 설계가 아무리 뛰어나도 초미세 공정을 가진 파운드리 없이는 단 한 장의 칩도 만들 수 없다. 파운드리를 장악한 나라가 미래를 장악한다.

1990년대 초반만 해도 미국은 전 세계 반도체 생산의 약 37%를 차지했다. 하지만 2022년에는 이 비중이 10% 수준으로 줄어들었다. 그럼에도 불구하고, 미국은 여전히 반도체 설계·장비·지식재산IP 분야를 포함한 전체 매출에서 전 세계의 절반을 차지하는 압도적 강자다.

문제는 제조 역량의 축소였다. 실제로 2021년 코로나19 팬데믹 시기, 반도체 공급 부족으로 인해 자동차산업에서만 약 1100억 달러의 손실과 약 400만 대의 생산 차질이 발생했다. 이는 백악관이 같은 해 발표한 「100일 공급망 검토」 보고서에서 분석한 대표적 사례다.

이 보고서는 2021년 2월, 바이든 대통령이 취임 직후 내린 지시에 따라 같은 해 6월에 완성된 것으로, 반도체·2차 전지·바이오 의약품·주요 광물 등이 포함되었다. 그중에서도 반도체를 '기술의 DNA'로 규정하며, 미국 경제성장과 일자리 창출의 주요 동력이자 최첨단 군사 시스템을 뒷받침하는 핵심 부품으로 강조했다. 반도체는 농업·운송·의료·통신·인터넷 등 경제 전반을 변화시킨 핵심기술로서 미국의 성장과 안보에 필수적인 기반이다. 코로나19 팬데믹은 반도체 부족이 의료·자동차·통신·가전 등 핵심산업 전반에 심각한 타격을 줄 수 있음을 극명하게 보여주었다.

현재 실제 반도체 제조는 대만·한국·중국 등 아시아에 집중되어 있다.

첨단 로직 칩은 대만 TSMC와 삼성에 대한 의존도가 절대적이며, 성숙 공정 칩은 한국과 중국이 세계 생산의 중심이다. 그렇기 때문에 반도체 공급망에 문제가 발생할 경우 미국의 경제와 안보에 심각한 영향을 미칠 수 있다. 또한 반도체 제조에 필수적인 실리콘 웨이퍼, 포토마스크, 포토레지스트 같은 핵심 소재 역시 외국 공급업체들이 장악해 미국의 공급망 취약성을 더욱 심화시키고 있는 실정이다.

이 「100일 공급망 검토」 보고서는 미국의 핵심 전략품목 정책의 기초를 세운 중요한 문서다. 이 보고서에서 제시된 인식과 과제는 오늘날까지 미국의 경제안보 전략 전반에 일관되게 반영되고 있는 것으로 보인다.

이후 추진된 반도체법CHIPS Act, 리쇼어링 정책, 반도체 동맹CHIP 4 구상 등도 모두 이 보고서의 연장선에서 이해할 수 있다. 트럼프 2기에서도 세부정책 내용은 변화가 있지만 큰 정책 기조 자체는 여전히 이 틀에서 벗어나지 않는다.

2022년 8월, 미국에서 반도체법이 제정되었다. 이 법은 미 상·하원이 각각 발의한 미국 혁신경쟁법USICA, 2022년 6월과 미국 경쟁법COMPETES Act에서 반도체에 더 초점을 맞춰 양원 합의를 거쳤다.

반도체법은 반도체 R&D, 제조 역량 강화 및 인력 육성을 위해 527억 달러자동차 및 방위 시스템용 20억 달러 포함를 제공한다. 527억 달러는 제조 보조금에 390억 달러, R&D 및 인력 육성에 132억 달러, 국제 정보통신기술 보안 및 반도체 공급망 활동에 5억 달러가 배정된다. 그리고 반도체 및 관련 장비 제조 관련 자본 지출에는 25%의 투자 세액 공제도 별도로 제공한다. 아울러 미국 전 지역 혁신 및 기술 허브에 100억 달러를 투자해 주 및 지방정부, 고등교육기관, 노동조합, 기업 및 지역 사회

기반 조직을 연계한 지역 파트너십 구축에 나선다.

반도체법 시행으로 반도체 관련 일자리는 2023년 기준 약 34만 5,000개에서 2030년까지 11만 4,800개 증가한 약 46만 개에 이를 것으로 전망된다. 이 중 약 58%에 해당하는 6만 7,000개는 현재 졸업생 배출 규모로는 충원이 어렵다. 기술직 2만 6,400명, 엔지니어 2만 7,300명, 컴퓨터과학자 1만 3,400명의 반도체 인력이 부족할 전망이다.

미국은 반도체법의 실행력 강화를 위해 국가반도체기술센터NSTC를 설립했다. 국가반도체기술센터는 첨단 및 레거시 반도체기술 개발을 주도한다. 또 민간 기업, 대학, 연구소와 협력해 공급망 복원력과 기술 독립성을 확보할 계획이다. 여기에 첨단 패키징을 지원하는 국가첨단패키징제조프로그램NAPMP도 추진되고 있다. 이를 통해 생산 기반을 강화하고 인재 양성을 지원하며, 궁극적으로 반도체산업의 경쟁력을 높이겠다는 것이 목표다.

한편, 백악관 산하에는 국가과학기술위원회NSTC가 있다. 이 위원회는 과학기술 우선순위를 설정하고, 연방 부처 간 협력을 조율하며, R&D 전략을 통해 미국이 과학기술 분야에서 글로벌 경쟁력을 유지할 수 있도록 정책적 기반을 제공한다.

CHIP 4는 바이든 행정부가 2022년 3월에 제안한 한국·대만·일본 포함 주요 반도체 생산국과의 반도체 공급망 협력체를 말한다. 공식 명칭은 '미국-동아시아 반도체 공급망 탄력성 워킹그룹'이다. 공급망 보안, 인력 개발, 지적 재산권 보호, 반도체 및 장비 수출, R&D와 보조금정책을 논의하고 조정하는 것이 목표인 포럼이다.

다시 말해, CHIP 4는 미국 주도로 결성된 반도체 동맹으로서 한국을 비롯한 주요 반도체 생산국과 협력해 안정적 공급망을 구축하려는 경제·안보 동맹의 성격을 지닌다. 또한 중국의 반도체 굴기를 견제하고, 첨단기술 접근을 차단하려는 목적도 가지고 있다. 미국은 자국의 설계·원천기술, 일본의 반도체 소재·장비, 한국과 대만의 반도체 제조 능력을 결합해 전략적 협력을 바탕으로 중국을 제외한 안정적 공급망 동맹을 수립하는 것을 목표로 한다. 우방국 간 프렌드쇼어링Friendshoring, 신뢰할 수 있는 파트너 국가에 제조 거점 구축 촉진이 엿보이는 대목이다.

CHIP 4는 2022년 9월 첫 실무 회의를 개최했으며, 2023년 2월 16일에 화상 회의를 열어 반도체 공급망 조기경보 시스템 구축을 협의했다. 그러나 현재까지 4개국은 동맹을 공식적으로 확정하지 않았고, 어떠한 협정이나 조약에도 서명 없이 실무 그룹 상태로 남아 있다.

미국은 '칩4'CHIP 4를 인도·태평양 전략의 실행 수단으로 구상하고 있으며, 이 동맹의 핵심 가치는 단순한 경제 협력이라기보다 경제안보 동맹에 가깝다. 트럼프 2기 행정부는 양자 협상과 미국 내 생산 강화에 집중하기 때문에 CHIP 4가 주도적 플랫폼으로 성장하기는 어렵겠지만, 추후 상황에 따라 다시 부상할 가능성은 남아 있다.

지금까지 살펴본 것과 같이 미국의 반도체정책이 자국 제조 역량 강화, 중국 의존도 완화 및 중국 반도체 굴기 저지와 동맹국 협력을 통한 공급망 안정성을 주요 골자로 한다는 것을 알 수 있다. 트럼프 1기 시대에는 주로 수출 통제, 투자 제한, 라이선스 거부 등 방어적 조치에 집중했다면, 바이든 행정부는 리쇼어링 정책과 같은 공격적 조치도 병행하였다. 트럼프 2기는 중국 반도체 굴기 저지와 미국 내 생산 강화에 더 드라이브를 걸고 있다. 바이든 시기 미국의 산업정책을 총괄한 지나 레이몬도 상무부 장관은 미국 전략국제문제연구소CSIS 포럼2024에서 미국의 비전은 단순히 첨단 반도체 전공정 몇 개를 확보하는 것이 아니라, 자국 내 최첨단 반도체 생산 능력을 20%까지 확보하는 데 있다고 언급했다.

미국 반도체정책 지지도 상승

국가의 산업정책은 정부가 안보와 경제경쟁력을 확보할 수 있도록 특정 산업을 전략적으로 육성하는 데 활용된다. 미국은 전통적으로 산업정책에 소극적인 국가로 알려져 있지만, 그 뿌리는 오래전으로 거슬러 올라간다. 1780년대 워싱턴 초대 대통령 시기 재무부 장관을 지냈던 알렉산더 해밀턴은 제조업 발전을 위한 보조금과 관세정책을 적극 주장했다.

이후 미국의 산업정책 사례로는 루스벨트 대통령 시기의 뉴딜New Deal, 소련과의 경쟁 속에서 추진된 우주산업 육성, 그리고 1987년 주요 반도체 기업들이 국방과학위원회DSB와 함께 만든 세마테크SEMATECH가 있다.

세마테크는 1987년 레이건 행정부 후반기에 출범했다. 당시 일본 기업들이 메모리 시장을 장악하면서 미국의 메모리 점유율이 70%에서 20% 수준으로 급락하는 위기감이 고조되었다. 이에 따라 미국은 안보와 경쟁력 회복을 위해 민관 합동으로 컨소시엄을 설립했고, 이후 제41대 부시 대통령 행정부가 본격적으로 지원하며 반도체 제조기술 혁신을 추진했다.

세마테크는 1990년대 중반 이후 300mm12인치 웨이퍼 기술 개발과 표준화에 참여하며, 반도체 생산 효율 향상을 촉진했다. 그러나 이후 추진된 450mm18인치 웨이퍼 전환은 막대한 설비 투자와 낮은 경제성 문제로 중단되었다. 이에 따라 산업의 초점은 웨이퍼 크기 확대보다 EUVExtreme Ultraviolet, 극자외선 노광을 비롯한 초미세 공정기술 혁신으로 이동했다.

이러한 흐름은 미국이 시대마다 안보와 산업 경쟁력 확보를 위해 산업 정책을 적극적으로 동원해 왔음을 보여준다.

미국은 반도체 생태계를 강화하는 방안으로 미국-멕시코-캐나다 협정USMCA을 적극 활용하고 있다. 2023년 1월, 이들 3개국이 참여하는 북미 정상회담NALS, North American Leader's Summit을 개최해 북미 반도체 협력을 위한 3자간 북미 반도체 컨퍼런스NASC를 조직하기로 했다.

이에 따라 같은 해 5월에는 정부, 학술기관 및 민간 부문이 참여하는 제1회 북미 반도체 컨퍼런스가 열려 '인력 육성, R&D, 정부 보조금 상호 조정, 중요 광물 확보'라는 네 가지 목표를 세웠다. 이를 위해 미국 국가반도체기술센터와 협력하며, 멕시코와 캐나다는 자체 보조금 패키지를 개발해 미국과 조율 중이다.

미국은 반도체 설계, 제조 장비 분야에서 강점을 가지고 있는 반면에 캐나다는 100개 이상의 반도체 R&D 조직과 인재, 반도체 광물 자원을 보유하고 있다. 멕시코는 세계 8위의 전자 제품 생산국이며, 반도체 조립 및 테스트 허브로서 지리적 근접성, 제조 역량, 젊은 노동력 등의 장점을 갖췄다.

이처럼 세 나라의 상호 보완적 역량을 결합하면 북미 전체가 하나의 거대한 반도체 생태계로 발전할 잠재력이 크다. 미국의 반도체 육성 배경에는 중국의 부상뿐 아니라 동아시아 편중형 공급망 리스크를 분산하려는 목적도 크게 작용한 만큼 미국과 인접한 북미 지역 위주로 발전할 가능성이 있다.

다만, 트럼프 2기 행정부가 USMCA 협정국인 캐나다와 멕시코에도 고율 관세를 부과하려는 움직임은 북미 협력의 불확실성을 키우는 요인이 되었다. 그러나 장기적으로는 지정학적 안정성과 지리적 근접성을 바탕으로 협력이 강화될 것으로 보인다.

중국의 부상과 공급망 취약성이 문제로 떠오르면서 미국 내 반도체 정책 지지도가 높아졌다. 마르코 루비오 상원의원은 "시장은 항상 가장 효율적인 결과에 도달하지만 때로는 그 결과가 공익과 상충될 수도 있다"고 말하며 정부 개입을 지지했다.

미국 정보기술혁신재단ITIF 설립자 로버트 앳킨슨은 "글로벌 통합의 시대는 끝났다. 중국공산당이 부당한 수단으로 첨단산업을 지배하려 하고 있으므로 미국은 대응해야 한다"고 강조했다. 그는 "단순한 산업경쟁력 제고 정책으로는 부족하다"면서 규제 철폐·보조금 지급·산학 협력·동맹국 협력·전담 부서 설치 같은 특화된 산업정책이 필요하다는 주장을 내세웠다.

터프츠대학교 크리스 밀러 교수는 저서 『칩 워』Chip War, 2022에서 "제2차 세계대전은 강철과 알루미늄, 냉전은 핵무기가 승부를 갈랐다면 오늘날 미·중 경쟁은 '컴퓨터의 힘', 즉 반도체 생산과 통제가 승부를 가를 것이다"라고 했다.

밀러 교수는 현재 대만이 전 세계 연산력의 37%를 담당하고, 실리콘밸리는 일부 반도체만 생산하는 현실을 지적한다. 공급망 안정을 위해서는 한국과 대만을 압박해 미국 내 실질적 생산 능력을 확보하고, 최첨단 공정반도체를 미국과 본국에서 동시에 출시하도록 하는 등의 조치가 필요하다고 강조했다. 그는 또한 자본주의적 효율을 추구하는 과정에서 글로벌 경제가 미·중 갈등이라는 가장 위험한 정치적 분쟁의 인질로 잡혀 있다는 비판도 이어갔다. 이 리스크는 양안 갈등뿐만 아니라 대만의 자연재해에서 발생할 수 있다는 점도 지적했다. 그는 이를 '역사의 오류'라 부르며, 현재의 위험을 정확히 인식하고 대안을 마련해야 한다는 주장을 내놓았다.

새 형태의 '기술 냉전' 선언

미·소 냉전 시기에 적성국 제재는 주로 다자 협약기구에 의해 이루어졌다. 미국은 제2차 세계대전 후 소련의 군사력 확장을 억제하기 위해 1949년 2월에 자체적인 수출통제법을 제정해 전략물자의 해외 이전을 제한했다. 이후 같은 해 11월에는 유럽과 일본 등 17개국과 함께 수출통제위원회COCOM도 출범시켰다.

COCOM은 소련이 무너진 후 1994년에 해체되었고, 1996년에는 42개 회원국이 참여한 바세나르 협약Wassenaar Arrangement 체결이 이루어졌다. COCOM이 주로 바르샤바조약기구에 속한 동구권 국가에 대한 통제였다면 바세나르 협약은 재래식 무기와 군사·민간 겸용Dual-use 물자 및 기술의 이전을 투명하게 관리하여 불안정 세력에 대한 무기 축적을 방지하고 대량살상무기WMD 통제체제를 보완하는 국제 협약이다. 이 협약에 의해 특정 국가나 지역 대상의 수출 통제는 개별 국가의 판단에 따른다. 중국의 기술적 지배력 강화, 공급망 복원력 및 보안 문제,

경제적 강압 조치, 인권 침해로 이어지는 상업적 기술의 오용, 중국의 군사적 민간 융합 추구 등의 이슈는 현재의 바세나르 협약으로는 다룰 수 없다.

바세나르 체제의 한계를 보완하기 위해 미국은 국내법으로 2018년 '수출통제개혁법'Export Control Reform Act, ECRA을 제정했다. 이 법은 단순히 국제 공조 차원에서 무기 전용 가능성이 있는 첨단기술을 규제하는 수준을 넘어, 미국이 주도적으로 민감기술의 흐름을 통제하는 것까지가 목적이었다. 미국 상무부 산하 산업안보국BIS, Bureau of Industry and Security은 ECRA를 근거로 '수출관리규정'Export Administration Regulations, EAR을 제정했고, 이를 통해 미국식 수출 통제 체계가 본격적으로 구축되었다. 이 체계의 핵심 통제 수단은 크게 다음의 세 가지로 나눌 수 있다.

첫째, 특정 기술과 품목을 '상업 통제 목록'Commerce Control List, CCL에 포함시키는 방식이다. CCL에 오르면 해당 기술이나 부품은 군사적 전용 가능성이 있는 '이중용도'Dual-use 품목으로 간주되어 수출 시 반드시 BIS의 허가를 받아야 한다.

둘째, 미국은 국가안보 또는 대외정책상 우려가 있는 기업이나 기관을 '엔티티 리스트'Entity List에 등재해 해당 대상과의 거래에 수출허가 요건을 부과한다. 이 명단에 오르면 미국 기업은 물론 미국 기술이 포함된 반도체·장비·소프트웨어·부품의 공급도 상무부BIS의 허가 없이는 제한된다. 대부분의 경우 허가가 승인되지 않는 거부추정Presumption of Denial이 적용되어 사실상 거래가 중단되는 효과를 낳는다.

원칙적으로 이 조치는 미국 기업을 대상으로 한 규제지만, 그 영향은 해외 기업들에게도 간접적으로 미친다. 엔티티 리스트에 오른 기업과 거래하면 미국과의 기술 협력이나 부품 공급이 막힐 위험이 있기 때문이다. 그래서 많은 외국 기업들은 법적으로 의무가 없더라도 미국 정부의 제재 방침을 사실상 따르게 된다. 외국 기업들은 미국의 기술과 부품에 대한 의존도가 워낙 높기 때문에 '법적 의무는 없지만 실질적 제약을 받는 구조' 속에 놓이게 된다.

셋째, 미국은 기존 엔티티 리스트 규정만으로는 제3국에서 생산된 외국산 제품의 제재가 적용되지 못하는 점을 보완하고자 '해외직접생산품규칙'Foreign Direct Product Rule, FDPR을 도입했다. FDPR은 특정 제품이 미국 기술·소프트웨어의 '직접 산물'Direct Product이거나, 그러한 기술·소프트웨어의 직접 산물인 장비·시설에서 생산된 경우라면 그것이 해외에서 생산되었더라도 미국의 EAR 적용 대상이 되도록 규정한다. 따라서 미국 외 제3국에서 생산된 최종 제품 안에 미국산 품목이 직접 포함되어 있지 않다 하더라도, 생산 과정에서 미국의 핵심기술이나 장비가 간접적으로 사용되었다면 해당 제품은 EAR의 적용을 받게 된다. 화웨이에 대한 FDPR 적용은 TSMC와 삼성전자, SK하이닉스 등 글로벌 반도체 기업이 미국의 수출허가 없이는 화웨이에 첨단 칩을 공급할 수 없게 만들었다. 이는 미국이 해외 생산품을 통한 우회 조달 경로를 구조적으로 차단한 대표적 사례였다.

참고로 FDPR과 유사하지만 다른, 디미니미스 De Minimis 규정이라는 것이 있다. 디미니미스 규정은 해외 기업이 만든 물건이라도 그 안에 들어간 미국산 기술·부품의 비중이 일정 기준을 넘으면 미국 규제를 따르도록 하는 것이다. 일반적인 국가에는 25%, 제재 대상국쿠바·이란·북한·시리아 등은 10%가 기준이다. 한마디로 '미국산이 얼마나 섞였나'를 따지는 룰이고, 해당 비중을 초과하면 미국의 허가를 받아야 수출이 가능하다.

FDPR은 해외에서 생산된 제품이라도 그 제조 과정에 미국의 기술·소프트웨어·장비가 조금이라도 사용되었다면 비율이 0.1%라도 초과할 경우, 해당 제품은 미국 수출관리규정 EAR, Export Administration Regulations 의 적용을 받는다. 미국의 기술이 조금이라도 개입되었느냐 여부를 핵심 기준으로 하는 규정이다.

원래 FDPR은 주로 적성국·제재국에 한정해 쓰이거나, 특정 기업이나 기관에 한해 좁게 적용되었다. 그런데 2020년 8월 20일, 화웨이 계열사 38개를 엔티티 리스트에 추가 지정하면서 화웨이 관련 모든 거래에 FDPR을 적용한다고 명시했다. 이로써 비非 미국산 칩이라도 화웨이에 납품하려면 미국의 허가가 필요해졌고, 삼성·TSMC 같은 해외 기업도 미국 기업과 마찬가지로 화웨이에 납품이 불가능해졌다.

FDPR은 중국 제재 효과를 극대화하는 동시에, 한국·대만 등 제3국 기업에도 직접적인 제약을 주는 조치가 되었다.

앞에서 언급한 수출 통제 수단 중 가장 일반적인 것이 엔티티 리스트다. 이는 미국의 안보나 외교 이익에 반하는 활동에 연루되었거나 그 가능성이 있는 개인과 단체를 지정해 통제한다. 엔티티 리스트 목록 심사 결정은 상무부·국무부·국방부·에너지부·재무부로 구성된 최종 사용자검토위원회 ERC, End-User Review Committee 에서 하고 있다. 이 리스트에 등록되면 해당 기업·기관·개인은 미국산 기술·제품·소프트웨어의 수입이 제한된다. 미국 기업이 제재 대상 기업과 거래하려면 미국 상무부 산업안보국 BIS 으로부터 수출 라이선스를 취득해야 한다.

2019년 5월, 화웨이와 68개 계열사가 엔티티 리스트에 올랐다. 2020

년 12월에는 SMIC도 추가되었다. 2022년 12월 중순에는 미국이 엔티티 리스트에 30개의 중국 기업과 연구소를 추가했다. 2018년에 엔티티 리스트 등재 기업이 141개였던 데 비해 2022년 말에는 3배 이상인 425개로 늘어났다.

앞에서 언급한 '상업 통제 목록'CCL은 미국이 반도체·장비·소프트웨어 같은 민감한 품목을 분류해 수출을 관리하는 목록이다. 여기에 포함된 품목은 국가나 용도에 따라 미국 정부의 수출허가가 필요하다. 반면 엔티티 리스트Entity List와 FDPR외국직접제품규칙은 특정 기업이나 기관을 대상으로 미국 기술이 포함된 제품의 거래를 제한하는 제도다.

그런데 2022년 10월 7일 발표된 조치는 이와는 성격이 달랐다. 이는 특정 품목이나 특정 기업을 겨냥한 것이 아니라 중국이라는 지역 전체를 대상으로 한 통합적 규제였다. 다시 말해, 중국 내 반도체산업 전반을 포괄적으로 제재했다. 이 조치는 미·중 간 기술 전쟁에서 가장 중요한 이정표로 평가된다. 중국을 전략적 경쟁자로 규정하고, 기술패권을 둘러싼 사실상 '선전 포고'에 해당하는 조치였다.

이제 본격적인 '기술 냉전'Tech Cold War 시대가 열렸다. 2022년 10월 7일 조치의 핵심은 중국의 첨단 칩 확보, 슈퍼컴퓨터 개발, 첨단 반도체 제조 능력을 원천적으로 제한하는 데 있었다. 이는 중국이 고성능 컴퓨팅 능력을 군사적 목적이나 인권 침해에 활용할 수 있다는 점을 염두에 둔 것이다. 구체적 제재 내용은 다음의 아홉 가지다.

① 특정 고성능 컴퓨팅 칩과 관련 제품을 CCL에 추가.

② 중국이 최종 용도인 슈퍼컴퓨터 또는 반도체 개발 및 생산에 대해 신규 라이선스 필요.
③ 특정 외국산 첨단 컴퓨팅 제품에 EAR을 추가 적용.
④ EAR에 따라 허가 요건이 적용되는 외국산 품목의 적용을 중국에 위치한 28개 법인으로 확대.
⑤ 16nm 또는 14nm 이하의 비평면 트랜지스터 아키텍처예: FinFET, GAAFET 로직 칩, 18nm 하프 피치 이하 DRAM, 128층 이상의 낸드NAND 플래시 칩의 중국 내 생산 제한.
⑥ 중국법인이 단독으로 소유한 시설은 원칙적으로 라이선스 거부, 다국적 합작 시설은 개별 심사.
⑦ 미국인이 라이선스 없이 중국 내 반도체 개발·생산을 지원하는 것을 제한.
⑧ 반도체 제조 장비와 관련 품목을 개발·생산하는 데 필요한 품목에 대해 신규 라이선스 의무 부과.
⑨ 중국 외부에서 사용되는 품목과 글로벌 반도체 공급망 충격을 완화하기 위해 TGLTemporary General License 신설.

이 조치로 중국 내 반도체 장비 반입이 사실상 차단당했고, 첨단 칩 생산 능력도 크게 제약을 받았다. 또한 미국인 엔지니어가 중국에서 첨단 반도체 제조를 지원하는 행위도 금지되었다. 그 결과, 어플라이드 머티리얼즈Applied Materials, KLA 코퍼레이션KLA, 램 리서치Lam Research 등 미국 반도체 장비 기업의 엔지니어들이 즉시 중국 현장을 떠나야 했다. 이에 따라 CXMT, YMTC, SMIC 등 중국 주요 반도체 기업들은 심각한 타격을 입게 되었다.

표2 미국의 주요 대중 제재 일지

제재 일시	제재 내용	세부 내용
2019. 05. 21	화웨이와 계열사 68개사 엔티티 리스트 등록	미국 기업들이 화웨이에 반도체, 소프트웨어 판매 시 특별한 라이선스 취득 필요
2020. 04. 29	5G 클린 네트워크	화웨이, ZTE 등 신뢰 없는 장비 사용 차단, 5G 통신망, 앱 스토어, 클라우드 및 해저 케이블 등 보안 조치, 동맹국 협력 강화.
2020. 08. 17	화웨이 계열사 38개사 엔티티 리스트 추가 등록 화웨이에 FDPR 제재	미국기술 사용 외국 기업도 화웨이에 판매 시 특별 라이선스 취득 필요
2020. 12. 18	SMIC 엔티티 리스트 등재	SMIC에 판매 시 수출 허가 필요
2021. 06. 03	중국 기업 블랙리스트 확대	중국 군사기업과 연관된 기업에 투자 금지
2022. 10. 07	**고성능 컴퓨팅 및 반도체 제조 관련 기술 수출 통제**	**고성능 IC, 반도체 제조기술 수출 규제 강화. 28개 엔티티 리스트 등록 기업 미국인 중국 내 IC 지원 활동 별도 허가 필요**
2022. 12. 16	YMTC 엔티티 리스트 포함	YMTC, CAMBRICON 등 36개사 엔티티 리스트 등재
2023. 07. 23	일본 DUV 수출 통제	반도체 제조-검사 장비 23개 품목의 회로선폭 10~14㎚ 이하 첨단 제조 장비 수출 시 특별 허가 필요
2023. 08. 09	국가안보기술 및 제품 투자지침	특정 국가에 민감기술 및 제품 거래 금지 규정 등 미국인 투자 제한
2023. 09. 02	네덜란드 반도체 첨단 설비 수출 통제 규정 개정	최소 193㎚ 파장 광원, 45㎚ 이하의 피처 크기 생성 가능 증착, 성장 장비, EUV 펠리클 등(노광기: TWINSCANNXT:2000i, NXT:2050i)
2024. 04. 04	제3국 경유 반도체 및 컴퓨팅 수출 규제	특정 국가, 기업 수출 때 예외(NAC, ACA)를 엄격하게 적용
2024. 12. 02	군사용과 AI용 첨단 반도체 생산 제한	대역폭 밀도가 평방 밀리미터당 초당 2GB를 넘는 HBM에 대해 수출 시 BIS 허가 의무를 부과
2025.05. 13	중국산 칩 사용 금지	화웨이 Ascend 칩 등 사용 및 재수출 금지

출처 : 저자 작성, 관련 사이트 검색

이 조치는 미국의 대중 제재에서 중대한 전환점이 된 사건이었다. 전문가들은 이를 중국을 지리적으로 한정해 봉쇄하는 기술 냉전의 실질적 개시로 평가한다.

이후 미국의 제재에 네덜란드와 일본도 동참해 리소그래피 기술 접근을 제한하기로 했다. 네덜란드 ASML은 2023년 9월, DUV Deep Ultraviolet, 심자외선 장비의 중국 판매를 제한했으며, 일본 역시 같은 해 7월에 DUV 반도체 장비를 수출 통제 목록에 포함시켰다. 중국 내에 생산 거점을 둔 삼성전자 시안西安 반도체 공장과 SK하이닉스 우시无锡 반도체 공장도 직접적인 영향을 받게 되었다.

이처럼 2019년부터 본격화된 미국의 대중 제재는 점차 범위를 넓혀갔다. 2023년 8월에는 반도체와 AI 산업의 대중국 투자를 제한하고 관련 거래를 의무적으로 신고하도록 했으며, 2025년 초에는 중국 업체의 고성능 AI 칩 수출 제한까지 확대되면서 미국의 중국에 대한 기술 견제는 수출과 투자 통제를 아울러 전방위적으로 확대되고 있다. 표2 참조.

반도체산업에 대한 바이든 행정부의 전략적 인식

바이든 전 대통령과 당시 고위 관료들이 주요 공식 석상에서 반도체와 관련해 언급한 내용을 보면, 그 전략적 의도와 중요성 인식을 알 수 있다. 바이든 행정부는 2021년 4월 12일, 백악관에서 반도체 및 공급망 회복을 위한 화상 회의를 열었다. 이 회의에는 조 바이든 대통령을 비롯해 행정 부처 관계자들과 한·미 반도체 업계 경영진이 대거 참석했다. 참석자는 조 바이든 대통령, 제이크 설리번 국가안보좌관, 브라이언 디스 국가경제위원회 위원장, 지나 레이몬도 상무부 장관, 메리 바라 GM

CEO, 짐 팔리 포드 CEO, 카를로스 타바레스 스텔란티스 CEO, 마이클 델 델 테크놀로지스 CEO, 패트릭 겔싱어 인텔 CEO, 젠슨 황 엔비디아 CEO, 리사 수 AMD CEO, 크리스티아노 아몬 퀄컴 CEO, 글로벌파운드리 CEO, TSMC 대표, AT&T CEO, 마이크론 CEO, HP CEO, 순다 피차이 구글 CEO, 최시영 삼성전자 파운드리사업부장사장 등이었다.

당시 바이든 대통령의 발언을 요약하면 다음과 같다.

"미국과 전 세계의 기술 제조 리더들과 국내 반도체 강화와 미국의 공급망을 보호하는 방안을 이야기하기 위해 오늘 이 자리에 모였습니다. 이 문제는 미 의회에서 폭넓은 지지를 받는 사안입니다."

"실제로 오늘 저는 초당적으로 23명의 상원과 42명의 하원의원공화당과 민주당으로부터 '미국을 위한 반도체' 프로그램을 지지하는 서한을 받았습니다. 그 편지의 내용을 인용해 보겠습니다. '중국공산당은 반도체 공급망을 재편하고 지배하려는 공격적인 계획을 가지고 있다'고 적혀 있습니다."

"중국과 전 세계는 우리를 기다리지 않고 있으며, 미국인들이 기다려야 할 이유도 없습니다. 우리는 반도체와 배터리 같은 분야에 공격적으로 투자하고 있습니다. 중국과 다른 나라들도 그렇게 하고 있으며 우리도 그래야 합니다."

"제가 제안한 미국 일자리 계획은 미국의 제조업을 활성화하고 공급망을 보호하며, 예전처럼 매우 건전한 방식으로 R&D에 투자하는 것입니다. 하지만 그 이상의 의미도 있습니다."

"20세기가 아닌 21세기를 위한 인프라에 투자하는 것입니다. 단순히 도로와 교량만이 아닙니다. 미국의 전기자동차 미래를 위해 충전소를 건설하고 해당 인프라에 투자하고 있습니다."

"여기 있는 것과 같은 이 웨이퍼웨이퍼를 들어 보이며, 배터리, 광대역, 모두 인프라에 해당합니다. 따라서 우리는 어제의 인프라를 수리하는 것이 아니라 오늘의 인프라를 구축해야 합니다. 제가 제안하는 계획은 수백만 개의 일자리를 창출하고, 미국을 재건하고, 공급망을 보호하며, 미국 제조업에 활력을 불어넣을 것입니다."

"우리는 20세기에 세계를 이끌었습니다. 21세기에도 다시 세계를 선도할 것입니다. 우리에게는 미국 최고의 인재들이 있고, 그들 중 다수가 지금 이 자리에 있습니다. 우리는 너무 오랫동안 국가적으로 글로벌 경쟁자들을 앞서는 데 필요한 대규모의 과감한 투자를 하지 못했습니다. R&D와 제조 분야에서 뒤처져 왔습니다. 저는 여러분 모두와 의회, 양당과 협력하여 미국 일자리 계획을 통과시키고 미국의 미래를 위해 한 세대에 한 번뿐인 투자를 할 준비가 되어 있습니다."

같은 해 9월 23일에 열린 상무부 주관 반도체 회의에는 지나 레이몬도 상무부 장관, 브라이언 디스 국가경제위원회 위원장, 삼성전자, TSMC, 인텔, 애플, 마이크로소프트, GM 경영진 등이 참석하였다. 이 회의에서 레이몬도 상무부 장관이 발언한 요지도 살펴보자.

"반도체 공급망의 병목 현상을 해결하기 위해 미국 정부는 앞장서서 지원하겠습니다. 기업들이 제품을 일정에 맞춰 생산할 수 있도록 각종 지원을 아끼지 않을 것입니다."

"현재의 반도체 부족 사태는 팬데믹으로 더 악화되었으며, 이를 해결하려면 장기적인 대책이 필요합니다. 반도체산업 역량을 구축하고 공급망 회복 프로그램을 새로 만들어 공급망의 모든 부분에서 재고, 수요, 배송 등 정보를 공유해 투명성을 높여야 합니다."

"우리 경제의 경쟁력과 국가안보를 모두 강화할 수 있도록 반도체산업의 신뢰와 투명성을 확보하는 것이 중요합니다. 이를 위해 기업들이 향후 45일 이내에 요청한 정보RFI에 응답해 주기를 바랍니다. 이 조치는 병목 현상이 발생할 수 있는 부분을 미리 파악하고 정량화하는 데 큰 도움이 될 것입니다. 이를 바탕으로 정부와 기업이 협력해 공급망 취약성을 모니터링하고 대응할 수 있는 체계를 만들어 나가야 합니다."

2022년 3월 9일에는 바이든 대통령이 주관한 반도체 공급망 화상 회의가 다시 개최되었다. 참석자는 조 바이든 대통령, 브라이언 디스 국가경제위원회 위원장, 지나 레이몬도 상무부 장관, 에릭 홀콤 인디애나 주지사, 그레첸 휘트머 미시간 주지사, 산제이 메로트라 마이크론 CEO, 엘리자베스 도어 월풀 글로벌 전략소싱 수석 부사장, 엔리케 로레스 HP CEO, 제프 마사 메드트로닉 CEO, 최시영 삼성전자 파운드리 사장, 존 뉴퍼 미국 반도체협회SIA 회장 등이었다.

다음은 바이든 대통령의 발언 내용이다.

"미국 제조업이 중서부 지역에서 다시 살아나는 것을 보고 있습니다. 취임 이후 미국에서 42만 3,000개의 신규 제조업 일자리를 창출했으며, 기업들은 미국에 새로운 공장을 세우기로 결심하고 있습니다."

"의회에서 초당적인 혁신 법안이 통과된다면 기업들은 더 많은 일을 할 수 있을 것입니다. 여기 회의에 삼성도 참여해 주어 감사하며, 삼성은 텍사스 반도체 공장 건립에 170억 달러를 투자해 약 2,000개의 양질의 일자리를 창출할 것입니다."

"미국에서 발명된 반도체는 우리의 일상에서 필수적이며, 거의 모든 전자제품에 들어갑니다. 하지만 지금 우리는 전체 반도체 생산량의 10%밖에 생산하지 못하고 있으며, 이에 대응이 필요합니다. 반도체 공급망 병목 현상을 해결하고 새로운 공급망을 구축해야 합니다."

이 화상 회의에서 레이몬도 상무부 장관도 발언했다. "대통령 취임 첫날부터 제조업 경제 활성화를 우선시하고 해외에서 일자리를 다시 가져오라는 사명을 받았다"고 언급했다. 그녀는 중국으로 이전한 시계 공장 때문에 자신의 아버지가 조기 퇴직을 해야 했던 경험을 들며, "지난 40년간 수백만 명의 미국인이 겪은 일입니다. 바이든 대통령의 리더십 덕분에 기업들이 2000억 달러를 투자하게 되었고, 42만 3,000개의 제조업 일자리가 창출되었습니다."라고 언급했다.

아울러 "코로나19, 자연재해, 정치적 불안정으로 해외 반도체 시설이 중단될 경우 미국 내 제조업에도 큰 영향을 미친다"고 강조하며, "반도체 제조와 관련된 삼성과 마이크론의 대규모 투자가 공급망 강화와 미국 내 양질의 일자리 창출에 도움이 될 것이다"라고 밝혔다. 이어서 '경쟁자들이 자국 반도체산업을 지원하고 있는 가운데 미국도 신속히 행동해야 하며, 반도체법안 통과 시 미국 제조업 재건과 국내 공급망 강화에 기여할 것'임을 언급했다.

바이든 대통령은 2022년 5월 20일, 한국의 삼성전자 평택 공장을 방문했다. 다음은 삼성 평택 공장 방문 시 바이든 대통령이 발언한 요지이다. "반도체는 자동차부터 스마트폰과 의료 진단 장비에 이르기까지 우리 경제를 뒷받침하고 현대 생활을 가능하게 합니다. 여기 삼성이 만든 가장 진보된 칩은 전 세계에서 단 3개 회사만이 생산할 수 있습니다."

"두께가 몇 나노미터에 불과한 이 작은 칩이 인류 기술 발전의 다음 시대로 우리를 이끄는 열쇠입니다. AI·양자기술·5G 등 지금까지 우리가 생각지도 못했던 것들을 가능케 합니다. 이 공장은 양국 간의 긴밀한 혁신 유대관계를 반영합니다. 이러한 칩을 만드는 데 사용되는 기술과 기계의 대부분은 미국에서 설계되고 생산되었습니다. 우리의 기술과 노하우를 통합함으로써 양국 모두에게 중요하고 세계 경제의 필수적인 부문인 칩을 생산할 수 있습니다."

반도체는 단순한 전자부품이 아니라 현대 경제와 안보의 핵심 인프라다. 스마트폰·자동차·가전 제품 같은 일상적 소비재에서부터 AI·양자기술·5G 통신망·의료기기·국방 무기 체계에 이르기까지, 사실상 모든 첨단산업은 반도체 없이는 작동할 수 없다. 바이든 대통령이 웨이퍼를 직접 들어 보이며 "이것이 바로 인프라다"라고 강조한 이유가 바로 여기에 있다.

실제로 코로나19 팬데믹 시기에 벌어진 반도체 부족 사태는 자동차 가격 상승과 IT 기기 공급 차질로 이어졌다.

안보적 관점에서는 중요성이 더욱 크다. 현대의 전투기, 미사일, 위성, 사이버 방어 시스템 등은 모두 최첨단 반도체를 기반으로 한다.

앞부분에서 바이든 대통령의 발언을 인용한 것은 미국 정부의 반도체 산업에 대한 전략적 인식을 보여주기 위함이다. 반도체에 대한 구체적인 접근 방식은 행정부마다 다를 수 있지만, 반도체의 중요성에 대한 인식과 정책 방향은 트럼프 2기 행정부에서도 유사하다고 생각한다.

독자적 혁신의 길을 찾는 중국

반도체 국가 챔피언 기업 육성
반도체 국가기금 설립
'디지털 인해전술'로 반도체 국산화에 집중
TSMC와 SMIC, 그리고 TI에서 시작된 계보
역외차단법과 반외국제재법
중국의 비밀병기 희토류
미국의 제재를 극복하는 수단들

반도체 국가 챔피언 기업 육성

중국 반도체산업은 1950년대 중반에 시작되어, 1980년대 초반부터 산업화의 틀이 잡히기 시작했다.

1980년대 초, 장쑤성 우시의 화징華晶, 강남무선장비회사은 아날로그 IC 국산화에 시동을 걸었다. 1984년 일본 도시바에서 기술을 도입해 3인치 웨이퍼로 연간 3000만 개의 칩을 생산하였고, 이는 중국산 TV와 오디오 수요의 약 40%에 달하는 양이었다. 1980년대 말에는 도시바와 독일 지멘스 기술로 공정을 5마이크로미터µm에서 2~3µm로 업그레이드하며 CMOSComplementary Metal-Oxide Semiconductor, 상보형 금속 산화물 반도체 디지털 IC를 생산했다. 1990년 8월, 화징은 미국 루슨트 기술로 6인치 1µm 공정의 '908 프로젝트'를 추진했으나 자금 부족과 기술적 한계로 실패를 겪었다. 그 뒤, 1998년 홍콩 회사의 반도체 위탁 제조를 맡으며 중국 최초의 순수 파운드리로 전환되었다.

일본전기NEC와 중국 철강기업인 수강그룹首钢集团은 1990년에 SGNEC Shougang Group NEC Electronics를 설립하고, 1994년 6인치 웨이퍼와 1.2㎛ m 공정으로 생산에 들어갔다. 1997년에는 공정을 0.5㎛로 업그레이드해 DRAM과 MCU를 생산했고, 1999년에는 NEC에 수출하였다. 또 NEC와 상하이시, 중국 전자공업부는 국가 909 프로젝트의 핵심 사업으로, 1997년에 합작해 8인치200mm 웨이퍼와 0.35㎛ 공정기술을 갖춘 반도체 생산기업 상하이화홍NEC전자유한회사HHNEC를 설립했다. HHNEC는 초기에는 DRAM 메모리 생산을 주력으로 했으나, 수익성을 확보하지 못해 2003년 이후 순수 파운드리 기업으로 전환했다.

908 및 909 프로젝트가 모두 실패로 끝난 뒤, 2000년대에 들어 중국은 다시 대규모 투자를 시작했다. 기술 협력 대상도 미국과 일본에서 대만과 한국으로 바뀌었다.

중국의 반도체 굴기는 1990년대 908·909 프로젝트를 통해 축적된 경험을 바탕으로, 2000년대에 들어 국가 주도의 산업화가 본격화된 시기로 평가된다. 2000년 6월, 소프트웨어와 집적산업 발전을 꾀하는 '국무원 18호 문건'이 발표되었다. 18호 문건에 따르면, 선폭이 0.25마이크로미터㎛ 이하≤250㎚ 공정기술을 보유하고, 투자액이 80억 위안을 초과한 기업은 이익이 발생한 연도부터 2년간 기업소득세를 면제받고, 그 다음 3년간은 기업소득세율 25%의 절반인 12.5%만 납부하는 '2면 3반감'2년 면제, 3년 50% 감면 혜택을 제공받는다. 2011년에는 '국무원 4호 문건'이 발표되어, 0.25μm 이하, 80억 위안 초과 투자 기업에 대한 기존 '2면 3반감' 정책이 '5면 5반감'5년 면제, 5년 50% 감면으로 확대되며 우대 정책이 한층 강화되었다. 2018년 '재정부 문건 27호'는 2018년 이후 신규 투자 중 선폭이 130㎚ 미만인 기업은 '2면 3반감', 65㎚ 미만인 기업은 '5면 5반감'으로 규정하며, 수혜 대상을 세분화하고 강화하였다.

2020년에는 '국무원 8호 문건'이 발표되어, 선폭이 28㎚ 이하이고 경영 기간이 15년 이상인 기업은 이익이 발생한 이후 10년간의 기업소득세가 전액 면제되었다. 65㎚ 이하 공정의 기업은 5년간 기업소득세 면제 후 5년간 50% 감면을 적용받았으며, 집적회로IC 설계 기업과 소프트웨어 기업은 기업소득세 5년 면제 후, 이후 기간에는 세율 10%가 적용되는 정책이 시행되었다.

중국은 반도체를 육성하는 국가 전략 수립과 운영 조직도 보강했다. 2014년 6월, 중국 국무원은 'IC 산업 발전을 위한 국가 직접회로산업 개발 추진 개요'를 발표하며 '시장이 자원 배분에서 핵심적 역할을 하되 정부 지원을 병행하겠다'고 밝혔다. 이 개요는 설계·제조, 첨단 패키징 및 테스트, 장비와 재료 분야의 발전을 목표로 하며, 여덟 가지 주요 지원조치를 제시했다.

주요 조치로는 '① 국가 IC 발전 선도 조직 설립, ② 국가 산업 투자기금 설립, ③ 금융 지원 확대, ④ 세금 혜택 제공, ⑤ 안전한 소프트웨어 및 하드웨어 생태계 강화, ⑥ 첨단기술 연구 지원, ⑦ 전문 인재 양성, ⑧ 대외개방 확대'다. 이 가운데 특히 국가 산업 투자기금은 IC 산업 전반의 투자와 자원 배분을 지원하는 핵심 수단으로 강조되었다.

2015년에는 '중국 제조 2025'를 통해 10대 산업의 목표와 계획을 발표했다. 이에 따르면, 반도체는 2020년 49%, 2025년 70%, 2030년 75% 자급이 목표였다. 이 목표는 2019년에 다시 2030년까지 80% 자급으로 상향 조정되었다.

중국의 본격적인 반도체 육성은 2000년대 초부터였지만, 국가안보 측면에서 인식하기 시작한 때는 미국의 ZTE中興通讯 제재 사건 이후다. 2016년에 ZTE는 이란 제재 위반으로 12억 달러의 벌금을 납부했고, 2018년 미국의 2차 제재로 반도체 공급이 중단되어 도산 위기에 몰렸다. 이때부터 반도체가 긴급한 국가안보 우선순위로 올라섰고, 언론에서도 '치아보즈 기술'卡脖子 문제를 다루기 시작했다. '치아보즈'는 직역하면 '목을 조른다'는 뜻으로, 핵심 부품과 기술을 외국이 장악해 중국의 산업 발전이 숨을 쉴 수 없을 만큼 제약받는 상태를 의미한다.

시진핑 주석은 각종 연설에서 "보호주의로 인해 첨단 핵심기술 확보가 어려워졌다"며, 2023년에는 중국공산당 산하에 과학기술을 총괄하는 중앙과학기술위원회를 설치하고 국무원 상무부총리인 딩쉐샹丁薛祥을 위원장으로 겸임시켰다. 이로써 중앙과학기술위원회는 과학기술 분야에서 최고의 핵심기구가 되었다.

시진핑은 반도체와 같은 전략적 기술의 자립이 사회주의 현대화 강국 건설의 기반이라고 강조하며, 서방 국가들의 기술 봉쇄가 오히려 중국에 도전할 수 있는 기회를 주고 있음을 지적했다. 표3 참조

반도체 국가기금 설립

2014년 6월, 중국 국무원은 '국가 집적회로산업 발전 촉진 개요'를 발표했고, 9월에 공신부工信部:工业和信息化部는 반도체 국가기금을 설립했

표 3 중국 반도체산업 정책 이력

일시	육성정책	주요 내용
1990. 08	908공정	18차 5개년 계획 기간(1991-1995) 중 1μm 공정기술 확보(20억 위안 투자)
1996. 03. 09	909공정	8인치 웨이퍼, 0.35-0.5μm 공정기술 확보(100억 위안 투자)
2000. 06. 24	18호 문건	250nm 이하, 투자액 80억 위안 이상 이익 연도부터 기업소득세 2면 3반감
2011. 02. 09	국무원 4호	250nm 이하, 80억 이상 투자 기업 소득세 5면 5반감
2014. 06. 27	<IC 발전 개요>출시	반도체 기금 설립, 세제 혜택 확대 등 8개 항목
2014. 09. 24	반도체 기금 1기	자본금 987억 위안
2015. 05. 08	제조 2015 계획	2020년 48%, 2039년 75% 반도체 국산화 목표
2018. 03. 28	재정부 27호	2018년 이후 신규 투자분 130nm 미만, 경영 기간 10년 이상 2면 3반감, 65nm 미만, 경영 기간 15년 이상 5면 5반감
2019. 10. 22	반도체 기금 2기	자본금 2041억 위안
2020. 08. 04	국무원 8호	28nm 이하 이익 발생 후 10면, 65nm 이하 5면 5반감, 집적회로 설계 기업 5년 면제, 이후 세율 10%
2023. 03. 16	운영체제 강화	당 산하 중앙과학기술위원회 신설
2024. 05. 24	반도체 기금 3기	자본금 3440억 위안
2025. 01. 17	AI 산업 펀드 설립	자본금 600억 위안(반도체 기금 3기 주도)

출처: <Marukawa 2023>을 바탕으로 저자 수정

다. 국무원이 발표한 개요에서는 대기업, 금융 및 사회 자금을 유치하는 데 중점을 두었다. 반도체 국가기금은 시장 지향적이며 전문적인 펀드 운영 방식을 채택하여 정부의 직접적인 자원 배분을 줄이고 시장 원리에 기반한 자원 배분을 촉진함으로써 최적의 효율성 달성을 목표로 한다.

반도체 국가기금 설립 당시 1단계 자본금은 987억 2000만 위안이었다. 2019년 10월의 2단계 자본금은 2041억 위안으로 늘렸다. 2024년 5월에는 3단계로 자본금이 3440억 위안한화 약 66조 4000억 원으로 확충되었다.

1기 반도체 국가기금은 칩 설계, 제조, 패키징 및 테스트와 같은 반도체의 다운스트림 분야에 초점을 두었으나, 2기에서는 재료와 장비 등 반도체 생산의 앞단업스트림 분야로 투자 폭이 넓어졌다. 3단계는 최근의 기술 추세에 맞추어 AI·빅데이터·클라우드 컴퓨팅 등의 분야에 초점을 두고 있다.

중국 반도체 기금 1기에는 IC 제조 67%, IC 설계 17%, 후공정 10%, 장비 및 재료 6%에 자금이 투입되었다. 1기 펀드의 가장 큰 수혜 기업인 YMTC에는 반도체 기금 1기의 지분이 직간접적으로 24.8% 포함된 것으로 알려진다. 2기에는 제조 75%, 장비·재료 10%, IC 설계 10%, 후공정 3%로 장비와 재료 분야의 비중이 커졌다. 중국이 1기를 통해 본격적으로 반도체산업에 진출했음을 알리고, 2기에는 독자적 혁신의 길로 접어들었다는 평가가 따른다.

제3기는 6대 은행이 총 1140억 위안을 출자해 33.14%를 차지했다. 공상은행, 건설은행, 농업은행, 중국은행이 각 215억 위안, 통신은행이 200억 위안, 우편저축은행이 80억 위안 규모의 출자였다. 3단계에서는 특히 AI·컴퓨터 파워 칩 등이 주요 투자 대상이 될 것으로 보인다. 1·2단계가 중국 반도체의 인프라 구축과 산업 체인의 개선에 중점을 두었다면, 3단계는 최첨단기술 분야로 확대될 전망이다.

중국의 반도체 국가기금은 기술 자립과 전략적 자율성을 확보하기 위한 전략이다. 1·2기를 거치며 '제조 중심의 산업 인프라 구축'에서 '기술 주도형 혁신 생태계'로 발전한 이 기금은 3기에 이르러 고성능 연산칩·AI 반도체 투자로 방향을 전환하였다. 중국은 반도체 국가기금을 통해 민간기업, 국유기업, 연구기관을 포괄하는 기술·자본·정책의 삼위일체적 발전 모델을 구현하고 있다. 반도체 국가기금은 지정학적 기술자립을 위한 체계적 대응이자, AI 반도체 및 첨단산업 전반에서 '중국식 기술주권'을 실현하려는 전략적 수단이다.

알아두면 좋은 반도체 관련 용어

반도체 관련 용어 중 전공정, 후공정, 다운스트림, 미드스트림, 업스트림 등 여러 가지 용어들이 있다. 여기서 용어를 정리하고 넘어가자.
반도체는 웨이퍼 위에 수십억 개의 회로를 새기는 복합 공정의 결과물로, 제조는 전공정前工程, Front-end, 후공정後工程, Back-end으로 구분된다.
전공정앞단 공정은 '웨이퍼 공정'Wafer Fabrication으로 불리며, 증착·노광·식각·이온주입 등의 미세공정을 반복해 트랜지스터와 배선을 형성하는 단계다. 반면 후공정뒷단 공정은 완성된 웨이퍼를 절단Dicing해 패키징Packaging, 테스트Testing하는 과정이다.
반도체 제조 공정을 전공정과 후공정으로 나누어 살펴보았는데 시야를 넓혀 반도체산업 전체의 구조를 들여다보자. 반도체산업은 하나의 공정이 아니라 수많은 기술과 산업이 맞물려 움직이는 복합 생태계Ecosystem다. 이 생태계는 가치사슬Value Chain 관점에서 업스트림上游, 상류-미드스트림中游, 중류-다운스트림下游, 하류으로 구성된다.
업스트림은 반도체 제조에 필요한 소재·부품·장비·설계도구EDA를 공급하는 상류산업이다. 여기에는 실리콘 웨이퍼, 포토레지스트감광액, 고순도 특수가스, 그리고 수천억 원에 이르는 노광기ASML의 EUV 장비는 대당 약 3천억 원 수준, 칩 회로를 설계하는 EDA 소프트웨어 등이 포함된다. 집을 지을 때 기초자재가 튼튼해야 건물이 오래가듯, 업스트림의 기술력은 산업 경쟁력의 뿌리이자 시작점이다. 한 국가의 반도체 역량은 단순한 생산 규모보다 소재·부품·장비의 자립도, 즉 산업 기반의 견고함에서 결정된다.

미드스트림은 전공정으로, 웨이퍼 위에 나노미터10억분의 1미터 단위로 미세 회로를 새겨 넣는 제조 단계다.

다운스트림은 후공정으로 완성된 웨이퍼를 절단·패키징·검사하여 최종 칩으로 완성하고 이를 스마트폰, 자동차, 데이터센터, 가전제품 등 완제품에 탑재되어 실제 부가가치를 만들어내는 최종 단계다. 소비자가 체감하는 각국 제품의 성능과 혁신은 결국 이 보이지 않는 반도체 칩의 효율성에 달려 있다.

결국 반도체산업의 경쟁력은 소재에서 장비로, 제조에서 응용으로 이어지는 기술 연결의 강도에 의해 결정된다. 이 사슬이 단단할수록 한 국가는 반도체 강국으로 도약하고, 그 연결이 끊길수록 산업 전체의 취약성이 커진다.

반도체에서는 미세회로 패턴을 얼마나 전사하는가가 칩의 성능과 집적도를 결정한다. 이때 가장 중요한 것이 포토마스크와 포토레지스트, 그리고 EUV 노광 기술이다.

'포토마스크'Photo Mask와 '포토레지스트'Photoresist는 이름 자체에 각각 필름과 감광액의 이미지를 담고 있다. '포토마스크'는 '빛'photo과 '가리다'mask의 합성어로, 빛을 통제해 회로를 새기는 필름과 같은 역할을 한다. 반면 '포토레지스트'는 '빛'photo과 '반응하다'resist의 결합으로, 빛에 노출되면 화학적으로 변해 회로의 윤곽을 형성하는 감광액에 해당한다. 두 소재 모두 '빛'을 매개로 회로를 인화하는 과정의 핵심이다. 업스트림을 설명할 때 언급한 포토마스크와 포토레지스트는 반도체 칩의 회로를 새기는 '빛의 공정'에서 가장 중요한 재료다. 반도체는 빛으로 회로를 새기는 일종의 '사진 인화'와 같다. 포토마스크는 사진의 필름처럼 회로의 설계도가 새겨져 있는 원본이다. 필름을 통과한 빛이 웨이퍼 위에 닿으며, 회로의 모양이 그대로 찍혀 새겨진다. 실리콘 웨이퍼는 사진의 인화지로, 실제 회로가 새겨질 기판이다. 여기에 도포되는 포토레지스트는 인화지 위에 바르는 감광액처럼 빛에 반응해 특정 부분을 남기거나 지우며 회로의 윤곽을 만든다.

포토마스크는 반도체 회로의 그림판, 포토레지스트는 그 그림을 옮겨 찍게 해주는 재료, 웨이퍼는 그림이 새겨지는 바닥판이다. 쉽게 말하면, 포토마스크는 도장 틀, 포토레지스트는 잉크, 웨이퍼는 종이라고 보면 된다. 이 세 가지가 정교하게 맞물려야 회로가 정확히 형성된다. 나노 단위 공정에서는 미세한 오차도 불량으로 이어지기 때문에 포토마스크와 포토레지스트의 품질이 반도체의 성능과 생산성을 좌우한다.

EUV극자외선 노광 기술은 반도체 회로를 새기는 '빛의 선폭'을 결정하는 핵심기술이다. 기존 DUV심자외선 장비가 긴 파장의 빛193nm을 사용해 회로를 인쇄했다면 EUV 노광기는 그보다 14배 짧은 13.5nm 파장을 이용한다. 빛의 파장이 짧을수록 더 미세한 회로를 새길 수 있으므로 EUV는 반도체의 '초정밀 펜'과 같다. 포토마스크가 설계도이고 포토레지스트가 감광재라면, EUV는 이 둘을 통해 나노 단위의 선을 그려 넣는 빛의 도구이다. 더 많은 트랜지스터를 한 칩에 집적할 수 있어 성능은 높아지고 전력 소모는 줄어든다.

EUV 광원과 반사거울 제작에는 극도의 기술력이 필요하며, 세계적으로 네덜란드 ASML만이 상업적 생산이 가능하다. EUV 노광 기술은 국가 반도체 경쟁력을 좌우하는 전략적 기술 주권의 상징으로 평가된다.

반도체의 발전은 도시의 건축기술과 비슷하다. 건축에서 기술력이 높다는 것은 같은 땅 위에 더 많은 건물과 층을 올려 용적률을 높이는 것이다. 반도체도 마찬가지다. 한정된 웨이퍼땅 위에 얼마나 많은 회로를 정밀하게 새기고, 얼마나 높은 층으로 쌓을 수 있느냐가 기술력의 핵심이다. EUV 노광 기술은 초정밀 설계도와 초미세 시공 기술로, 벽 두께를 줄이고 방을 더 촘촘히 짓는 기술에 해당한다.

수직으로 층을 높이면 같은 면적의 웨이퍼에서도 훨씬 많은 정보를 담을 수 있다. 반도체 기술의 진화는 작은 땅에 더 많은 지식을 수직으로 쌓는 용적률 혁명이라고 할 수 있다.

'디지털 인해전술'로 반도체 국산화에 집중

미국의 수출 통제는 중국의 기술 혁신을 자극하는 요인으로 작용하고 있다. 중국은 반도체 국산화에 '인해전술' 전략을 채택하고 있다. 중국 기업정보업체 치차차企查查에 따르면 2012년부터 2021년까지 약 12만 개의 반도체 기업이 신설되었고, 2020년 2만 3,111개 사, 2021년에는 4만 7,392개 사로 매년 급증하는 추세다.

다만, 2022년 이후에는 미국의 수출 규제와 업황 악화의 영향으로 비효율적인 기업들의 폐업이 급증하는 등 양적 팽창 속도는 크게 둔화되고 있다.

반도체 인해전술이 가장 집중적으로 일어나고 있는 분야는 반도체 설계 분야인 팹리스Fabless다. 팹리스는 파운드리, 패키징, 장비, 소재 등과 긴밀히 연계되며 반도체 생태계 전체의 혁신 방향을 주도한다. 팹리스가 새로운 설계를 제시하면 파운드리 기업이 공정 혁신으로 응답하고, 이는 다시 장비·소재 기술로 확산된다. 팹리스는 '반도체산업의 뇌이자 국가 산업 혁신의 엔진'이라고 평가된다.

2024년 말 상하이 IC 포럼에서 밝힌 자료를 보면, 팹리스 업체 수가 2017년 1,380개에서 2024년 3,626개로 불과 7년 만에 약 2.6배 증가했다. 연평균 약 321개씩 늘어난 셈이다. 현재 한국의 전체 팹리스 기업 수가 250개 정도인 점을 감안하면 중국에서는 매년 한국 전체 규모를 넘어서는 수의 팹리스 기업이 새로 생기는 셈이다.

매출 1억 위안약 190억 원 이상 기업이 731개, 종업원 100명 이상 기업도 439개에 달한다. 업계 전체 매출액 역시 6460억 위안909억 달러으로 한국상위 10개사 합계 24억 달러의 약 30배에 이른다. 이는 양적 팽창에 그치지 않고 일정 규모 이상의 기업들이 산업을 견인하고 있음을 보여준다.

중국의 팹리스 산업이 빠르게 성장하는 점에서 주목해야 할 것은 팹리스의 성장이 스마트폰, 자동차, 가전, 통신장비, 산업기계 같은 주요 산업의 경쟁력을 끌어올리는 데 결정적인 역할을 하고 있다는 점이다. 팹리스가 설계하는 반도체 칩은 각 산업의 두뇌이자 심장으로, 제품의 성능과 혁신 속도를 좌우한다. 즉 팹리스의 발전은 개별 반도체 기업의 성공을 넘어 국가 산업 전체의 혁신을 견인하는 동력이 되는 것이다.

중국의 팹리스 산업은 다양한 분야에서 성과를 내고 있다. 스마트폰용 애플리케이션 프로세서AP 부문에서는 화웨이 하이실리콘이 대표적이며, GPU·NPU 등의 AI 가속기 분야에서는 비렌Biren Technology과 캠브리콘Cambricon이 두각을 보인다. 자율주행과 로봇용 칩에서는 호라이즌 로보틱스Horizon Robotics와 블랙 세서미 테크놀로지스Black Sesame Technologies가 주도적 위치를 차지한다.

보도된 기사를 종합하면, 중국판 엔비디아라 불리는 비렌Biren이 2022년에 공개한 AI 칩 BR100은 엔비디아와 비교해 일정한 기술적 진전을 보여준다. AI 학습 성능BF16 기준으로 BR100은 1,024TFLOPS로, 최신 엔비디아 H1003,000TFLOPS과는 여전히 약 3배의 격차가 있다. BR104는 512TFLOPS로 BR100의 절반 성능이다. 대규모 AI 모델 학습에서는 여전히 엔비디아의 우위가 명확하다.

다만 정밀 계산FP32 영역에서는 BR100이 256TFLOPS를 기록해 A10019.5TFLOPS보다 13배 이상 높고, H10060TFLOPS보다 4배 이상 빠르다는 점에서 기술적 가능성을 보여준다. 추론 성능INT8에서도 BR100은 2,048TOPS로 엔비디아의 A100624TOPS보다 세 배 이상 빠르고 H1002,000TOPS에 근접한 수준이다.

스펙 비교 수치는 독립 검증이 없어 객관적 평가는 어렵지만, 중국이 AI 반도체 설계 기술에서도 눈에 띄게 추격 속도를 높이며 경쟁 구도에 본격적으로 진입하고 있는 것으로 보인다. (표4) 참조

2025년 8월, 중국 정부가 자국 기업들에게 엔비디아 H20칩 구매를 자제하라고 경고했다. 명목상으로는 '특히 미국산 반도체에 지나치게 의존할 경우 정보 유출이나 백도어 같은 위험이 존재하고 국가안보에

[표 4] 비렌과 엔비디아의 AI 칩 성능 비교

구분	비렌		엔비디아	
	BR100	BR104	A100	H100
BF16 (TFLOPS)	1,024	512	1,250	3,000
FP32 (TFLOPS, 벡터)	256	128	19.5	60
INT8 (TOPS, dens 기준)	2,048	1,024	624	2,000
트랜지스터 수	770억 개	542억 개	542억 개	800억 개
메모리	64GB HBM2E	32GB HBM2E	40/80GB HBM2E	80GB HBM3
에너지 효율(TDP)	550~600W	300W(추정치)	400W	700W

출처: Hot Hardware 및 Tom's Hardware 자료 기반, 저자 정리

도 부담이 된다'는 논리였지만, 실제로는 화웨이나 비렌 같은 자국 기업의 GPU 경쟁력이 빠르게 성장하고 있다는 점도 고려한 것으로 보인다.

화웨이의 반도체 팹리스 계열사인 하이실리콘은 휴대폰용 AP 등에서 괄목할 성과를 내왔으며, 최근에는 AI 가속기 분야에서도 빠르게 성장 중이다. 2025년 5월부터는 AI 반도체 어센드Ascend 910C를 본격적으로 출하하기 시작했다. 이 칩은 엔비디아 블랙웰B200의 중국 버전으로 출시된 'B20'을 대체할 가능성이 있다. 초기 수요는 약 7만 개에 달하며, 시장 규모는 약 20억 달러로 추정된다. 2025년 생산량은 최대 20만 개에 이를 것으로 보이며, SMIC에서 생산될 전망이다.

이에 대응해 2025년 5월, 미국 상무부 산업안보국BIS은 미국 내 개인과 기업은 물론이고 해외 기업들까지도 화웨이의 Ascend 910B/C/D 칩

을 사전 승인 없이 사용·판매·수출하는 행위를 수출관리규정EAR 위반으로 간주한다는 지침을 발표했다. 이는 미국이 화웨이 Ascend 시리즈 칩을 기술패권에 대한 심각한 위협으로 인식하고 있음을 보여준다.

D램 분야의 CXMT는 17㎚ 공정을 주력으로 전환하며 생산 능력을 빠르게 키워 왔다. 2023년 연간 웨이퍼 생산량은 약 162만 장이었으나, 2024년에는 약 273만 장으로 68% 늘어나 마이크론에 근접하면서 삼성·SK하이닉스의 절반 수준에 도달했다. 기술 면에서는 2024년에 17㎚ DDR4가 주력이고, 16㎚ DDR5는 시험 단계에 들어가 있다. 이미 1α㎚ DDR5를 양산하고 1β㎚ 공정을 준비 중인 삼성과 SK하이닉스에 비해 두 세대, 약 2~3년의 격차가 난다. 월간 기준으로는 2024년 초 월 10만 장 수준이던 생산량이 2025년 1분기 20만 장, 2026년 말에는 30만 장에 이를 것으로 전망된다.

전통적으로 삼성·SK하이닉스·마이크론이 장악해 온 D램 시장에 '4강 체제'가 형성되기 시작하고 있다. CXMT의 2024년 글로벌 점유율은 약 5%를 달성한 것으로 보이고, 2025년에는 10%에 근접할 것으로 예상된다.

CXMT는 고대역폭 메모리HBM 개발에도 본격 착수하며 선두 기업들과의 기술 격차를 빠르게 좁히고 있다. CXMT는 2026년 HBM3, 2027년 HBM3E 양산을 목표로 하고 있다.

HBMHigh Bandwidth Memory, 고대역폭 메모리은 기존의 전기회로기판PCB 위에 여러 DRAM을 수평으로 배치하던 구조에서 발전한 것이다. 기존에는 칩을 평면에 배치해 와이어 본딩으로 연결했지만 HBM은 DRAM 칩을 수직으로 적층한다. TSVThrough-Silucon Via를 형성해 층간 전기 통로를 만들고 열과 압력을 가하는 와이어 TC 본더Thermal Compression Bonder로 칩을 정밀 접합한다. 이 HBM 적층 본더 시장에는 네덜란드 BESI, 홍콩 ASMPT, 일본 TORAY, SHINKAWA 등 글로벌 업체와 한국의 한미반도체, 한화세라믹, 세메스삼성전자 자회사가 경쟁하고 있다.

HBM은 세대가 진화할수록 속도, 데이터 처리량, 적층 층수가 모두 향상되는 고성능 메모리다. 1세대 HBM은 2013년 AMD 그래픽카드에 처음 적용되었고, HBM2는 2016년 속도와 용량을 두 배로 늘려 엔비디아 Volta GPU 등에 채택되었다. HBM2EEnhanced 버전는 2018~2019년 엔비디아 A100 등 AI 서버의 핵심 부품이 되었다.

2022년 HBM3는 HBM2E 대비 약 2배 빠른 속도를 구현하며 엔비디아 H100, AMD MI300 등 AI 연산용 GPU에 필수 부품으로 사용되기 시작했다. 2024년부터 공급되는 HBM3E는 HBM3와 차세대 HBM4 사이의 전이 세대3.5세대로 데이터 전송 속도와 효율이 크게 개선되었으며, AI 서버와 초대형 GPU에 핵심적으로 탑재되고 있다.

차세대 HBM44세대는 2026년 이후 상용화를 목표로 개발 중이며, HBM3 대비 약 2배의 속도와 최대 24단 적층 구조를 구현할 것으로 예상된다. HBM은 HBM1 → HBM2 → HBM2E → HBM3 → HBM3E → HBM4로 발전해 왔으며, 2024~2025년에는 HBM3E가 주력 제품으로 사용되고 있고, 2026년 이후에는 HBM4가 시장을 주도할 전망이다.

SK하이닉스가 2022년, 삼성전자가 2023년에 HBM3 양산을 시작했고, 양사 모두 2024년부터 HBM3E 양산을 본격화했다. 반면 CXMT는 2026년 HBM3, 2027년 HBM3E 출시를 목표로 하고 있다. HBM 기술 격차는 3~4년 정도로 평가된다. 다만 일부 분석에서는 HBM3E 양산이

2026년으로 앞당겨질 가능성도 제기한다.

낸드 플래시 부문에서는 YMTC의 성장세가 두드러진다. 낸드 플래시는 삼성전자가 1987년 시장에 진입하고 2013년 세계 최초로 3D V-NAND를 상용화하며 30여 년간 발전해 왔다. SK하이닉스도 2000년대 초 낸드 플래시 사업에 뛰어들어 20여 년 동안 기술을 쌓았다. 반면 YMTC는 2016년 창립 이후 단기간에 성장했다. 2018년 64단 첫 양산 이후 불과 7년 만에 294단 3D 낸드를 출하해 삼성과 SK하이닉스와의 격차를 한 세대1~2년로 좁혔다. 생산 능력도 빠르게 늘었다. YMTC의 월간 웨이퍼 생산량은 2024년 13만 5,000장에서 2025년에는 15만 장에 이를 것으로 보인다. 삼성월 70~80만 장과 SK하이닉스월 40~50만 장에는 미치지 못하지만, 2024년 기준 글로벌 점유율 약 5%를 확보한 것으로 보이며, 2026년에는 15% 달성을 목표로 하고 있다.

YMTC의 대표 기술은 메모리 셀과 로직을 따로 만든 뒤 본딩하는 방식의 Xtacking 아키텍처다. 이 방식은 주변회로 면적을 줄여 칩 크기를 축소하고, 고속 입출력 설계가 가능하다. 이에 따라 대역폭은 넓어지고 데이터 지연은 줄며 전력 효율도 개선된다.

반도체 메모리는 데이터를 저장하는 셀cell로 이루어져 있다. 셀 하나에 더 많은 비트를 저장할수록 저장 밀도는 높아지고 생산 비용은 줄어든다.

초기에는 셀당 1비트SLC만 저장했지만 기술이 발전하면서 2비트MLC, 3비트TLC, 4비트QLC로 확장됐다. 비트 수가 늘어날수록 저장 효율은 높아지지만 속도가 느려지고 내구성이 떨어지는 문제가 생긴다.

YMTC는 이런 한계를 엑스태킹 'Xtacking'이라는 구조 혁신으로 돌파했다. 엑스태킹은 메모리 셀과 제어 회로를 분리해 수직으로 쌓는 방식으로, 데이터 처리 속도와 설계 유연성을 크게 높인다. 즉, 주변회로 면적을 줄여 칩 크기를 축소하고, 고속 입출력 설계가 가능하다. 이 기술로 YMTC는 2022년 232단 TLC 제품을, 2023년에는 232단 QLC 제품을 상용화하면서도 기존 QLC의 단점인 느린 속도와 짧은 수명을 개선했다.

삼성과 SK하이닉스는 TLC 기반의 고적층200단 이상 제품으로 SSD 시장을 주도해 왔지만 최근 AI와 클라우드 수요 증가에 따라 QLC 기반 SSD 생산을 적극 확대하고 있다. SK하이닉스는 2025년 8월 321단 QLC 양산을 시작했고, 삼성전자도 QLC 제품 양산에 나서고 있다.

한때 낸드 플래시 기술에서 한참 뒤처져 있던 YMTC는 공격적인 기술 시도와 구조 혁신을 통해 선두 업체들과의 격차를 빠르게 좁히고 있다. 미국의 장비 제재로 첨단 장비 확보가 어려운 상황에서도 YMTC는 설계와 구조 중심의 기술 전략으로 격차를 좁히고 있다. 단순한 추격자가 아니라, 기존 방식을 뛰어넘는 방법으로 기술 자립을 시도하고 있는 것이다.

중국은 단순한 추격자가 아니다. D램의 CXMT와 낸드 플래시의 YMTC를 앞세운 중국은 공격적인 투자와 빠른 생산 능력 확대를 기반으로 점유율을 높여가며, 미국·한국·대만이 지배해 온 글로벌 반도체 질서에 도전장을 던지고 있다.

미국의 강력한 반도체 제재에도 불구하고 중국이 국산화에 박차를 가하고 있는 또 다른 핵심 분야는 바로 파운드리반도체 위탁생산 산업이다. 파운드리는 칩을 직접 설계하지 않고, 시스템반도체 설계 회사가 설계한 칩을 위탁 받아 제조하는 생산 전문 사업 모델이다. 반도체산업의 핵심 축이지만 막대한 기술력과 자본, 그리고 견고한 산업 생태계가 뒷받침 되어야 하므로 진입장벽이 매우 높다.

중국은 1990년대 초반부터 이 벽을 넘으려 했다. 정부가 국가 프로젝트 '909 공정'을 추진해 상하이의 화홍-NEC 등 성숙 공정 0.35~0.18μm 라인을 키웠지만 기술 제약과 자금 부족, 관련 기업 생태계의 미성숙 때문에 더 이상 나아가지 못했다. 이때의 경험은 '정부 주도 반도체산업 육성'의 한계와 교훈을 동시에 남겼다.

전환점은 2000년이었다. 상하이에서 SMIC가 설립되면서 본격적인 도전이 시작되었다. SMIC는 공격적인 해외 인재 영입과 정부 자금 지원을 등에 업고 빠르게 성장했다. 2019년에는 14nm FinFET 공정 양산에 들어갔고, 이후에는 첨단 노광 장비인 EUV극자외선 장비 없이 기존 DUV심자외선 장비의 다중 패터닝 기술만으로 7nm내부 코드명 N+2를 구현했다. 일부 스마트폰 칩에도 적용되면서 중국 안팎에 "이제 중국도 스스로 첨단 칩을 만들 수 있다"는 상징적 이정표를 세웠다. 그러나 한계도 분명하다. 아직 5nm급 칩을 대량으로, 값싸게, 안정적으로 생산할 수 있다는 증거가 없다. 최근 공개된 제품에서도 결국 7nm 수준이 확인되는 정도다.

2020년 8월, 미국이 해외직접생산품규칙 FDPR을 확대하면서 미국의 반도체 장비나 기술을 사용하는 기업은 화웨이에 첨단 칩을 공급할 수 없게 되었다. 이 조치로 2020년 화웨이는 세계 1위 파운드리 업체인 TSMC와의 거래가 중단되며 7nm·5nm급 첨단 칩 조달 능력을 상실했다. SMIC는 화웨이 칩 생산을 위해 14nm와 7nm급 공정 구현을 추진했으나 2020년 12월, 미국의 엔티티 리스트 등재 이후 첨단 노광 장비 조달이 제한되면서 한계가 뚜렷이 나타났다. 특히 SMIC의 7㎚ 공정은 구형 DUV 장비의 다중 패터닝 기술이어서 수율이 15%에 불과하고, 생산 단가도 TSMC 대비 10배 더 높다는 분석이 있다.

그럼에도 SMIC는 포기하지 않았다. 방향을 바꿔 성숙 공정28㎚ 이상에 집중하며 내수시장을 장악해 나갔다. SMIC는 2021년 9월, 상하이 린강에 월 10만 장 규모의 12인치 신공장 건설을 발표했고, 2022년 8월에는 톈진天津에도 월 10만 장 규모의 공장을 추진하며 자동차·산업용·전력용 칩 수요를 흡수했다. 이 전략은 맞아떨어졌다. 성숙 공정은 첨단 장비 의존도가 낮아 미국 제재의 영향이 적고, 중국 내수 수요는 오히려 폭발적으로 늘어나고 있었기 때문이다.

SMIC는 2024년까지 파운드리 시장에서 5위권에 머물렀지만, 2025년 1분기에는 점유율 6%를 기록하며 3위로 올라섰고, 2위인 삼성전자 파운드리와의 격차도 1.7%포인트로 좁혔다. TSMC와 삼성전자가 여전히 5㎚ 이하 선단 공정에서 압도적인 기술 격차를 유지하고 있지만, 중국은 성숙 공정의 대량 생산 능력과 가격 경쟁력을 앞세워 파운드리 시장에서 빠르게 위상을 높이고 있다.

중국의 반도체 장비 국산화도 빠르게 진행되고 있다. 2022년 10월 미국이 중국 전역에 최첨단 장비 판매를 제한한 이후, YMTC를 비롯한 기업들은 램리서치·어플라이드 머티어리얼즈 같은 해외 장비를 대체하고자 AMEC中微半導体, 중웨이반도체·베이팡화촹北方华创, NAURA·튀징과기拓荆科技, Piotech 등 국산 장비사와 협력해 생산라인을 재정비했다. 초기에는 공정이 아직 안정되지 않아 적층 단수가 줄어드는 문제가 있었으나, 수율이 개선되면서 국산 장비산업이 성장하는 계기가 되었다.

세부 공정별 성과를 보면, CMP연마·평탄화 분야에서 화하이칭커华海清科, Hwatsing는 2022년 1.5%에 불과하던 글로벌 점유율을 2023년 11%까지 끌어올렸다. 식각Dry etch 장비에서는 AMEC와 NAURA가 약진하며 중국의 글로벌 점유율을 약 11% 수준으로 높였다. 증착Deposition 장비도 2019년 2%에서 2024년 7%로 점유율이 확대되었다. 특히 PVDPhysical Vapor Deposition, 물리적 증착 분야에서 두드러진 성장세를 보였다. 미국의 장비 수출 제재로 중국 반도체 기업들이 국산 장비로 전환하면서 금속 박막 형성에 필수적인 PVD 장비에 대한 수요가 급증했기 때문이다. 이 분야에서는 중국의 NAURA가 기술 개발과 시장 확대를 주도하고 있다.

CVDChemical Vapor Deposition, 화학 기상 증착는 반도체 표면에 균일한 박막을 형성하는 공정으로, Piotech와 NAURA가 국산화에 앞장서고 있다. 반면, 최첨단인 ALD원자층 증착는 여전히 1% 미만에 머물고 있다.

노광 장비는 중국 반도체산업의 아킬레스건이다. 현재 SMEE上海微電子裝備, Shanghai Micro Electronics Equipment가 양산 가능한 수준은 i-line365㎚으로, 초기 DUV 기술에 해당한다. 이는 1980~1990년대 주류였던 레거시 기술로 전력 반도체나 디스플레이 구동칩 등에 활용된다. 첨단 DUVArF, immersion와 EUV 영역은 여전히 네덜란드 ASML과 일본 니콘Nikon이 장악하고 있다.

일부 매체에서 화웨이가 EUV 개발에 적극 나서고 있다는 보도가 나오고 있다. ASML은 고출력 레이저로 위에서 떨어지는 주석 방울을 타격해 플라즈마를 생성하는 LPPLaser-Produced Plasma 방식을 사용하고 있다.

그림3 주요 국가별 반도체 장비시장 점유율 변화(2019~2024)

장비 분류	2024 시장 규모	미국	네덜란드	일본	중국	한국	기타
노광기	$29B	±0	11	-10	±0	±0	±0
식각 및 세정	$25B	-2	±0	-2	+6	-1	-1
증착	$24B	-1	+3	-6	+6	-1	±0
공정제어	$13B	-1	±0	+1	-1	±0	+1
이온 주입기	$4B	±0		+2	-1		-1
평탄화 공정(CMP)	$3B	-7		-1	+8	±0	

출처: Jacob Feldgoise and Hanna Dohmen, Inside Beijing's Chipmaking Offensive, CSET

반면, 화웨이는 전극 사이에서 주석을 기화시키고 고전압 방전을 통해 플라즈마를 형성하는 LDP Laser-Induced Discharge Plasma 기반 EUV 광원을 개발중이라고 주장한다. 다만 LDP는 과거 출력 안정성과 수명 문제로 상용화에 이르지 못했던 기술로, 실제 대량 생산 High-Volume Manufacturing 에 적용될 가능성은 낮다는 업계의 회의적인 시각도 존재한다.

첨단 패키징 장비 분야에서도 중국의 점유율은 2024년 약 7% 수준이다. 아직 미국 65%과 일본 15%이 압도적 우위를 점하지만, NAURA와 Piotech가 시장에 진입하면서 소폭 성장세를 보이고 있다.

대외정책연구원 KIEP이 글로벌 반도체 장비 협회인 SEMI, 중국 산업 분석기관 OFweek 등의 자료를 분석한 결과, 중국 반도체 장비 시장은 2012년부터 2022년까지 매년 평균 27%씩 빠르게 성장했다. 또한 2022년 기준 중국 반도체 장비의 국산화율은 35%에 달해 전년 대비 14%포인트 증가한 것으로 나타났다 표5 참조.

ASML의 전 CEO 피터 베닝크는 2023년 1월, 블룸버그 인터뷰에서 '미

표 5 중국 반도체 장비 국산화 진척 현황 (2022)

분야		글로벌 기업	중국 기업	국산화율	노드(nm)
산화		도쿄일렉트론(TEL), SCREEN	Kingsemi, ACMR	12	90/65/45/28/14/5
노광	EUV	ASML	-	0	-
	DUV	니콘, 캐논	SMEE	3	90
식각		램리서치(Lam), TEL, AMAT	NAURA, AMEC, E-town	30	90/65/45/28/14/7/5
CVD		AMAT, Lam, TEL	Piotech, NAURA, Betong	11	65/28/14
PVD		AMAT, Evatec, ULVAC	NAURA	29	65/45/28/14
이온 주입		AMAT, Axcelis	Kingstone, Semicore	5	65/45/28
CMP		AMAT, Evatec	Hwatshing	25	90/65/45/28
세정		SCREEN, TEL	ACMR, NAURA, KingSEMI	34	90/65/45/28

출처: 오종혁, 「중국의 반도체 국산화와 시사점」 (대외경제정책연구원 세계경제 포커스, 2023)

국의 제재는 중국을 압박했지만, 중국은 결국 해낼 것'이라고 진단했다. 이는 중국 장비산업이 아직 최첨단에서는 뒤처져 있지만, CMP·식각·증착·패키징 같은 틈새와 중저가 영역에서 빠른 속도로 글로벌 점유율을 확대하며 존재감을 높이고 있음을 시사한다.

미국 정보기술혁신재단ITIF이 기업 본사 소재국 기준으로 산출한 글로벌 산업 점유율에 따르면 중국은 2018년 글로벌 점유율이 3~4%에 불과했으나, 2023년에는 7.2%로 두 배 가까이 확대되었다. 이 통계는 설계, 제조, 장비, 소재 등 반도체 가치사슬 전반을 포괄한다. 2023년 미국은 50.2%, 한국은 18.8%, 유럽연합EU 12.7%, 일본 9%, 대만 7%였다.

한국의 경우는 2018년 23.6%에서 꾸준히 하락해 5년 만에 5%포인트 이상 줄었다. 이는 한국의 글로벌 반도체 위상이 약화되는 동안 중국의 점유율이 빠르게 늘고 있음을 알수 있다.

TSMC와 SMIC, 그리고 TI에서 시작된 계보

반도체의 거대한 서사는 의외로 단출한 인연에서 출발한다. 모리스 창 Morris Chang, 張忠謀과 리처드 창 Richard Chang, 張汝京. 같은 성씨를 가진 두 사람은 중국계 미국인이며, 텍사스 인스트루먼츠TI에서 상사와 직속 부하로 함께 일했다. 두 사람의 뿌리는 모두 장강 남쪽의 강남江南으로 이어진다. 모리스는 저장성 닝보浙江省 寧波, 리처드는 장쑤성 난징江蘇省 南京에서 태어나 미국에서 공부하고 경력을 쌓았다. 두 사람 모두 중국 출신으로 TI에서 경력을 쌓았다. 모리스 창은 1958년부터 1997년까지 근무하며 부사장까지 지냈고, 리처드 창은 1977년부터 1997년까지 20년 재직하며 설계, 제조 엔지니어로 일했다. TI 시절 두 사람은 상하 관계에 있었으며, 이후 모리스는 대만으로 돌아가 TSMC를, 리처드는 중국으로 돌아가 SMIC를 세우며 서로 다른 길을 걸었다.

먼저 길을 튼 것은 모리스였다. '설계는 고객이, 생산은 우리가'라는 간명한 해법으로 1987년 TSMC를 세웠고, 설계 비개입·보안·품질이라는 중립 허브의 원칙을 꾸준히 축적했다. 메모리의 유혹을 의도적으로 비켜가며 로직 위탁생산에 집중한 선택은 대만을 세계 반도체 지도의 중심으로 끌어올렸다. 모리스의 길은 한마디로 원칙의 축적이었다.

리처드의 길은 속도의 창업이었다. TI를 떠난 뒤 대만으로 돌아와 WSMC世大를 맡아 체질을 빠르게 바꿨고, 2000년 WSMC가 TSMC에 흡수·통합되면서 그는 경영 일선에서 한 걸음 물러났다. 당시의 제도·관행·이해관계를 감안해 그는 "같은 일을 하려면 대만 밖이 적절하다"고 판단했고, 무대는 자연스럽게 중국 본토로 향했다.

같은 해, 상하이 장장张江 하이테크파크는 반도체 클러스터를 키우고 있었고, 국무원 '18호 문건'2000.6.24으로 세제·금융 지원의 문이 열렸다. 리처드는 2000년 4월 상하이에서 SMIC를 설립한 뒤 8인치 생산라인을 빠르게 안정화해 양산 체제를 구축하고 베이징 12인치 투자로 외연을 넓혔다.

성장은 충돌을 불렀다. 2003년 TSMC는 미국에서 영업비밀·특허 침해를 이유로 SMIC를 제소했다. 2005년 1차 합의에서 SMIC는 현금 지급과 특허 상호 라이선스2010년 말까지 등에 합의해 소송을 일단락했지만, 2006년 TSMC가 합의 위반을 주장하며 다시 제소하기에 이르렀다. 최종적으로 2009년 11월 2차 합의에서 추가 현금과 지분 등 고려를 제공하며 모든 소송이 종결되었다. 합의 직후 SMIC는 경영진 교체를 발표했다.

리처드 창이 물러난 뒤 SMIC는 2009년 11월 왕닝궈王寧國가 과도기 CEO로 수율·원가 중심의 운영 안정에 방점을 찍었고, 2011년 8월에는 리처드 창의 핵심 측근이던 대만계 치우츠윈邱慈雲이 CEO로 선임되어 현장 운영을 강화했다.

이후 2017년에는 자오하이쥔趙海軍, 대만계 기술자 량멍쑹梁孟松 공동 CEO로 투톱 체제를 꾸려 성숙 공정의 대량 생산과 첨단공정 개발을 병행하는 전략에 속도가 붙었다. SMIC는 2019년 14㎚ 공정의 양산에 처음 성공했으며, EUV 장비 도입이 차단된 환경에서 DUV 멀티패터닝 기반 7㎚급 시도를 하며 반도체 기술 자립을 모색 중이다.

2020년 말에는 대만계 장상이蔣尙義가 부회장으로 합류했다가 이듬해 물러나는 등 상층부 인사 이동도 이어졌다.

TSMC는 선단 공정 리더십을 공고히 하며 해외 분산 생산을 확대했다. 대만 본거지의 첨단 노드 양산은 물론, 미국 애리조나Fab 21, 일본 구마모토JASM, 소니·덴소·도요타 합작로 제조 거점을 넓혔다.

무엇보다 SMIC의 초창기 성장에는 대만·해외 경력 인재의 대규모 유입이 결정적이었다. 대만계 량멍쑹이 2017년 SMIC로 합류해 공정 수율·노드 전환을 밀었고, 대만계 장상이가 2020년 SMIC 부회장을 맡아 짧게나마 거버넌스에 가세했다. 대만계 치우츠윈 역시 화훙NEC·실테라·상하이 화리 등에서 실무를 거쳐 SMIC CEO를 맡아 현장 체계를 다졌다.

오늘날 겉으로는 양안兩岸이 대척점처럼 보이지만 공급망·인력 풀·운영 관행에서는 여전히 교집합이 남아 있음을 보여주는 사례들이다.

칩 전쟁의 전선은 바뀌어도 그 전선을 움직이는 것은 여전히 사람이다. 두 '장'張이 만든 두 개의 길은 지금도 세계 반도체 지형을 움직이는 두 개의 메트로놈Metronome처럼 서로 다른 박자로 같은 시간을 보내고 있다.

역외차단법과 반외국제재법

중국 상무부商务部, MOFCOM는 2021년 1월 9일, 이른바 역외차단법 MOFCOM 제1호령을 발표했다. 미국의 대중 제재를 겨냥한 이 법은 외국 법률 및 조치의 역외 적용이 국제법과 기본 준칙을 위반해 중국 내 법인과 거래를 부당하게 제한할 때 적용된다. 즉, 미국의 부당한 제재에 동참하는 기업을 차단하는 것이 목적이다.

중국 내 법인이 외국의 법률 조치로 경제·무역 활동이 제한될 경우에는 이를 중국 정부에 보고해야 하고 상무부의 지침에 따라야 한다. 만약 그 결정을 따르지 않으면 중국 정부의 시정 명령이나 벌금 부과를 감수해야 한다. 이 법은 중국에서 활동하는 미국 외 다른 나라 기업들이 세컨더리 제재를 우려해 미국의 제재를 준수하면 중국 정부가 제재하겠다는 뜻이다.

2021년 6월, 중국은 반외국제재법反外国制裁法을 제정했다. 주요 내용은 대중 제재를 주도하거나 실시한 외국 인사 및 단체의 중국 내 자산 동결, 출입국 제한, 중국 내 개인 및 조직과의 거래 금지 명령 등을 포함한다. 이 법은 미국 및 서방의 인권·안보 관련 제재에 맞대응하는 동시에 국적과 장소를 불문하고 대중 제재에 협조할 경우 이를 금지하고 처벌할 수 있는 법적 근거를 마련했다.

2020년 9월에는 중국판 '엔티티 리스트'라 할 수 있는 '신뢰할 수 없는 법인 목록' UEL, Provisions on the Unreliable Entity List 을 제정했다. 실제로 2023년 2월 록히드 마틴과 레이시온 미사일&디펜스를, 2024년 5월에는 보잉 디펜스·스페이스&시큐리티·제너럴 아토믹스 에어로너티컬 시스템즈·제너럴 다이내믹스 랜드 시스템즈를 이 목록에 올렸다. 2025년 들어서는 1월에 방산계열 다수를 연속 지정하고, 2월에는 PVH 의류·패션·일루미나 유전체·DNA 시퀀싱를 포함해 민간·바이오로 범위를 넓혔으며, 3월과 4월에도 10개사와 17개사 UAV·드론/AI 관련를 추가했다. 다만, 5월 14일에 4월의 17개사 조치를 90일간 일시 중지했고, 8월 12일에는 해당 조치의 연장·조정을 공표했다.

역외차단법이 외국 법률의 중국 내 역외 적용 차단에 초점을 맞춘 소극적 방어 장치라면, 반외국제재법은 외국의 대중 제재에 직접 대응·보복할 수 있는 적극적 수단이다. 두 법 모두 중국의 주권과 경제안보를 수호하려는 전략적 맥락에서 제정되었다. 중국은 두 법을 근거로 '필요한 반격 조치'를 공식화하며, 반도체·첨단기술 분야에서 미국의 제재에 맞서고 있다.

중국의 비밀병기 희토류

중국은 희토류로 미국에 제재를 맞받아치고 있다. 왜 희토류가 중국의 비밀병기가 될 수 있는가?

희토류는 주기율표의 4·5·6주기에 걸쳐 존재하는 17개의 금속 원소다. 그중 6주기에 자리 잡은 란타넘족 La~Lu 15개가 핵심이며, 여기에 4주기의 스칸듐 Sc과 5주기의 이트륨 Y이 포함된다. 이 금속들은 겉보기에는 흔하지만 실제로는 뭉쳐져 있지 않다. 다른 금속들이 지구 형성 초기에 덩어리 형태로 표층에 남은 반면, 희토류는 규산염 광물 틈새에 산화물 형태로 고정되어 있다. 구리나 철이 사탕처럼 모여 굳어 있는 금속이라면, 희토류는 밀가루 속에 설탕 가루처럼 고루 섞여 있는 금속이다. 양은 많지만 한 곳에 고농도로 모여 있지 않아서 쉽게 추출하기 어렵다.

희토류는 '희귀한 원소'라는 이름과 달리 지구상에 풍부하게 매장되어 있다. 전 세계 희토류 매장량은 약 1억 2천만~1억 3천만 톤으로, 금보다 수백 배 많지만 경제성 있게 채굴하거나 정제할 수 있는 곳은 제한적이다. 현재 희토류 시장을 실질적으로 지배하는 국가는 중국으로, 약

4,400만 톤의 매장량을 가지고 있으며, 전 세계의 약 35%를 차지한다. 뒤를 이어 브라질, 인도, 호주, 러시아, 베트남, 미국 등이 매장량 순위에서 뒤따르고 있다. 2025년 미국 지질조사국USGS의 최신 보고서에서는 베트남의 매장량은 350만 톤으로 대폭 하향 조정돼 이전의 2위 자리에서 6위권으로 내려간 상태다.

희토류 시장에서 진정한 주도권은 단순한 매장량이 아니라, 17개 희토류 원광을 고순도의 금속 또는 합금으로 분리·정제할 수 있는 대량 생산 기술력과 수직계열 산업 기반에 달려 있다. 중국은 글로벌 희토류 생산량의 약 69%를 차지하고, 정제·분리 공정 점유율은 약 90% 이상에 달한다. 특히 고순도 제품 분야에서는 70~75%의 점유율을 보이고 있다.

희토류는 일반적으로 순도 기준에 따라 고순도와 저순도로 구분된다. 고순도 희토류는 순도 99.99~99.999%4N~5N급에 이르는 불순물이 거의 없는 정제 형태다. 주로 반도체, 영구자석, 레이저, 항공, 군수, 광학소재 등 첨단 산업 분야에서 사용된다. 반면 저순도 희토류는 순도 90~99.9%1N~3N급 수준으로 불순물이 비교적 많이 남아 있는 중간재다. 정유 촉매, 연마제, 세라믹, 일반 모터용 자석 등 일반 산업용으로 활용된다. 'N'은 순도의 9가 몇 개 있는지를 나타내며, 숫자가 높을수록 불순물이 적고 첨단산업용으로 쓰인다. 예를 들어 1N은 90%, 6N은 99.9999%를 의미한다. 이 같은 정제 기술은 단순하거나 기초적인 채광이나 물리적 분리를 넘어서는 고도화된 화학공정, 환경관리, 대규모 산업설비와 인프라가 결합된 복합 기술이다.

중국의 독자적인 희토류 정제 기술은 수십 년에 걸친 연구와 산업화

결과로, 100단계 이상의 다단계 용매추출Hemical solvent extraction 공정을 자동화하여 희토류 원소들을 고순도99.99% 이상로 분리한다. 이와 함께 고온 전해용융 전해법, 이온 교환, 산·알칼리 분해 등 다양한 화학적 분리 및 정제 기술을 독자적으로 개발해 고난이도의 중희토류 및 희귀 금속까지 생산하는 능력을 갖추고 있다. 또한 희토류 채굴 과정에서 발생하는 방사성 폐기물과 대량의 폐수를 처리할 수 있는 산업 환경 관리 체계를 완비해 경제성을 확보했다. 이 모든 공정 및 관리 인프라를 국가 차원에서 수직적으로 통합·운영하는 유일한 국가가 중국이다.

1970년대 후반 덩샤오핑이 "중동에는 석유가 있지만 중국에는 희토류가 있다"고 선언한 이후, 중국은 희토류를 국가 전략 자원으로 육성하면서 정부 보조금, 세제 혜택, 인력 양성, 대규모 인프라 구축 등 다방면에서 지원해 30년 이상 산업 생태계를 완성해왔다. 그 결과 중국은 생산뿐 아니라 정제와 완제품 제조, 재활용에 이르는 전 주기 공급망을 독점했다.

일본은 2010년 센카쿠열도 분쟁 당시 중국의 희토류 수출 제한으로 큰 타격을 받아 희토류 수요 절감, 소재 대체, 재활용 기술 개발과 생산지 다변화에 크게 투자해 중국 의존도를 과거 90% 이상에서 현재 60% 수준으로 낮추었다. 하지만, 일본은 중희토류Dy, Tb 등 확보는 미흡하며 고순도 희토류 정제 기술과 대규모 정제 인프라에서는 중국에 크게 뒤처져 있다. 고순도 희토류 원료의 경제적 분리·정제 공정, 특히 다단계 용매 추출과 대량 폐기물 처리 능력은 일본 포함 다른 선진국이 단기간 내 확보하기 어려운 상황이다.

미국도 20세기 후반까지 세계 최대 생산국이었으나, 환경 규제와 산업 지원이 감소하면서 2002년 캘리포니아 마운틴패스 광산이 잠시 폐쇄됐고, 재가동 후에도 정제 시설이 부족해 원광을 중국에 보내 정제한 후 재수입하는 상황이 이어지고 있다. 최근 미국 정부는 희토류 공급망 자립을 위해 MP머티리얼즈 지분 확보 등 다양한 지원에 나서고 있지만, 30년 이상 중국에 뒤처진 기술력과 인프라 격차를 단기간에 해소하기엔 여전히 어려움이 크다.

희토류는 반도체, 전기차, 풍력발전, 스마트폰 등 현대 첨단산업에서 필수적인 '산업의 비타민'이라 불리지만, 공급망이 중국이라는 단일 국가에 집중됐다는 점은 글로벌 경제·안보의 중대한 리스크로 인식되고 있다. 주요 선진국들은 대체소재 개발, 재활용 확대, 광산 및 정제 인프라 투자 등 다각도의 전략으로 중국 의존도를 낮추려 노력하고 있지만 중국의 희토류 정제 기술과 산업 생태계 장악력은 단기간에 깨기 어려운 견고한 벽으로 남아 있다.

희토류는 전자제품이 작동할 때 필요한 자기, 빛, 전기의 기능을 모두 담당한다. 내부 전자 구조가 특이해 강한 영구자석을 만들며, 네오디뮴 자석은 현재 상용화된 자석 가운데 가장 강력한 영구자석으로 평가된다. 여기에 디스프로슘과 테르븀을 소량 첨가하면 고온에서도 자성을 잃지 않는다. 이 초자력 자석은 스마트폰 진동 모터, 전기차 구동 모터, 풍력 터빈, 하드디스크에 사용된다. 희토류 자석이 없으면 전기 모터의 크기는 두세 배로 커지고 효율은 절반 이하로 떨어진다.

희토류는 전자를 잃거나 얻을 때 특정 파장의 빛을 낸다. 유로퓸은 붉은빛, 테르븀은 초록빛, 세륨은 청색을 낸다. 이 빛이 조합되어 TV, 스마트폰, 노트북 화면의 색을 만들어내며, 디지털 디스플레이의 선명한

색감은 모두 희토류의 발광 덕분이다. 또한 희토류는 전자 이동을 정밀하게 제어할 수 있어 센서, 반도체, 촉매, 배터리 등 정밀 제어 부품에 필수적이다.

17개 희토류 중 테르븀과 디스프로슘은 중희토류로 분류된다. 두 금속은 고온 안정성과 강한 자기력을 동시에 지녀 전기차 모터와 풍력 터빈 자석에 필수적이다. 전기차 한 대에는 약 100~200g의 디스프로슘이, 풍력 터빈 한 기에는 테르븀 수백 g이 들어간다. 그러나 1톤의 광석에서 불과 몇 g만 추출된다. 두 원소의 90% 이상이 중국에서 정제되고 있으며, 현재로선 대체 소재가 없다.

중국은 주기율표상 원소기호 17개로 구성된 희토류에는 포함되지 않지만 자국이 절대적인 비중을 차지하는 희귀 전략광물을 활용해 2023년부터 수출 통제를 본격화하며 제재 수단으로 사용하기 시작했다.

2023년 8월 1일, 중국 정부는 반도체, 전기차, 태양광 패널 소재인 갈륨, 게르마늄 관련 품목을 수출 허가 품목으로 전환했다. 이는 미국의 반도체 장비 수출 규제에 대한 첫 반격이었다. 중국은 전 세계 갈륨 생산의 약 90%, 게르마늄의 약 60%를 생산하며, 미국은 갈륨의 경우 100%, 게르마늄은 50% 이상을 중국으로부터의 수입에 의존한다.

같은 해 12월 1일에는 인조흑연·구상흑연·팽창흑연 등을 수출 통제 목록에 추가했다. 흑연은 전기차 배터리 음극재의 핵심 소재로, 2030년 수요가 2022년 대비 10.5배 증가할 것으로 예상되지만 세계 생산의 80%가 중국에 집중되어 있다.

희귀 전략광물에 의한 제재 이후 희토류를 이용한 제재는 2024년 10월 1일 4월 26일 국무원 통과 희토류 관리 규정을 내놓은 이후였다. 중국 국무원은 「희토류관리규정」에서 희토류를 국가 전략 자산으로 지정하고, 채굴·정련·수출 전 과정을 법률로 통제하기 시작했다. 무허가 채굴과 정련은 전면 금지되고, 국무원 지정 기업만 생산할 수 있으며, 환경 기준과 제품 추적 의무가 강화되었다. 이는 희토류를 행정 지침이 아닌 법적 무기 체계로 편입한 첫 사례였다.

2025년 4월 4일, 중국은 '공고 제18호'를 발표해 중희토류 수출 통제를 단행했다. 사마륨, 가돌리늄, 테르븀, 디스프로슘, 루테튬, 스칸듐, 이트륨 등 고성능 자석·군용 부품용 원소가 모두 대상이 되었다. 전기차 모터, 풍력 터빈, 미사일, 군용 항공기 등 전략산업 전반이 영향을 받았다. 일부 자석류는 2025년 6월 이후 제한적으로 재개되었으나, 군사 전용 가능 품목은 여전히 엄격히 통제되고 있다.

2025년 4월에 미국이 중국산 제품에 고율 관세를 추진하자 중국은 희토류와 자석 수출을 전면 허가제로 전환했다. 이는 사실상 보복 조치였다. 2025년 4월 2일, 트럼프는 중국에 34% 관세를 부과했고, 이에 중국은 4월 4일, 34% 보복관세로 맞대응을 했다. 그러자 미국은 관세를 145%까지 인상했으며, 중국도 125%로 대응했다. 또한 중국은 4월 4일 미국으로의 희토류 수출을 전면 중단했다. 4월 12일, 미국은 전자제품에 한해 145% 관세를 면제했고, 5월 12일에는 미국과 중국이 각각 145%와 125%인 관세를 30%, 15%로 인하하는 90일 간의 유예 합의문을 발표했다.

미국은 충돌을 완화하기 위해 일부 품목의 관세 인하나 유예를 병행했지만, 이 사건은 희토류 통제가 미국을 압박하는 효과적 수단임을 확인시킨 계기가 되었다.

2025년 10월 9일, 중국은 상무부 '제61호 공고'를 통해 희토류 채굴·정련·자석 가공기술까지 수출 통제 대상으로 확대한 새로운 조치2025년 12월 1일부터 발효를 발표했다. 이로써 희토류는 물질뿐 아니라 기술까지 통제되는 이중 구조가 되었다. 특히 중국산 희토류가 포함된 해외 완제품자석, 반도체, AI 장비 등 중 특정 용도에 해당되면 수출 허가를 받아야 한다는 조항이 추가되어 사실상 글로벌 공급망 전체를 중국이 쥐겠다는 의도를 나타내고 있다.

이 조치는 단순한 자원 통제가 아니라 '중국판 FDPR'해외직접생산품규칙로 불릴 만큼 포괄적이다. 즉 특정 용도에 대한 제품이나 기술에 중국산 희토류가 0.1%라도 포함되어 있으면 중국 정부의 수출 허가를 받아야 한다는 원칙이다. 최종 용도가 14nm 이하 로직 칩 또는 256단 이상 메모리 칩의 연구개발·생산, 해당 반도체 공정용 제조·시험 장비 및 소재의 제조, 군사적 잠재성을 가진 AI 기술의 연구개발 등에 해당하면 사안별 심사를 거쳐 허가 여부가 결정된다. 이는 미국이 반도체 제재에서 "미국 기술이나 소프트웨어를 사용하여 생산된 제품은 제재 대상"이라고 규정한 것과 유사한 구조로, 중국이 기술·자원 통제에서 역 FDPR을 적용하기 시작한 것이다.

한국이 중국산 희토류나 기술이 들어간 제품을 제3국에 수출할 때도 중국의 허가를 받아야 한다. 예를 들어 중국산 희토류네오디뮴, 디스프로슘 등로 만든 자석 부품이 포함된 반도체를 제3국에 수출할 때 중국 상무부가 발표한 수출통제 요건에 해당할 수 있다. 이 제품을 미국이나 유럽에 수출하려면 중국산 희토류가 0.1% 이상 포함되어 있다는 이유로 중국 상무부의 수출 허가가 필요하다.

이에 맞서 2025년 10월 10일, 트럼프 대통령은 "중국이 희토류와 핵심 소재를 무기로 삼아 세계를 인질로 잡고 있다"고 비판하면서 "11월 1일부터 중국산 수입품에 기존의 관세에 더하여 100% 추가 관세를 부과하겠다"고 발표했다.

2025년 10월 중국의 조치는 단순히 희토류의 수출입 관리 강화에 그치지 않고, 글로벌 공급망의 주도권을 둘러싼 전략적 전환점이라는 점에서 중요하다. 그동안 미국은 FDPR을 통해 자국의 기술이 일부라도 포함된 제품의 대중 수출을 통제함으로써 기술패권을 유지해 왔다. 반면 이번 중국의 '역逆 FDPR' 조치는 미국의 규제를 거울처럼 반사한 대응으로, 자원·기술·산업 통제의 주체가 서방에서 중국으로 옮겨가고 있음을 보여주는 사건이다.

특히 희토류는 반도체, 전기차, 인공지능, 국방산업 등 전략 핵심 분야의 필수 소재로, 중국의 통제 강화는 단순한 경제적 조치가 아닌 '지정학적 무기화'로 작용한다. 서방의 공급망 안정성을 위협하고, 한국을 포함한 중간 기술국들에게 '기술과 자원 사이의 선택'을 강요하는 구조를 만든다.

2025년 10월, 경주 APEC 정상회의를 계기로 부산에서 열린 미·중 정상회담10월 30일에서 중국은 2025년 10월 9일 발표한 희토류 전면 수출통제 조치를 중단하기로 하고, 미국은 대중 관세 추가 인상을 2026년 11월 10일까지 유예하기로 했다. 그러나 이는 '휴전적 봉합'에 불과하며, 희토류는 여전히 미·중 전략경쟁에서 중요한 무기가 될 것이다.

미국의 제재에 대응하는 다른 수단들

중국 정부는 자국산 조달을 독려하고 있다. 2023년 5월 21일, 마이크론 칩에 중대한 보안 위험이 있다는 명목으로 중요 정보 기반 시설 운영자의 마이크론 제품 조달을 제한한 것이 대표적이다.

이는 미국 반도체 기업을 대상으로 한 제재의 첫 사례로 미·중 반도체 경쟁의 새로운 국면을 예고한다. 다만 2022년 매출의 약 11%를 중국시장에서 올린 마이크론은 주요 제품이 스마트폰과 컴퓨터용 메모리 중심이어서 타격이 크지 않을 것으로 예상되었다.

중국 정부는 2024년 12월 중앙데이터센터용 CPU 조달에서 인텔과 AMD를 사실상 제외했다. 중국 정보보안평가센터의 승인 목록에는 화웨이의 쿤펑Kunpeng, 파이티움Phytium의 페이텡Feiteng 외에도 룽손Loongson, 선웨이Sunway, 하이광Hygon, 자오신Zhaoxin 등 다수의 국산 칩만 포함되었다. 2024년 이후 이러한 '국산 우선' 조달 정책은 더욱 강화되어, 중앙·지방 정부 조달에서 국산 CPU와 운영 체제 우대를 제도화했다.

이 밖에 2023년 9월 6일, 월스트리트저널WSJ은 중국에서 '중앙정부 공무원과 국유 기업 직원들의 외국 브랜드 기기 사용 및 정부 시설 내 반입을 제한했다'고 보도했다. 그러나 9월 13일, 외교부는 "공식적인 금지 조치는 없다"고 부인했다. 공식 금지령은 아니었으나 이는 중국 정부가 필요할 경우 언제든 취할 수 있는 조치의 하나로 평가된다.

중국은 이 외에도 우회적인 기술 습득을 미국의 제재 극복 수단으로 사용하고 있다. 미국의 첨단 반도체 및 AI 기술 제재를 우회해 제3국 데이터센터와 역외 클라우드를 활용하거나 고성능 GPU 연산을 원격으로 사용하는 방식도 활용한다. 동시에 대만에서의 고액 연봉 스카우트나 위장 법인을 통한 인력·기술 유치, 중국 팹Fab에 외국산과 자국산 장비를 병치 운용해 국산 장비 설계를 개선하는 사례도 보고되었다.

중국은 외교적 수사Rhetoric도 병행한다. 2023년 5월, 중국 외교부는 홈페이지에 미국을 비판하는 글을 게재하며, "미국이 다른 국가의 강압적 외교를 비난하면서도 실제로는 강압 외교의 선구자 역할을 하고 있다"고 주장했다. 특히 과학기술과 반도체 분야에서 미국의 강압적 행보를 지적하면서, "2022년 제정된 반도체법에 의해 보조금을 받은 기업의 중국 내 신규 투자를 제한하고, 미국 주도로 결성된 반도체 동맹 'CHIP 4'를 통해 중국을 고립시키려 한다"며 이를 '냉전 사고 방식'이라고 비판하고 단호히 반대한다는 입장을 밝혔다. 아울러 "화웨이 등 첨단 기업에 대한 부당한 제재가 중국 기업의 글로벌 진출과 기술 발전을 저해한다"고 반발했다.

결론적으로 중국은 자체 기술개발 가속화, 전략자원 통제, 정부 조달 정책, 우회적인 기술 습득, 외교전을 결합하여 미국 제재의 실효성을 약화시키려 노력하고 있다.

# 얻어도 잃어도 딜레마

리스크 고조로 전전긍긍하는 기업들
매출 감소와 보완과 타격

리스크 고조로 전전긍긍하는 기업들

지정학적 리스크는 기업 경영 전반에 깊이 영향을 미친다. 2019년 언스트앤영Ernst & Young의 조사에 따르면, 다국적 기업의 고위 경영진 절반 이상이 불과 2년 전보다 지정학적 리스크가 높아졌다고 응답했다. 특히 대기업 임원의 경우 72%가 그렇게 인식하고 있었다.

이러한 결과는 해외시장 노출도와 복잡한 공급망 때문이었다. 특히 아시아·태평양 지역의 기업들은 미주와 유럽 기업보다 지정학적 리스크를 더 크게 체감하고 있었다. 첨단 제조업과 모빌리티 분야에서 그 체감도는 더욱 높았다. 아시아·태평양 지역 경영진이 꼽은 주요 리스크는 미·중 관계, 중국의 부상 등이었다.

글로벌 자산운용사 블랙록BlackRock의 연구기관인 BIIBlackRock Investment Institute는 10대 지정학적 리스크로 '미·중 전략경쟁, 미·중 기술경쟁, 러시아-나토 갈등, 중동 전쟁, 대규모 테러, 사이버 공격, 신흥국 정치 위기, 기후 정책 교착, 북한 문제, 유럽 분열'을 제시한 바 있다. 현재 미·중 전략경쟁과 기술 디커플링은 가장 큰 지정학적 리스크 중 하나인 셈이다. 반도체와 AI 같은 첨단기술은 이제 현대 지정학 리스크의 중심에 서 있다.

특히 반도체는 지정학적 갈등의 핵심 전쟁터로 떠올랐다. 이제 산업의 영역을 넘어 국가안보와 국제관계의 중심 요소로 자리 잡았다고 볼 수 있다.

미·중의 산업 정책과 상호 제재는 반도체 생태계를 빠르게 재편하는 요인이다. 비록 완전한 공급망 디커플링까지는 가지 않더라도 반도체 기업들에게 상당한 불확실성과 불안정성을 안겨주고 있다.

미국과 중국이 벌이는 기술패권 경쟁, 그리고 미국의 자국 내 반도체 생태계 구축, 중국의 반도체 굴기는 세계 각국 반도체 기업들의 전략과 생존에 직접적인 영향을 미치고 있다. 이는 단순한 사업 환경의 변화가 아니라 기업의 생존과 지속가능성을 좌우할 수 있는 리스크다. 따라서 기업들은 심화되는 미·중 패권경쟁의 본질을 정확히 읽고 대응 전략을 강구해야 한다.

지정학적 리스크는 지리적 조건과 국제관계의 상호작용에서 비롯된다. 즉 글로벌 공급망, 첨단기술 경쟁, 경제적 의존성, 사회적 가치관 충돌 같은 다차원적 요인들이 뒤섞여 나타난다.

오늘날 지정학적 리스크에는 몇 가지 특징이 있다. 첫째, 세계화가 심화되며 국가 간 상호의존성이 더욱 깊어졌다. 둘째, AI와 반도체 같은 첨단기술 경쟁이 지정학의 핵심 변수가 되었다. 셋째, 주요 행위자로서 민간 기업의 영향력이 과거보다 훨씬 커졌다.

이러한 특성은 공급망 장애, 무역 갈등, 기술 및 시장 접근 제한 등 다양한 문제로 이어진다. 특히 반도체는 국가 간 상호의존성이 극도로 높은 산업이어서 지정학적 환경 변화에 가장 민감하게 반응한다.

반도체 공급망은 설계에서 시작해 제조와 패키징을 거쳐 최종 소비자 제품에 탑재되기까지 여러 나라를 오가는 긴 여정을 따른다. 한 제품이 완성되기까지 최소 네 개 이상의 국가가 참여하며, 전체 과정은 약 100일이 소요된다. 이 과정에서 국경을 넘는 횟수는 평균 70회 이상, 총 이동 거리는 2만 5,000마일에 달한다. 물류 이동에만 12일 정도 걸린다. 이렇게 국제적으로 분산된 생산 구조는 비용 절감과 기술 접근성, 시장과의 근접성을 가능하게 하지만 동시에 불안정성에 크게 노출된 구조이기도 하다.

반도체는 제품 자체가 작고 가벼워 물류상 이점이 크다. 그러나 운송 경로가 한번 차단되면 공급망 전체에 심각한 충격을 줄 수 있다. 항공·해상·육상을 넘나드는 협업 구조는 산업의 복잡성을 더욱 드러내며, 반도체를 오늘날 지정학적 리스크에 가장 취약한 품목 가운데 하나로 만들었다.

즉 미·중 간 반도체 경쟁은 기업별로 각기 다른 기회와 리스크가 될 수 있다. 지정학적 위치와 산업 내 역할에 따라 어떤 기업은 심각한 리스크일 수 있지만, 오히려 기회가 될 수도 있다. 미·중 경쟁이 미국과 동맹국 기업들에게 기존의 공급망 주도권을 강화하고 시장 지위를 공고

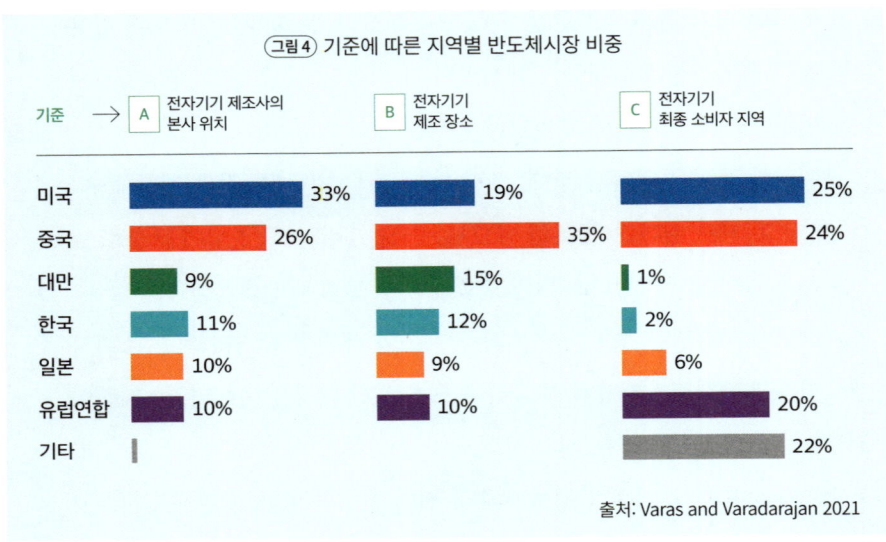

히 할 기회를 제공하지만, 동시에 공급망 재편과 비용 상승을 초래해 경쟁력이 약화될 수도 있다.

화웨이 사례를 예로 들면, 미국의 수출 통제로 한국 반도체 기업들은 화웨이향 납품이 중단되었다. 또한 중국의 반도체 국산화가 가속화될 경우 다른 중국 고객들의 이탈 가능성도 배제할 수 없다.

그러나 동일한 상황이 전략적 기회가 될 수도 있다. 반도체 생산 수요지는 중국이 최대이지만 반도체 고객의 중심은 여전히 미국이다. 그림4 참조.

설령 중국의 반도체 굴기가 성공한다 하더라도 미국의 기술 규제로 중국 기업들의 글로벌 진출은 제한될 것이다. 그리고 미국이 동맹국에게 시장 접근성을 확대한다면 한국 기업은 중국 내수시장의 일부를 상실하더라도 규모와 수익성에서 우위에 있는 서구시장에서 지위를 공고히 할 수 있다.

결국 지정학적 환경변화는 절대적 리스크나 기회를 의미하지 않는다. 각 기업의 전략적 대응이 최종 결과를 결정하는 핵심요소일 수 있다.

매출 감소와 보완과 타격

반도체 기업들의 경영 실적에 미·중 패권경쟁의 영향이 나타나고 있다. 각 기업들의 '연차 보고서'Annual Report에 기반해 2017년부터 2024년까지 삼성·TSMC·SMIC·인텔의 미국또는 북미, 미주 및 중국시장 매출 비중을 정리해보면, 지정학적 리스크가 이들의 미·중 매출 구조에 영향을 미치고 있는 것을 볼 수 있다. 기업별 연차 보고서에서 미국, 북미, 미주 등 기업별 기준이 달라 직접 비교는 힘들지만, 북미미국 비중이 가장 크다는 점을 감안하면 큰 흐름은 대체로 유사하게 읽힌다 표6 참조.

표6의 반도체 기업들 매출 추이로 볼 때 각 기업마다 다른 길을 걷고 있음이 파악된다. 삼성전자는 중국 매출 감소분을 미주와 기타 글로벌시장의 성장으로 메우고 있고, TSMC 역시 중국시장 비중 축소를 미국 매출 확대를 통해 상쇄하고 있다. SMIC는 미국 제재에 맞서 철저히 자국 내수 중심으로 생존 전략을 짜고 있으며, 인텔은 중국시장을 유지하면서 미국시장에서 돌파구를 찾으려는 노력을 이어가고 있다.

여기서 얻을 수 있는 시사점은 다음 세 가지다.

첫째, 미국의 대중 제재는 각 반도체 기업의 매출 구조를 직접적으로 흔들어 놓았다. 2019년 이후 본격화된 미국의 제재는 삼성전자·TSMC·SMIC·인텔 모두에게 영향을 미쳤다. 삼성전자의 중국 매

표6 주요 반도체 기업 미·중 매출 비중 변동 추이

(단위: 억 달러, ( )은 %)

구분		2017	2018	2019	2020	2021	2022	2023	2024
삼성전자	중국	339 (16)	392.7 (18)	326.4 (17)	320.3 (16)	398.3 (16)	275.9 (12)	216.5 (11)	322.3 (15)
	미주	716.3 (34)	742.5 (34)	633.7 (32)	663.3 (33)	855.7 (35)	921.4 (40)	705.5 (36)	871.8 (39)
	기타	1,062.8 (50)	1,080.5 (49)	1,016.8 (51)	1,022.4 (51)	1,189.8 (49)	1,143.4 (49)	1,060.7 (54)	1,013.3 (46)
	계	2,118.1	2,215.7	1,976.9	2,006.1	2,443.9	2,340.7	1,982.6	2,207.3
TSMC	중국	36.3 (11)	57 (17)	71.4 (20)	83.4 (18)	57.4 (10)	81.1 (11)	84.4 (12)	99.1 (11)
	북미	210.9 (64)	206 (61)	214.1 (60)	290.8 (61)	372.8 (65)	501.2 (68)	478.1 (68)	630.6 (70)
	기타	82.4 (25)	72.5 (22)	71.4 (20)	102.5 (22)	143.4 (25)	154.8 (21)	140.6 (20)	171.2 (19)
	계	329.6	335.5	356.8	476.7	573.6	737.1	703.1	900.9
SMIC	중국	14.6 (47)	19.8 (59)	18.7 (60)	24.8 (64)	38.1 (70)	54 (74)	50.6 (80)	68 (85)
	미주	12.4 (40)	10.8 (32)	8.1 (26)	9.1 (23)	12 (22)	15.1 (21)	10.4 (16)	10 (12)
	기타	4.0 (13)	3.0 (9)	4.4 (14)	5.2 (13)	4.4 (8)	3.6 (5)	2.2 (4)	2.4 (3)
	계	31.0	33.6	31.2	39.1	54.4	72.7	63.2	80.3
인텔	중국	148 (24)	188.2 (27)	200.3 (28)	202.6 (26)	229.6 (29)	171.3 (27)	148.5 (27)	155.3 (29)
	미국	125.4 (20)	143 (20)	156.2 (22)	165.7 (21)	143.2 (18)	165.3 (26)	139.6 (26)	129.9 (25)
	기타	354.2 (56)	377.2 (53)	363.2 (51)	410.3 (53)	417.4 (53)	294.0 (47)	254.2 (47)	245.8 (46)
	계	627.6	708.5	719.7	778.7	790.2	630.5	542.3	531.0

출처: 기업 연차 보고서 참조, 저자 정리.
삼성전자는 전체(부품 + 완제품) 매출 기준
연차 보고서 지역별 매출 구분-(삼성: America, TSMC: North America, SMIC: America, 인텔: United States)

출 비중은 2020년 16%에서 2024년 15%로, TSMC는 같은 기간 14%에서 11%로 줄었다. 반대로 SMIC는 내수 의존도를 2020년 70%에서 2024년 85%로 끌어올리며 자국 시장에 집중하는 모습을 보였다. 인텔은 중국 매출 비중의 변화는 크지 않았지만, 미국 비중은 21%에서 24%로 높아졌다.

미국의 대중 제재가 글로벌 반도체 공급망의 지리적 매출 구조와 시장 의존도를 재편시켰음을 보여준다.

둘째, 같은 환경 속에서도 기업별 성적표는 크게 엇갈렸다. TSMC는 미국의 제재에 직격탄을 맞은 기업임에도 불구하고 2017년 335억 달러에서 2024년 900억 9000만 달러로 급격한 성장을 이어나가고 있다. 반대로 인텔은 미국의 '자국우선정책'에도 불구하고 2017년 627억 달러에서 2024년 531억 달러로 급락하며 위기 국면에 놓였다. 삼성전자 역시 2017년 2118억 달러에서 2024년 2207억 3000만 달러로 정체 수준의 보합세를 유지했다.

매출의 변화는 미·중 기술 경쟁이라는 동일한 외부 환경에서 각 기업의 전략적 대응, 제품 경쟁력, 시장 포지셔닝에 따라 상반된 결과를 초래했음을 보여준다. 미국의 제재와 국산화·리쇼어링의 거센 흐름 속에서도 TSMC는 첨단 공정기술과 엔비디아·애플 등 초대형 고객을 중심으로 성장세를 이어갔다. 반면 인텔은 공정 전환 지연과 제품 경쟁력 약화로 정책 수혜가 매출 개선으로 이어지지 못해 구조적 위기에 직면했다. 삼성전자는 고대역폭 메모리 대응 지연과 메모리 가격 하락으로 정체 국면에 머물렀다.

셋째, 미국의 강력한 견제 속에서도 SMIC는 오히려 성장세를 이어갔다. 미국의 엔티티 리스트 등재2020년와 중국 내 반도체 장비 반입 제한 2022이라는 이중 악재에도 불구하고, 전체 매출은 2017년 31억 달러에서 2024년 80억 3000만 달러로 두 배 이상 늘어났다. 미주 지역 매출 비중은 40%에서 12%로 급감했지만, 중국 내수는 거의 5배 성장했다. SMIC의 성장세는 단순한 내수 확대의 결과가 아니라, 중국 정부의 전방위적 지원과 기술 자립의 가시적 성과로 평가된다. SMIC는 미국의 제재 이후에도 국산 장비·소재를 적극 도입하며 공정 국산화율을 지속적으로 제고했고, 7㎚급 공정에서 상용화 성과를 일부 확보하였다. 또한 화웨이 등 자국 IT 대기업의 전략적 발주가 매출을 뒷받침해 준 것으로 보인다. 미국의 제재가 오히려 중국 반도체산업의 성장과 기술 자립을 강화시키는 결과를 낳고 있다.

결국 미국의 제재는 각 기업의 매출 구조에 분명한 흔적을 남겼으나, 기업의 위치와 경쟁력에 따라 성적은 달랐다.

다른 한 측면에서는 미국의 대중 제재가 미국 기업에도 구조적 타격을 주고 있음이 드러난다. 전략국제문제연구소CSIS에 따르면, 2022년 중국은 전 세계 반도체 구매의 31.4%를 차지했고, 미국 기업들은 이 시장에서 53.4%의 점유율을 확보하고 있었다. 이는 미국 기업 매출의 상당 부분이 구조적으로 중국에 얽혀 있음을 의미한다.

이 같은 의존도는 2022년 10월 7일, 미국 정부의 전면적 수출 통제 이후 즉각적인 충격으로 나타났다. 뉴욕 연방준비은행과 CSIS 공동 연구는, 중국 제재 대상 기업과 거래하던 미국 공급업체들이 새로운 거래처 확보에 실패하거나 지연을 겪으면서 매출, 수익성, 고용 지표가 통계적으로 유의미하게 하락했다고 분석한다. 실제 수출 통계에서도 같은 흐름이 확인된다. 미국의 대중 반도체 수출액은 2022년 1~8월 64억 달러에서 2023년 같은 기간 31억 달러로 절반 가까이 줄었으며, 미국 반도체 제조장비 SME 기업들의 대중 수출도 2023년에 전년 대비 약 18% 감소한 것으로 집계되었다.

기업별 손실 규모도 구체적으로 드러났다. 램리서치 Lam Research는 중국 수출 제한으로 인해 20~25억 달러 매출 손실을 경고했고, KLA는 6~9억 달러 손실을 추정했다. GPU 설계 기업인 엔비디아는 2025 회계 연도 1분기 실적에서 중국향 H20 제품 규제로 인해 4억 5000만 달러 충당금을 계상했으며, 이 가운데 2억 5000만 달러가 실제 매출 손실로 잡혔다. 엔비디아 CEO 젠슨 황은 수출 통제 조치가 "미국 기업에 수십억 달러 규모의 매출 손실을 야기했다"는 공개 발언을 한 바 있다. AMD 역시 AI용 반도체의 중국 판매 제한으로 약 15억 달러 매출 차질을 예상했다.

중국 매출 비중이 높을수록 규제의 파급이 커져 수출 급감이 곧바로 실적 악화와 손실로 이어지는 '연쇄 충격'이 나타난다. 더 큰 문제는 이러한 손실이 단기적 충격에 그치지 않고, 장기적 경쟁력 약화로 이어질 수 있다는 점이다. 반도체 기업들의 R&D 투자 비중은 평균 매출의 15~20% 수준인데, 매출 축소는 곧 R&D 재원 축소로 연결된다. 이는 다시 기술 경쟁력 저하와 글로벌 시장 점유율 하락을 불러오고, 추가 매출 감소를 일으키는 악순환을 촉발할 수 있다. 학계에서는 이를 '죽음의 나선' Death Spiral이라 부르며, 미국의 수출 통제가 단순히 중국을 압박하는 수단이 아니라 자국 기업의 성장을 위협할 수 있음을 경고한다.

그럼에도 불구하고 일본과 네덜란드, 한국 등 동맹국들의 참여는 부분적이어서 미국의 수출 통제가 완전한 차단망을 형성하지 못했다는 평가가 나온다. 이 때문에 일각에서는 제재를 '반쪽짜리 댐'A half-built dam이나 '동맹망의 틈새'Holes in the fence, Allies' holes에 비유하며, 그 실효성에 의문을 제기한다.

# '낀' 국가, '낀' 기업의 형편

중국의 반도체 자립은 한국의 마지막 보루마저 무너뜨리려 한다!
미·중 반도체 경쟁은 어떻게 전개될 것인가?
미국의 제재 강화와 중국의 보복성 조치 앞에 놓인 한국
리스크는 관리하고 기회는 잡아라

중국의 반도체 자립은 한국의 마지막 보루마저 무너뜨리려 한다!

미국의 대중국 반도체 수출 통제는 중국의 AI 기술 발전을 늦추려는 조치다. 그러나 이 통제는 동시에 중국의 기술 자립 의지를 자극하고 국산화 속도를 더욱 끌어올리는 계기가 되고 있다. 강화된 중국의 국산화 정책은 자국 기업이 내수시장에서 독점적 지위를 확대하는 한편, 글로벌 기업들에게는 중국 시장 접근이 제한되고 경쟁력이 약화되는 부정적 결과를 초래할 수 있다.

미·중 패권경쟁은 한국의 반도체산업에 직접적인 영향을 미친다. 한국의 반도체산업은 2000년부터 수출액 1위를 차지하며 주력산업으로 자리 잡았고, 2024년에는 수출액

이 1419억 달러약 208조 원로 전체 수출의 20%에 달했다. 이는 자동차·석유 제품·선박·무선통신기기 수출액을 합친 것보다 큰 규모다. 따라서 한국에게 가장 위협적인 요소인 중국의 반도체 자립화에 주목해야 할 필요가 있다.

중국의 반도체 기업들은 빠른 속도로 기술 격차를 좁혀가고 있다. 문제는 중국이 압도적인 생산 능력을 기반으로 물량 공세를 펼칠 경우 한국 메모리의 절대적 우위가 흔들릴 수 있다는 점이다.

중국의 반도체 굴기는 결국 시간문제라는 의견이 많다. 2024년 기준 중국의 반도체 생산 능력은 월 약 880만 장WPM, 12인치 웨이퍼 기준으로, 전 세계 총생산 능력의 약 29%를 차지한다. 이는 세계 생산 능력의 1/3에 가까운 수준이며, 2023년 대비 약 13% 증가한 수치다. 2024년 한국의 전체 반도체 생산 능력은 510만 장전년 대비 +5.4%, 대만은 570만 장전년 대비 +4.2%을 기록했다. 2024년 글로벌 생산 능력 증가분 180만 장 가운데 중국이 100만 장을 흡수해 전체 증가분의 55%를 차지했으며, 신규 팹도 중국이 18개로 대만5개, 한국1개, 일본4개을 크게 앞섰다. 공급 능력 확대에서 중국의 기세는 단연 두드러진다.

낸드 플래시 시장에서도 이러한 추세가 확인된다. 글로벌 낸드 생산 능력은 월 600~650만 장 수준으로 삼성전자, SK하이닉스, 키옥시아·웨스턴디지털, 마이크론이 과점하고 있다. 낸드 플래시 글로벌 시장은 연평균 5~6% 성장해 2030년에는 월 800~900만 장, 2035년에는 1000~1200만 장으로 확대될 전망이다. YMTC는 2026년 월 30~40만 장, 2030년 60만 장, 2035년 100만 장 규모를 목표로 한다. 이를 실현할 경우 점유율은 2030년 6~7%, 2035년 8~10% 수준까지 올라갈 수 있다.

DRAM 분야도 마찬가지다. 글로벌 DRAM 월 생산 능력은 약 450만 장으로 삼성전자·SK하이닉스·마이크론이 3강 체제를 형성하고 있다. 그러나 중국 CXMT는 2020년 월 4만 장에서 출발해 2024년 말 약 20만 장으로 늘렸고, 2025년 말에는 24~28만 장, 장기적으로는 30만 장 이상까지 확대될 전망이다.

파이낸셜타임스가 인용한 Qianzhan Research는 2024년 말 기준 CXMT의 점유율을 약 5%로 평가했다. CXMT가 밝힌 2026년 30만 장, 2030년 35~45만 장, 2035년 50~65만 장 계획이 실현된다면 2030년에는 6~12%, 2035년에는 8~15% 정도를 점유하게 된다. 다만, DDR5·HBM 전환 속도, 수율, 미국 제재 강도, 중국 정부의 투자 지원에 따라 실제 결과는 달라질 수 있다.

반도체 장비 구매에서도 중국은 압도적이다. SEMI에 따르면, 2024년 글로벌 반도체 장비 매출 1170억 달러 중 중국이 496억 달러를 차지해 전체의 42.2%에 이르렀다. 이는 전년 366억 달러 대비 35% 늘어난 수치로, 같은 기간 한국3% 증가이나 미국14% 증가과 비교해 압도적인 성장세다. 사실상 2024년 글로벌 장비시장 확대를 중국이 주도하고 있는 셈이다.

욜그룹Yole Group은 2030년까지 중국 본토의 반도체 생산 능력이 글로벌의 약 30%에 도달해 대만을 추월하고, 단일 지역으로서는 세계 최대 규모가 될 것으로 전망한다. 만약 중국이 내수시장을 기반으로 규모의 경제를 완성하고 해외 공세까지 본격화한다면 글로벌 반도체 업계의 이익률은 급락할 수 있다. 이는 선두기업들의 R&D 투자 축소와 혁신 둔화로 이어지며, 장기적인 경쟁력을 약화시킬 가능성이 크다.

그림5는 중국 기업들이 다른 산업에서 자국 내 수요를 훨씬 초과하는 생산 능력을 구축하고, 그 과잉생산분을 해외로 쏟아내면서 글로벌 산업 전체의 수익성을 급격히 무너뜨린 현상을 보여준다.

그림5의 지표를 살펴보자. 태양광 모듈의 1.6배는 중국의 글로벌 공급량이 중국 내 수요의 1.6배라는 뜻이다. 즉, 자국에서 필요한 양보다 약 60%를 더 생산해 수출하고 있다는 의미다. 그 결과 글로벌 태양광 산업의 평균 영업이익률이 83%나 급락했다. 통신장비는 더욱 극단적이다. 중국 생산량이 자국 수요의 2.4배에 달하고, 글로벌 업체들의 수익성은 91%나 폭락했다. 평판 디스플레이 76% 하락, LED 73% 하락도 같은 패턴이다.

이는 1930년대 대공황 시기 영국 경제학자 존 메이너드 케인스 John Maynard Keynes의 제자인 조앤 로빈슨 Joan Robinson이 제시한 근린궁핍화 정책 Beggar-thy-neighbor policy의 현대판이다. 근린궁핍화 정책이란 자국의 이익을 위해 이웃 나라를 희생시키는 경제 정책을 의미한다. 당시 각국이 환율 절하, 고관세, 수입 쿼터 등을 남용하면서 세계 경제의 악순환을 만들어냈다고 로빈슨은 비판했다.

중국의 일부 산업정책도 이와 유사하다. 막대한 정부 보조금과 금융 지원으로 생산 능력을 과잉 확대한 뒤, 저가 수출로 세계시장 점유율을 높이는 방식이다. 그 결과 경쟁국 업계의 수익성이 급락하고 산업 기반이 무너지는 것이다.

이 그래프가 작성된 2018년 당시, 반도체산업만은 예외였다. 중국 생산량이 자국 수요의 0.1배 수준으로 여전히 해외 수입에 의존했고, 오

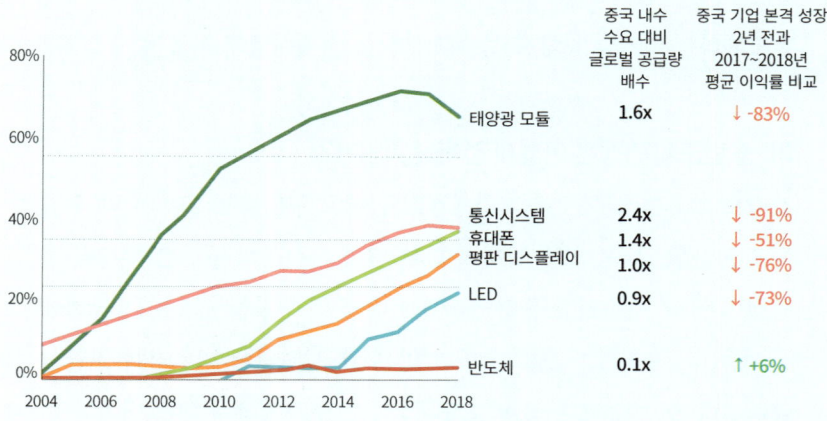

그림5 중국 기업 산업별 글로벌 시장 점유율에 따른 선도 기업의 이익 감소율

*1.6X는 중국 내수시장 대비 중국의 공급량이 1.6배라는 의미임. 그렇게 될 때 선두 주자의 이익은 -83% 까지 하락.

출처: Varas and Varadarajan, 2020

히려 글로벌 반도체 업계의 수익성은 6% 상승했다. 그러나 머지않아 반도체 산업도 역시 다른 산업과 유사한 길을 걷기 시작할 가능성이 높다. 중국은 성숙 공정레거시 반도체 중심으로 생산 능력을 빠르게 확대하며 가격 경쟁을 강화하고 있다. 미국의 제재에도 불구하고 중국의 막대한 반도체 장비 투자와 증설이 계속되고 있다.

특히 한국에게 이 위험은 가장 치명적이다. 반도체가 한국의 마지막 남은 기술 초격차 산업이자 핵심 전략산업이기 때문이다. 만약 중국의 글로벌 공급 과잉으로 수익률 급락을 겪었던 다른 사업과 동일한 패턴이 반도체에도 재현된다면 한국 경제와 안보 전반에 심대한 타격을 줄 수밖에 없다. 결국 한국 반도체가 향후 직면할 가장 큰 위험은 중국의 기술 추격과 더불어 물량 공세가 만들어낼 수익률 급락이다. 한국은 이제 반도체라는 마지막 보루를 사수해야 하는 절체절명의 기로에 서 있다.

미·중 반도체 경쟁은 어떻게 전개될 것인가?

트럼프 2기 행정부는 대중 강경정책을 예고하며 출범했다. 따라서 트럼프 2기에는 대중 압박 강화와 함께 미국 우선주의가 한층 부각될 가능성이 크다. 기존처럼 동맹국들에게 미국 내 투자를 유도하는 방식에서 벗어나, 직접적인 투자 압박과 많은 요구를 내세우는 정책 전환이 예상된다. 이 때문에 한국 반도체는 미·중 갈등 속에서 더욱 어려운 선택을 강요받는 상황이 될 수밖에 없다.

바이든 행정부 시대에 추진되었던 반도체 동맹 CHIP 4는 여전히 변수로 남아 있다. 한국 입장에서는, 참여하면 미국시장 진출에서 유리할 수 있더라도 중국 내 반도체 공급망 영향력이 축소되고 중국과의 갈등이 심화될 수 있다. 다만, 트럼프 2기에는 'CHIP 4' 같은 동맹 틀로 중국을 견제하기보다 '미국 우선' 기조 아래 양자협상과 직접 통제수출·투자 제한, 가드레일 강화 중심으로 갈 가능성이 크다.

미·중 기술패권 경쟁 전망은 기존 '게임이론' 연구를 통해서도 설명할 수 있다. 딘 레이시Dean Lacy와 에머슨 니우Emerson M. Niou는 「A Theory of Economic Sanctions and Issue Linkage」The Journal of Politics, 2004에서 제재의 성공 가능성이 '위협 단계'에서는 높지만, 일단 '실행'에 들어가면 성공 가능성이 낮아진다고 분석했다. 제재가 성공하려면 미국이 압박을 일관되게 유지하고, 중국이 효과적인 대응책을 찾지 못하거나 경제적 곤경으로 국내 불만이 폭발해야 한다. 그러나 현실적으로 그런 상황이 발생할 가능성은 크지 않다. 요컨대 미국의 대중 제재가 지속되더라도 중국은 제재를 피하는 우회 방법을 찾거나 기술 내재화를 추진하여 미·중 간의 줄다리기는 장기화될 가능성이 높다.

미·중 기술패권 경쟁의 전개 시나리오 분석은 향후 국면을 예측하는 데 도움이 된다. 보스턴컨설팅그룹BCG은 〈How Restrictions to Trade with China〉2020 보고서에서 세 가지 상황을 상정했다.

첫 번째는 '제재가 없는 경우'다. 이 경우 미국의 글로벌 점유율은 2018년 기준 48%에서 2025년 43~46%로 줄고, 미국 기업의 글로벌 반도체 매출도 2260억 달러에서 2050~2200억 달러로 39% 감소할 것으로 예상했다.

미국 기업의 매출이 39% 감소하는 예상은 중국은 장기적 산업 정책에 따라 반도체 국산화를 추진해 왔기 때문이다. 중국은 축적된 정부 주도의 투자와 기술 축적이 내수 중심의 산업 생태계를 형성하면서, 미국산 반도체에 대한 구조적 의존도가 완화된다. 제재 완화는 오히려 중국 기업들의 글로벌 시장 진입 장벽을 낮추어 화웨이·SMIC 등 현지 기업의 성장 속도를 가속화하고, 반면 미국 기업은 매출 감소로 이어지는 구조적 원인이 된다.

두 번째는 '현 제재가 지속되는 경우'다. 이 경우 미국 기업의 시장 점유율은 8%, 매출은 16% 줄어들 것으로 전망했다. 글로벌 기업들은 중국 부품 구매 리스크를 우려해 일부 공급망을 중국 밖으로 이전하고, 중국은 관세 인상과 수입 규제로 미국 기업 점유율을 낮출 것으로 예측했다. 대신 중국 기업들은 비 미국 공급업체로부터 부품을 조달하거나 자체 칩 개발을 가속화할 것이라고 보았다. 그 결과, 미국이 잃는 8%의 점유율은 중국 4%, 한국 2%, 일본 1%, 기타 1%가 나눠 가질 것으로 예측된다.

세 번째는 '완전한 디커플링'이다. 이 경우 미국의 시장 점유율은 18%로 급락하고, 매출은 37% 감소한다. R&D 투자 여력은 30~60% 줄고, 1만 5,000~4만 개의 일자리가 사라질 수 있다. 단기적으로 중국 업체들은 아시아·유럽의 기존 공급업체로부터 부품을 조달하고, 중장기적으로는 자급자족 체제를 구축할 것이다.

BCG의 다른 연구2021에 따르면, 반도체 디커플링이 진행되면 1조 달러의 추가 투자가 필요하다. 이때 반도체 가격이 35~65% 상승해 글로벌 소비자에게 큰 부담이 될 것으로 전망된다. BCG는 완전한 디커플링보다 공급망 탄력성resilience과 국가안보와의 균형을 도모하는 정책이 필요하다고 지적한다.

미·중의 경쟁과 관련해 카네기국제평화재단의 존 베이트먼은 2022년 '제한주의, 협력주의, 중도주의'라는 관점에서 분석했다. 첫째, '제한주의'는 미·중 간 기술관계를 철저히 제로섬으로 보고 협력을 극단적으로 축소해야 한다는 입장이다. 둘째, '협력주의'는 미·중 관계가 제로섬이 아니며, 상호 협력이 미국에도 이익이 된다는 시각이다. 셋째, '중도주의'는 두 요소가 혼재된 불확실한 관계로 보고, 방어할 분야는 철저히 막으면서 협력할 분야는 협력해야 한다는 접근이다. 베이트먼은 미국의 대중 전략이 흑백논리로 결정될 수 없으며, 안보와 경제 모두를 고려한 지속 가능한 균형 전략이 필요하다고 강조했다.

2023년 4월, 제이크 설리번 백악관 국가안보보좌관도 대중국 제재가

'맞춤형 디리스킹 전략'이며 전면적인 '기술 봉쇄'Technology Blockade와는 다르다고 밝혔다. 즉, '작은 마당에 높은 울타리'Small Yard and High Fence 전략에 집중한다는 의미다.

반면, 'China Tech Threat'중국 기술 위협을 분석하는 미국 싱크탱크는 제재가 더욱 전면적으로 확대되어야 한다고 주장한다. 예컨대, 첨단 반도체뿐만 아니라 레거시 칩28nm 이상까지 제재하지 않으면 중국이 보조금을 통해 글로벌 점유율을 빠르게 높여갈 것이라고 보기 때문이다.

중국의 위협 인식 정도는 다르지만 중국을 위협으로 인식하는 경향은 미국 정부와 주요 싱크탱크 전반에 공감대가 있는 만큼 미국은 대중 제재를 계속 강화할 가능성이 높다. 중국도 기술 자립과 첨단산업 육성을 통해 미국에 끝까지 맞설 것으로 보인다. 이런 이유로 미·중 기술패권 경쟁은 어중간한 타협보다는 치킨게임처럼 끝을 볼 때까지 계속 이어질 가능성이 크다.

미국의 제재 강화와 중국의 보복성 조치 앞에 놓인 한국

미국의 대중 제재는 중국 내 한국 반도체 공장 운영과 판매에 영향을 미치고 있다. 미국은 2022년 10월 7일, 18nm 이하 D램, 128단 이상의 낸드 플래시, 14nm 이하 파운드리용 장비의 중국 반입을 금지했다. 현재 삼성 시안 반도체 공장은 236단V8 낸드 플래시를 생산 중이며, SK하이닉스는 우시에서 1z10나노급, 3세대와 1y2세대 D램을 생산 중이어서 미국의 제재 대상에 포함된다.

당초 중국 기업들은 즉시 대상이 되었지만 한국 기업은 초기 1년간 반입 제한 유예를 받았고, 2023년 10월에는 '검증된 최종 소비자'Validated

End-Users, VEU 지정으로 반입 제한이 무기한 유예되었다.

VEU 지정은 삼성전자, SK하이닉스가 개별 라이선스 없이도 반도체 장비를 수출·재수출할 수 있는 권한을 부여해 시안 반도체, 우시 반도체 공장에 장비 반입을 가능하게 한다. 그러나 이 조치는 무기한 유예되었더라도 영구적이지 않았으며, 미국의 정책 변화에 따라 언제든 뒤집힐 수 있었다.

역시나 2025년 8월에 상황이 바뀌었다. 미국 상무부 산업안보국BIS이 VEU 제도를 120일의 전환 기간을 두고 전격 폐지한 것이다. 미국 정부는 "그동안 미국 기업은 이런 혜택을 받지 못했는데 외국계 공장만 특권을 누린 것은 불공평했다"고 설명하며, "앞으로는 모든 기업이 건별로 수출 허가를 받아야 한다"고 밝혔다. 이 조치의 시행으로 2025년 12월 31일부터 삼성전자와 SK하이닉스는 장비를 도입할 때 건별로 허가증을 받아야 한다.

삼성은 시안에서 생산된 낸드로 중국을 담당해 왔는데, 첨단 장비 반입이 제한되면 9세대 낸드 전환과 신규 M팹 프로젝트에 차질이 불가피하다.

SK하이닉스도 본 규제로 타격이 불가피하다. 장쑤성 우시에서 자사 DRAM 생산의 약 35%를 담당하고 있고, 2020년에 90억 달러를 들여 인수한 인텔의 다롄大連 낸드 공장은 낸드 생산의 중요한 한 축이다. 그러나 이 규제로 우시의 공정 업그레이드와 다롄 공장의 확장이 불확실해졌고, 중국에서 가공한 웨이퍼를 한국으로 보내 이어서 생산하던 이른바 'Send-Fab' 방식의 유연한 분업도 차질이 불가피해 보인다.

결국 삼성과 SK하이닉스가 중국에 투입한 600억 달러가 넘는 대규모 투자가 글로벌 공급망 불확실성 속에 놓이는 상황을 맞았다. 최악의 경우 양사 모두 미국의 수출 통제를 받지 않는 제품으로의 전환을 고려할 수밖에 없다.

또 다른 리스크는 미국의 반도체법에 따른 생산 제한이다. 반도체법에 의해 미국 내 반도체 공장에서 연방 보조금을 받을 경우에는 중국 내 반도체 공장의 생산 용량 증가는 5% 이내로 제한된다. 미국 「연방관보」에서는 보조금을 받은 기업이 '우려되는 외국'에서 반도체 제조 능력을 5% 이상 확장할 시 연방 지원금이 회수될 수 있다고 명기했다. 이 제한으로 삼성전자나 SK하이닉스 모두 중국 내 생산 전략을 조정해야 한다. 반도체법에 의해 보조금을 받는 기업은 삼성전자·SK하이닉스·TSMC·인텔·마이크론·BAE, 마이크로칩·글로벌파운드리·TI 등이다. 2024년 말 미국 정부와 예비각서를 체결한 보조금 지급 규모는 삼성전자 47억 4500만 달러, SK하이닉스 4억 5800만 달러, TSMC 66억 달러, 마이크론 62억 달러 수준이다.

TSMC는 트럼프 2기 들어서 1000억 달러를 추가 투자하기로 하였으나 보조금이 더 상향되었다는 발표는 없다. 인텔은 당초 78.65억 달러의 보조금을 받았으나 21.65억 달러는 보조금으로 받고 나머지는 미국 정부 지분으로 전환키로 한 상태다. (표7) 참조.

또한, 미국 정부의 민감한 경영 정보 제공 압력도 리스크 요인이다. 2021년 9월 24일, 팬데믹 당시 미국 상무부는 "반도체 부족을 해결할 수 있는 공급망 안정성을 확보하겠다"는 명분으로 반도체 생산 및 판매 정보를 2021년 11월 8일까지 제출토록 요청했다. 이는 공급망 문제를 해결하려는 조치였으나, 기업 입장에서는 민감한 내부 정보를 요구

표 7 기업별 반도체법 제조 보조금 현황

(단위: 억 달러)

발표일	기업명	보조금 규모	투자
2023. 12. 11	BAE	0.35(보조금)	N/A
2024. 01. 04	Microchip	1.62(보조금)	N/A
2024. 02. 19	GlobalFoundries	31(보조금 15, 대출 16)	125
2024. 03. 20	인텔	195(보조금 85, 대출 110) → 78.65(21.65 보조금 + 지분 전환)	1000
2024. 04. 08	TSMC	116(보조금 66, 대출 50) → 66	650
2024. 04. 15	삼성전자	64(보조금) → 47.45	370
2024. 04. 25	마이크론	136.4(보조금 61.4, 대출75) → 61.65	1250
2024. 08. 06	SK하이닉스	9.5(보조금 4.5, 대출 5) → 4.58	38.7
2024. 08. 16	TI	46(보조금 16, 대출 30)	180

출처: SIA 2024, 저자 재구성

받는 부담스러운 상황이었다. 미국 정부는 반도체 종류별 생산 및 설계 가능 여부, 최근 3년간의 판매 실적, 주요 고객사와 주문량, 리드타임, 재고 현황, 수주·출하 비율, 공급량 배분 방식, 장비 구매 관행, 생산라인 확장 계획 등 각 기업의 핵심 정보를 포함하도록 요구했다.

이 조치는 일회성 자율 조치로 마무리되었다. 그러나 미국이 공급망 안정성 차원에서 기업의 민감한 반도체 생산, 판매 정보를 추가로 요구할 가능성은 앞으로도 존재한다.

한편, 미국의 싱크탱크인 CSIS는 미국의 대중국 제재가 초래하는 공백을 다른 생산자가 메우는 '백필링' Backfilling 현상을 문제로 지적하면서 이를 막으려면 동맹국 협력이 필수적이라고 밝혔다. 실제로 미국이 중국에 일정 수준 이상의 반도체 장비 판매를 중단한 2022년 10월 제재에 일본과 네덜란드가 동참하면서 제재 효과가 크게 높아진 사례가 있다.

2024년 워싱턴에서 열린 한·미경제안보회의에서 미국 상무부 앨런 에스테베스Alan F. Estevez 산업안보 차관은 한국 기업이 중국 대신 미국과 동맹국에만 HBMHigh Bandwidth Memory 반도체를 공급할 것을 촉구하며 한국의 협력을 요구했다.

그에 앞서 2023년 5월, 중국 인터넷판공실CAC, Cyberspace Administration of China은 마이크론 제품이 네트워크 보안에 위험을 초래하고 국가안보에 부정적 영향을 끼친다는 이유로 구매 중단을 발표했다. 이 상황에서 백악관은 중국이 마이크론 반도체 판매를 금지할 경우 한국 기업이 중국시장의 공백을 메우지 않도록 촉구하는 반응을 내놓았다. 이는 한국 기업이 미국과 중국의 압박을 동시에 받고 있음을 보여준다.

중국은 미국의 반도체 제재에 대응해 마이크론을 타깃으로 제재를 가하고 있다. 중국 내 메모리 반도체 생산 능력이 확대되면 한국 기업 역시 마이크론과 유사한 제재를 받을 위험이 크다. 중국 매체들은 한국 반도체 기업들이 향후 제재의 잠재적 타깃이 될 수 있다고 경고하며 대응 조치 확장의 가능성을 시사하고 있다.

이 같은 중국의 강압적 행동에 EU는 2021년 12월, 대응 방안으로 '강압방지수단'Anti-Coercion Instrument, ACI을 발표했다. 이 제도는 EU 회원국들이 제3국의 강압적 경제 조치에 공동 대응할 수 있도록 보호하는 것을 목표로 한다.

미국의 제재 강화와 이에 대한 중국의 보복성 조치는 동맹국 기업의 시장 접근과 전략 선택에 중대한 제약을 가하며, 기술과 안보가 결합된 복합 경쟁 구도를 형성한다. 향후 대중 제재의 파급력은 경제·기술·외교 영역을 횡단하며, 국가 간 연합의 심화와 공급망 블록화로 이어질 가능성이 높다.

리스크는 관리하고 기회는 잡아라

미국은 중국 내 반도체 공장의 생산량 증가를 제한하고 최첨단 설비 반입을 금지하는 조치를 강화하고 있다. 이에 대응하는 중국은 아직 한국 기업에 대해서는 직접적인 압박은 하고 있지 않다.

중국은 외교적 사안이 발생할 때마다 경제적 수단을 활용해 해당 국가에 보복 조치를 취해 왔다. 2016년 한국의 사드THAAD 배치 시 중국은 관영 언론을 통해 한국 제품 불매 운동을 전개했다. 한류 콘텐츠 차단과 한국 단체 관광 금지, 중국 내 롯데 매장 폐쇄 조치도 이어졌다. 전기차용 배터리에서도 중국의 보조금을 받지 못해 중국 내 판매가 어려워졌다. 이는 중국의 전기차 산업 육성정책과도 관련이 있지만, 사드 배치와 무관하지 않았다.

중국의 경제적 보복은 다른 국가에게도 이루어졌다. 2010년 동중국해의 센카쿠 열도Senkaku, 중국명 댜오위다오 인근에서 일본 해상보안청이 중국 선장을 체포하자 희토류 수출을 금지했다. 같은 해 노르웨이가 노벨평화상 수상자로 반체제 인사 류샤오보刘晓波를 선정하자, 무역 협상 중단과 공무원 비자 제한을 단행했다. 2012년 필리핀이 불법 조업 중국 어선을 나포하자 바나나와 파인애플 수입 금지, 관광객 차단 조치가 뒤따랐다. 같은 해 몽골이 티베트 불교의 정신적 지도자인 달라이 라마를 초청하자 통상 협상 중단, 국경 통과 물품 운송료 부과, 통관 지연

등의 조치를 취했다.

미국이 대중 제재를 본격화하기 시작했을 때 중국 정부는 관련 기업을 불러 자국의 입장을 전달하며 미국의 조치에 동참하지 않도록 요청한 것으로 알려졌다.

2019년 6월, 트럼프 1기 당시 화웨이를 제재하기 시작했을 때 발개위发开委: 国家发展和改革委员会, NDRC는 '위에탄'约谈, 예약면담이라는 중국 특유의 방식으로 기업들을 불러 중국 입장을 전달하며 압박했다. 중국에서 위에탄은 정부나 규제 당국이 문제를 일으킨 기업 또는 간부를 불러 시정을 요구하는 중대한 절차다. 발개위는 공신부, 상무부를 배석시키고 한국 기업을 불러 위에탄이라는 명목하에 압력을 가했다.

주요 내용은 '미국의 화웨이 제재에 한국 기업이 동참하지 말라'는 요구였다. 미국의 대중 압박으로 마이크론이 이미 공급을 중단한 상황에서 만약 삼성과 SK하이닉스 등 한국 반도체 기업들까지 거래를 끊는다면 화웨이는 스마트폰을 비롯한 전자제품 생산이 사실상 불가능해진다.

발개위에 이어 중국 외교부도 삼성을 불러 입장을 설명했다. 중국 외교부 아주사亚洲司는 "현재 미국의 중국 압박은 수용할 수 없으며, 중국은 미국과의 문제는 협력으로 처리한다는 기본 입장에 변화가 없다"고 밝혔다. 두 부처가 따로 불러 유사한 메시지를 전달한 것은 중국공산당 차원의 입장 전달로 해석되었다.

당시 미국 매체 보도에 따르면, 중국 정부는 MS·델·삼성·ARM·SK하이닉스 등을 불러 발개위 주도로 회의를 열고 상무부와 공신부가 참석한 상태에서 "중국 기업에 대한 미국의 기술 판매 금지 조치에 협조할 경우 끔찍한 결과에 직면할 수 있다"고 경고했다고 한다. 중국의 요구는 "미국이 중국 기업을 글로벌 공급망에서 배제하려는 움직임은 공급망 자체를 교란시키며, 이를 따르는 기업은 영구적인 결과에 직면할 수 있다. 세계화가 진전되는 상황에서 미국이 보호주의적으로 특정 국가를 공격하는 것은 적절하지 않으며, 중국은 패권을 추구하는 미국의 압력에 결코 굴복하지 않을 것이다. 이러한 중국의 입장을 본국에 잘 전달해 달라"는 것이었다.

업계에 따르면, 중국은 이후에도 여러 차례 위에탄을 통해 미국 입장에 동조하지 말 것을 압박했다. 특히 미국의 중요한 제재 조치가 있었던 시기마다 위에탄은 반복적으로 이루어졌다. 예컨대, 2020년 8월 해외직접생산품규칙FDPR 적용으로 화웨이에 반도체 판매가 전면 금지되었을 때, 2021년 9월 미국 상무부가 반도체 기업에 고객·수주·생산량 등의 정보를 요청했을 때, 2022년 10월 중국 내 첨단 장비 및 AI 칩 판매 금지 등 중국 전역에 FDPR이 시행되었을 때이다.

이 밖에도 중국 반독점 당국은 2018년 5월 31일 예고 없이 삼성·SK하이닉스·마이크론을 상대로 반도체 가격 담합 조사를 개시했다. 당시 언론은 "3사가 시장 지배력을 남용했다고 판단되면 2016년 이후 반도체 판매액 기준 최대 80억 달러 과징금이 부과될 수 있다"고 보도했다. 표면적으로는 중국 기업 대상 담합에 의한 메모리 가격 인상과 물량 조정이 이유였지만, 그 배경에는 미국의 대중 견제 대응이 있었다고 보였다. 미국은 당시 푸젠진화福建晋华, JHICC에 반도체 장비 판매를 금지하고 ZTE를 제재하는 등 중국을 압박하고 있었다.

갑작스럽게 시행된 중국의 반독점 조사는 마이크론을 겨냥하면서 한국 기업까지 포함한 것으로 보였다. 2024년 말 현재 특별한 결론 없이 계류 중이다.

한편, 중국 리스크에는 중국과 대만 양안 갈등의 영향도 감안해야 한다. 중국 헌법 서문에는 '대만은 중화인민공화국의 신성한 영토의 일부이며, 조국 통일은 모든 중국 인민이 져야 할 신성한 책임'이라고 명시되어 있다.

대만해협은 북아시아와 세계를 연결하는 항로이며, 전 세계 컨테이너 물동량의 절반이 통과한다. 이곳이 봉쇄되면 글로벌 경제는 약 2조 7000억 달러 손실과 함께 세계 경제성장률 2.8% 하락을 겪을 것이라는 전망이 있다. 이는 2008년 금융위기의 두 배에 달하는 충격이다. 대만 경제는 40%, 중국은 7% 감소하고, 한국 등 중국 의존도가 높은 국가들의 GDP는 3~6% 줄어들 것으로 예상된다.

대만 지역은 세계 16위 규모의 무역권으로, 글로벌 반도체 생산의 약 20%, 로직 칩의 37%, 최첨단 칩의 92%를 담당하는 핵심 제조 거점이다. 2023년 2월, 차이잉원蔡英文 총통은 대만이 '민주주의 칩'Democracy Chip을 생산하는 역할을 하고 있다고 강조하며 동맹들과 협력 강화가 필요하다고 하였다. 만약 대만의 생산이 중단될 경우 회복에는 최소 3년의 시간과 약 3500억 달러의 투자가 필요하다.

중국이 대만을 장악하고 TSMC 통제권을 확보한다면 10㎚ 이하 최첨단 반도체 생산의 대부분을 차지하게 된다. 특히 최첨단 로직 칩이 중국의 독점 상태에 놓이면 각국은 중국에 기술 의존도를 높일 수밖에 없고, 중국의 경제·외교 협상력도 커지게 된다. 설령 중국이 대만 점령에 실패하더라도 군사적 갈등으로 TSMC 공장이 손상될 가능성이 있다. TSMC 창업자 모리스 창은 '무력 충돌이 발생하면 TSMC가 심대한 피

표 8) 반도체 기업별 리스크 비교 (단기→중기)

리스크 요소	삼성	TSMC	SMIC	인텔
중국 내 반도체 장비 반입	중간→높음	중간→높음	매우 높음	공장 미보유
중국 내 생산 능력(5% 룰)	높음	높음	미해당	공장 미보유
중국 내 반도체 판매	높음	높음	기회	높음
미국 리쇼어링 정책 리스크	높음	높음	미진출	기회
중국 국산화 정책	높음	중간→높음	기회	높음
반외국제재법/역외차단법	중간→높음	중간→높음	미해당	중간→높음
중국의 서방권 시장 접근	기회	기회	매우 높음	기회
양안 긴장	기회(파운드리)	매우 높음	기회	기회
Chip 4 가입	기회/리스크	기회/리스크	미해당	기회/리스크
중국 내 반도체 외 사업	중간→높음	미해당	미해당	미해당

출처: 저자 분석

해를 피하기 어렵다'는 경고를 남겼다. 이러한 상황이 현실화되면 글로벌 공급망 교란과 세계 경제 침체를 촉발할 수 있다.

『칩 워』Chip War의 저자인 크리스 밀러 미국 터프츠대 교수도 이 같은 점을 지적한다. 그는 "TSMC가 고객사들의 우려를 의식해 미국·일본·독일로 생산 거점을 넓히고 있지만 정작 최첨단 공정은 여전히 대만에서만 생산되고 있다"고 언급했다.

표 8 은 미·중 기술 경쟁과 공급망 재편 속에서 삼성전자·TSMC·SMIC·인텔 등 주요 반도체 기업이 직면한 리스크 요인을 비교·평가한 분석표다. 각 요소별 평가는 '중국 내 생산·판매 구조', '미국의 리쇼어링 정책 영향', '중국의 국산화 전략', '시장 접근성', '지정학적 긴장' 등을 중심으로, 단기에서 중기로의 리스크 전이를 보여준다.

분석 결과, 삼성과 TSMC는 미·중 사이에 놓인 대표적 경계형 기업으로, 중국 내 생산·판매 비중이 높고 동시에 미국의 정책 리스크에도 크게 노출되어 있다. SMIC는 미국의 제재로 인해 글로벌 시장 접근은 제한되었으나, 중국의 기술 자립 전략과 내수 중심 성장에 힘입어 오히려 기회 요인을 확보하고 있다. 반면 인텔은 중국 내 사업 비중이 낮아 직접적 규제 리스크는 적지만, 중국시장 접근성 악화와 글로벌 경쟁력 정체로 성장성이 제한적이다.

따라서 이 표는 각 기업이 미·중 전략 경쟁이라는 동일한 외부 환경 속에서도 공급망 위치, 기술 의존도, 정부 정책 수혜·제약 정도에 따라 상반된 리스크 구조를 형성하고 있음을 시사한다. 특히 향후 미·중 기술 패권 경쟁 심화와 중국의 반도체 국산화 진전에 따라 각 반도체 기업의 리스크는 한층 강화될 가능성이 크다. 삼성과 TSMC는 중국 공장에 대한 장비 반입 제한, '반외국제재법' 및 '역외차단법' 적용 가능성 등 지정학적 압력에 직면할 수 있으며, 중국 반도체 기업들은 서방권 시장에 대한 접근성이 더욱 제한될 가능성이 높다.

生生Talk 생생토크 ②

형식보다 실용을 추구하는
이재용 회장

**검소하고
실용적인 스타일**

삼성전자 본사 기획팀에 근무할 때 같은 층에 근무하던 당시 이재용 상무를 엘리베이터에서 몇 번 마주친 적이 있다.

하지만 업무적으로 만나게 된 것은 2005년 중국 주재원으로 발령을 받은 후였다. 이재용 회장이 중국에 출장을 올 때 삼성그룹의 현지 조직인 중국삼성에서 출장 지원을 담당하게 되었다. 중국 정부 인사와의 미팅, 포럼 참석, 사업장 방문 등을 준비하면서 이재용 회장을 자주 만날 수 있는 기회가 있었다.

지금까지 이재용 회장을 봐온 솔직한 느낌은 그가 매우 실용적이며, 겸손하고 의전을 좋아하지 않는다는 것이다. 방송에 나오는 소탈한 모습이 실제 그대로의 모습이다. 특별한 경우가 아니면 대개 본인이 가방을 직접 들고 다니며 수행원도 없이 현지에서 꼭 필요한 최소한의 도움만

이재용 회장은 방송에 나오는 소탈한 모습이 실제 그대로의 모습이다. 매우 실용적이며, 겸손하고 의전을 좋아하지 않는다. 보아오포럼에 참석하거나 해외 출장을 갈 때도 손수 캐리어 하나 들고 수행원도 없이 최소한의 도움만 받으며 활동한다.

받는 형태로 활동한다.

이재용 회장은 임직원을 만날 때 늘 미소로 먼저 인사를 건네며, 직급이나 자리에 상관없이 언제나 존댓말로 대화를 나눈다.

이재용 회장은 2013년부터 2018년까지 보아오포럼 이사로 활동했다. 보아오포럼은 중국이 다보스포럼을 벤치마킹해 만든 아시아판 경제포럼으로, 매년 중국 하이난성海南省 보아오博鳌에서 개최되며 중국 정부가 가장 중요시하는 국제회의 중 하나다.

이사회는 각국의 전직 총리, 전직 국가원수, 글로벌 대기업 총수 등으로 구성되어 있으며, 포럼 기간에는 시진핑 주석이나 총리 등 중국 최고위 지도부가 참석해 고위급 교류가 이루어진다.

보아오포럼 현장에서 이재용 회장은 이사회 참석, 중국 정부 인사 면담, 비지니스 파트너들과의 교류 등 숨가쁜 일정을 소화했다. 그러나 별도의 의전 없이 직접 대부분의 일정을 챙기며 움직였다. 그 덕분에 현지 지원은 통역과 보아오 비서처 연락을 담당하는 2~3명의 최소 인원만으로도 충분했다.

이재용 회장은 효과적인 미팅을 위해 사전 준비에는 누구보다 철저하면서도, 현장에서는 절차보다 실질적 성과에 집중하는 모습을 보여주었다.

보아오에서 있었던 일이다. 일정 중 점심 일정이 비어 있을 때 이재용 회장이 전화를 걸어와서 어디에서 식사를 하면 좋을지 물었다. 나는 행사 참가자들이 줄을 서서 이용하는 뷔페식당을 추천했다. 그러자 이 회장은 "그럼 거기서 같이 식사합시다"라며 뷔페식당으로 이동해 줄을 서서 점심을 먹었다.

그 장면을 모 유력 일간지 기자가 목격했다. 회장이 일반 참석자들과 똑같이 줄을 서서 기다리는 모습이 의외였던 모양이다. 며칠 뒤 그 기자가 본사 홍보팀에 전화를 걸어 "삼성의 중국 조직은 왜 이재용 회장 의전에 그렇게 소홀하냐?"고 따져 물었다고 한다.

하지만 이는 회장의 성향을 제대로 이해하지 못해 생긴 오해였다. 본사 고위 경영진의 출장에서는 식사가 중요한 의전으로 여겨지지만, 이재용 회장은 상황에 따라 간단한 도시락으로 중식을 해결하는 데도 전혀 거리낌이 없었다. 그 모습을 통해 언제나 형식보다 실용을 중시하는 리더십을 느낄 수 있었다.

현실적인 판단과 배려의 리더십

이재용 회장은 출장 때도 대부분 상용 항공편을 이용했고, 입국할 때는 VIP 통관 대신 일반 여행객과 똑같이 줄을 서서 수속을 밟곤 했다.

중국 내 중요한 행사 참석을 위해 출장 중 있었던 또 다른 에피소드다. 이때는 전용기로 베이징 남쪽의 한 공항에 도착했는데, 리커창 총리의 출국에 따른 보안 문제로 약 20분간 비행기에서 내리지 못하는 상황이 벌어졌다.

예상치 못한 상황이었지만, 동행한 일부 고위 경영진은 현지 조직이 이를 사전에 감안하지 못했다며 불만을 표했다.

그러자 이재용 회장은 "그걸 어떻게 현지 조직이 사전에 알 수 있느냐. 해외 출장 중 주요 미팅이 있을 때는 이런 돌발 상황을 감안해 30분에서 1시간 정도 여유를 두어야겠다. 현지 조직을 탓할 문제가 아니다"라고 말했다.

그 일을 계기로 회장의 해외 출장은 이전보다 더 시간적 여유를 두고 일정을 짜게 되었다고 들었다.

기억나는 한 장면도 있다. 중국 디스플레이 업계 사장과의 식사 자리였다. 현지 조직에서는 당시 미팅 장소인 한 식당에서 주식_{밥이나 면류 등}을 포함한 모든 메뉴를 미리 주문해둔 상태였다.

그런데 이재용 회장은 식사 마지막에 주식을 고를 차례가 되었을 때 손님에게 직접 "무엇을 드시겠습니까?"라고 물은 뒤, 이미 주문된 주식을 취소하고 손님이 고른 메뉴를 새로 주문했다. 스스로는 의전을 원치 않으면서도 상대방에 대한 배려는 철저히 하는 모습이었다. 겉으로 드러나는 의전보다 상대방의 입장을 존중하는 세심한 배려가 진정한 글로벌 에티켓이라는 것을 느낀 순간이었다.

이 경험은 고객과의 만남에서 배려가 무엇인지를 일깨워 준 경험으로 오래 남아 있다.

2025년 APEC CEO 서밋 기간 중 젠슨 황과 치맥_{치킨+맥주} 회동을 가진 모습은 매우 인상적이었다. 그리고 행사 무대에서 "왜 아이폰이 많느냐"고 농담을 던진 장면 등은 이재용 회장의 서민적이고 유머가 있는 본모습을 그대로 보여준다.

SUPER GAP STRATEGY OF
K-CHIPS

3장
반도체 기업의 생존 전략

주요 반도체 기업의 생존 좌표
투자 전략은 어떻게 전환되는가?
판매·조달 전략도 바꿔야 산다
비즈니스 성공과 리스크 관리 전략

 **주요 반도체 기업의
생존 좌표**

삼성전자, 손실과 비용 증가
TSMC, 리스크의 기회 전환
SMIC, 제재를 내수로 견디기
혁신을 놓친 인텔, 지정학에 기댄 생존

삼성전자, 손실과 비용 증가

삼성전자는 메모리 제조, 비메모리 설계, 파운드리, 후공정을 모두 수행하는 세계 유일의 종합 반도체 업체다. 삼성 반도체의 주요 거점은 한국, 중국, 미국에 있다. 그중 한국 제조거점은 1983년 경기도 기흥 반도체 공장을 시작으로 2000년 화성, 2015년 평택에 이르기까지 생산 시설을 확장해 왔다. 1991년부터는 충남 온양현 아산에서 패키지 후공정을 운영하고 있다.

중국에서는 1995년 장쑤성 쑤저우에 반도체 후공정 공장을 설립 후 2012년 시안에 낸드 플래시 메모리 전공정 공장을 설립했다. 이후 시안 공장에는 후공정 공장도 설립해 전·후 공정 일관 생산 체제를 갖췄다.

미국에는 1996년 진출해 텍사스주 오스틴Austin에 파운드리 공장을 운영 중이다. 2025년 현재 텍사스주 테일러Taylor에 추가로 파운드리 공장을 건설하고 있다.

삼성전자는 중국에서 반도체 외에도 배터리·전자부품 등의 부품 사업과 TV, 휴대폰·가전 같은 완제품 사업을 운영하고 있다. 현재도 여전히 많은 공장을 가동 중이며, 중국 내 판매도 활발하다. 2024년 말 기준, 중국 내 생산공장은 총 17개이고, 종업원은 5만명, 중국 내 법인 단순 총매출은 600억 달러에 이른다.

미·중 경쟁 상황에서 삼성은 여러 측면에서 리스크를 가진다. 삼성이 미국의 대중국 전면 압박에 동참할 경우 중국 내 반도체 외의 다른 사업에도 영향을 미치는 것을 배제할 수 없다. 미국의 대중 제재와 관련해 단기적으로는 중국 내 반도체 매출 손실이 예상되어 리스크로 작용한다. 미국의 보조금정책은 삼성의 미국 내 공장 건설에는 긍정적으로 작용하지만 시안 공장의 생산 능력 증설 제한을 불러올 수 있다.

2020년 8월부터 미국은 해외직접생산품규칙FDPR을 적용해 자국의 승인을 받지 않으면 화웨이에 반도체를 판매할 수 없도록 했다. 삼성전자는 이 규제에 따라 화웨이에 반도체를 팔 수 없게 되었다. 화웨이 매출은 삼성의 중국 총 매출의 10%를 넘으며, 여기에서 연간 수조 원의 매출 손실이 발생하고 있다. SK하이닉스도 상당한 손실이 발생한 것으로 추정된다.

현재 미국이 화웨이에 반도체 공급을 못하도록 삼성을 압박하고 있지만, 중국이 반도체 자립화에 성공한다면 중국이 주도적으로 삼성의 중국 내 반도체 판매를 제한할 수도 있다. 2024년 기준으로 중국은 여전히 한국의 최대 수출입 대상국이다. 한국 전체 수출의 19.5%, 수입의 22.1%를 중국이 차지한다. 반도체 부문을 보면, 시스템 반도체의 대중국 수출 비중은 약 34%이며, 메모리 반도체는 약 35% 정도다.

일각에서는 미국의 제재로 인해 중국의 반도체 국산화가 지연되면 삼성에게 단기적으로는 이익이 될 수 있다는 분석도 있다. 그러나 대중 수출 제한과 중국 내 공장 운영 리스크가 상존하는 만큼 이는 일시적인 반사이익에 불과하다. 오히려 미국의 강경한 대중 제재는 중국의 기술 자립을 자극해 국산화를 가속화하고, 그 결과 장기적으로는 삼성이 더욱 강력한 중국의 경쟁자들과 맞서야 하는 상황이 초래될 수 있다.

미·중 갈등 심화로 중국시장 내 삼성전자의 매출 비중이 점차 감소하고 있다. 2021년을 기점으로 16.3%에서 2024년 15%로 줄어들었다. 최근 중국 경제가 어려워진 탓도 있겠지만 화웨이에 반도체 판매를 전면 중단토록 한 미국의 제재 영향도 있는 것으로 분석된다.

삼성전자는 중국에서 감소한 매출을 다른 글로벌 시장에서 상쇄해야 하며, 가장 큰 비중을 차지하는 미국시장에서의 성장이 중요하다. 미국시장에서는 삼성전자의 매출 비중이 2017년 33.8%에서 2024년 39%로 증가하였다.

미국은 팬데믹을 거치며 동맹국들에게 반도체 제조 리쇼어링 정책에 동참하도록 직간접적 압력을 가해 왔다. 이에 발맞춰 삼성은 텍사스주 테일러에 반도체 공장 건설에 착수했다. 트럼프 2기 행정부가 보편 수입관세Universal Import Tariff를 이미 시행 중이며, 반도체까지 품목별 관세 부과를 추진하고 있어 미국시장 접근성을 확보하려면 미국 내 생산 확대가 불가피하다. 미국이 반도체뿐만 아니라 TV·휴대폰·가전의 가

표9 한국과 미국 10년간 팹 운영 비용 비교

(단위: 백만 달러)

항목		한국	미국(애리조나)	차이($M)	비교(%)
감가상각비	장비	5,000	5,000	-	100%
	건물	240	1,200	960	500%
노동(인건비)		336	1,008	672	300%
설비유지보수		1,961	2,941	980	150%
재료비	Raw 웨이퍼	480	480	-	100%
	화학, 가스, 소모품	1,800	1,800	-	100%
유틸리티(전력, 수도비 등)		1,170	2,925	1,755	250%
총 10년 비용		10,987	15,354	4,367	140%

출처: Gartner, Goldmannsach 기반 분석된 업계 자료(기준: 가동률 85%, 5nm)

장 중요한 시장이어서 미국 정부의 정책에 더욱 전략적으로 대응해 나가야 한다.

미국 내 반도체 공장을 설립할 경우 사업성을 담보할 수 있을지가 관건이다. BCG에 따르면, 미국 팹의 10년 운영 비용은 아시아에 비해 약 25~50% 더 높다. 특히 최첨단 로직 칩의 경우 한국에서 생산하는 것보다 미국에서 생산할 경우 원가가 22% 더 높고, 첨단 메모리는 19%가 더 높다. 중국과 비교하면 로직은 37%, 메모리는 34% 생산 원가가 더 발생한다. 이를 토대로 분석하면 반도체법 보조금은 원가 상승분의 약 40~70%만 보전할 수 있다.

한국 업계에서 분석한 자료에도 미국의 건설비는 한국과 대만 대비 5배, 인건비는 3배, 유틸리티 비용은 2.5배 이상 높다. 10년 운영 시 총 비용은 한국·대만과 비교해 약 1.4배에 이를 것으로 예상된다 표9 참조.

트럼프 2기 행정부는 반도체 공장을 미국 내에 짓는 기업에 한해서만 관세를 면제하겠다는 압박을 가하고 있다. 결국 기업으로서는 미국시장 접근성과 관세 혜택을 얻기 위해 미국에 투자해야 하지만 더 높은 생산 비용을 부담해야 하는 딜레마에 빠져 있는 것이다.

TSMC, 리스크의 기회 전환

TSMC는 1987년에 설립되어 대만에 12인치 전공정 GIGAFAB® 4개 _{GIGAFAB®은 TSMC가 부르는 초대형 반도체 공장 명칭으로 월 10만 장(12인치 웨이퍼 기준) 이상을 생산할 수 있는 메가 팹(Mega Fab)을 의미}, 8인치 전공정 4개, 6인치 전공정 1개를 운영하고 있다. 중국에서는 난징에 12인치 전공정 1개, 상하이에 8인치 전공정 2개를 가동한다. 또한 미국 워싱턴주 카마스_{Camas}에 8인치 전공정 1개를 운영 중이다.

TSMC는 고성능 컴퓨팅·스마트폰·IoT·자동차·디지털 소비자 가전용 반도체를 생산하며, 528개 고객사에 총 1만 1,895종의 제품을 공급하고 있다. 2024년 기준 연간 생산 능력은 12인치 웨이퍼 환산 시 약 1700만 장에 달한다. 전체 생산 능력의 약 80~90%를 대만에서 가지고 있으며, 미국·중국·일본 등 해외 공장은 10% 안팎 수준이다.

TSMC는 독일 드레스덴_{Dresden}에도 자동차, 산업용 반도체 특수기술 팹인 ESMC_{European Semiconductor Manufacturing Company}를 설립하고 있다. 2024년 하반기 착공한 ESMC는 2027년 말 양산에 들어간다. 미국 애리조나에는 3개 전공정을 건설 중이다. 첫 번째 전공정은 2024년 4분기부터 N4_{4nm} 양산을 시작했다. 이어 2028년에는 두 번째 전공정이 가동에 들어갈 예정이며, 2030년대 후반에는 세 번째 전공정이 본격적인 양산에 들어갈 계획이다. TSMC는 일본 구마모토에 위치한 JASM_{Japan Advanced Semiconductor Manufacturing}에도 대주주로 참여했다. JASM의 첫 번째 전공정은 2024년 말에 양산을 시작했고, 두 번째 전공정은 2027년 말 양산 예정이다.

TSMC는 2024년 연차 보고서에서 전체 매출의 90% 이상이 해외에서 발생하고 있다며, 미·중 갈등으로 인한 지정학적 불확실성이 가장 큰 경영 리스크라고 지적했다. 이 가운데 중국 매출 비중은 2017년 11%에서 2019년 20%까지 상승했으나, 2024년에 11%로 감소했다. 이 역시 미국이 FDPR을 적용해 화웨이와의 거래를 제한한 결과로 볼 수 있다. 화웨이는 한때 TSMC의 핵심 고객이었다. 2019년에는 TSMC 전체 매출의 15% 이상을 차지했고, 자회사 하이실리콘_{HiSilicon}은 당시 애플에 이어 두 번째로 큰 고객이었다. TSMC와 화웨이의 협력은 하이실리콘이 스마트폰용 모바일 AP를 설계하면 TSMC가 이를 위탁 생산하는 구조였다. 하이실리콘은 이 방식으로 '기린'_{Kirin} 칩을 개발했고, 화웨이는 이를 자사 '메이트'와 'P 시리즈' 스마트폰에 탑재했다. 이 과정에서 TSMC는 애플 다음으로 큰 고객사로 하이실리콘을 확보할 수 있었다. 상황이 급변한 것은 2020년 8월, 미국의 제재로 화웨이에 반도체 공급이 전면 금지되면서였다. TSMC의 화웨이 매출 비중은 2020년 12.8%에서 2021년에는 0%로 떨어졌다. 반면 같은 기간 TSMC의 미국 매출 비중은 꾸준히 늘어 2017년 64%에서 2024년에는 70%에 이르렀다.

TSMC는 2022년 10월, 미국의 제재로 난징 전공정에 첨단 반도체 장비 반입이 금지되었으나 한국 반도체 기업과 동일하게 1년간 유예를 받았다. 이후 '검증된 최종 사용자'_{VEU} 승인을 받아 운영해 왔으나,

표 10 TSMC 주요 고객 판매 비중

국가 및 지역	기업	2019년	2020년	2021년	2024년
미국	애플	24.0	24.0	25.4	22.0
중국	화웨이 하이실리콘	15.0	12.8	0.0	0.0
미국	퀄컴	6.1	9.8	7.6	8.0
미국	브로드컴	7.7	7.6	8.1	7.0
미국	인텔	5.2	6.0	7.2	6.0
미국	AMD	4.0	7.3	9.2	9.0
대만	미디어텍	4.3	5.9	8.2	12.0
미국	엔비디아	7.6	7.7	5.8	25.0

출처: 李巍·李玙译, 当超级企业遭遇地缘政治, 2024(2024년 수치는 TSMC 연차 보고서 및 산업 분석을 바탕으로 저자가 보완·수정함)

2025년 말 혜택이 폐지될 예정이어서 한국 기업과 마찬가지로 12인치 팹을 운영 중인 난징 공장의 장비 업그레이드를 적기에 하지 못할 리스크에 직면해 있다.

다른 한편으로, TSMC는 연차 보고서에서 2021년 중국이 발표한 외국 법률 및 조치의 부당한 역외 적용을 차단하는 법역외차단법을 지정학적 리스크로 언급했다. 중국 정부는 아직 이 법을 적극적으로 시행하지 않고 있지만, 상황에 따라 제재에 동참하는 기업에 압력 행사 수단으로 사용될 가능성을 우려하고 있다.

TSMC는 지정학적 리스크를 줄이기 위해 생산 거점을 미국·유럽·일본 등으로 분산하고 있지만 그 대가로 효율성 저하라는 문제에 직면해 있다. 중국 런민대 리웨이 교수는 "중앙집중식에서 분산형으로 전환하면서 TSMC의 운영 효율이 떨어지고 있다"고 지적했다. 반도체는 기술·자본집약형 산업으로 규모의 경제가 중요하며, 중앙집중식 생산이 평균 3% 정도 더 효율적이라는 분석이다.

모리스 창은 2022년 4월, 브루킹스 연구소 연설에서 "미국에서 칩 제조 비용은 대만보다 50% 더 비싸며, 숙련된 제조 인력이 부족하다"고 지적했다. TSMC가 현재 미국 애리조나에 건설 중인 전공정은 연간 60만 장 웨이퍼로 2026년 TSMC의 글로벌 생산량 2100만 장 중 2.85%에 불과해서 미국 내 생산 확장 압박을 받을 가능성이 높다.

바이든 행정부 시절 상무장관이었던 지나 레이몬도는 한 포럼에서 "미국이 세계 모든 최첨단 반도체 기업들이 연구센터와 대규모 생산공장을 보유한 유일한 나라가 되길 희망한다"며, 미국이 글로벌 반도체 생산 능력의 20% 이상을 확보하는 것이 목표라고 밝혔다. 이는 미국의 진정한 속내를 보여주는 발언이었다.

이어 2025년 10월 초, 트럼프 2기 행정부의 하워드 루트닉Howard Lutnick 상무장관은 "현재 미국이 사용하는 첨단 칩의 95%가 약 1만 4천 킬로미터 떨어진 해외에서 생산되고 있는 현실을 더는 용납할 수 없다"며 "TSMC 생산의 절반은 반드시 미국에서 이뤄져야 한다"고 밝혔다. 이 발언은 즉각 대만의 강한 반발을 불러일으켰지만 미국의 압박은 오히려 더욱 거세질 것으로 보인다.

TSMC가 추진 중인 1650억 달러 투자가 2030년 완료된다고 가정할 경우 미국 내 연간 생산 능력은 12인치 기준 약 150만 장에 이를 것으로 예상된다. 이는 2030년 TSMC 글로벌 연간 예상 총 생산 능력인 2400만 장의 6.3%에 해당된다. 만약에 미국 내 생산 비중을 10% 더 추가적으로 끌어올린다고 할 경우 약 770억 달러 추가 투자가 필요하며, 50%를 미국에서 생산하려면 1조 달러에 달하는 투자가 더 필요한 셈이다.

TSMC의 리스크는 트럼프 2기 집권 전부터 예고되었다. 트럼프 전 대통령은 2024년, 블룸버그 비즈니스위크와의 인터뷰에서 "TSMC가 미국 칩 사업의 100%를 가져갔으니 대만은 미국에 방위비를 지불해야 한다"고 주장하면서 TSMC를 비난한 바 있다. 또한 2023년 Fox TV와의 인터뷰에서도 "대만은 미국의 사업을 빼앗아갔다"며, "대만에 관세를 부과해야 한다"는 주장을 펼쳤다. 이런 발언들은 추후 미국의 TSMC 압박 요소로 작용할 전조처럼 여겨진다.

양안 갈등은 TSMC에 더 근본적인 리스크라 할 수 있다. TSMC는 대만이라는 지정학적 위치와 파운드리 분야에서의 독보적 지위로 인해 미·중 갈등의 중심에 놓이게 되었다. 지정학적으로 중국과의 충돌 가능성에 노출되어 있고, 중국시장 접근성 제한으로 미국 의존도는 더 높아질 전망이다.

TSMC는 대만에서 나라를 지키는 신성한 산이라는 뜻으로 호국신산護國神山이라 불려지기도 하고 '실리콘 방패'Silicon Shield와 '민주주의 칩'Democracy Chip으로 불리기도 한다. 그런 만큼 대만의 민주주의와 세계 반도체 공급망을 동시에 수호하는 경제적·안보적 전략적 자산으로 간주되고 있다.

'호국신산'은 TSMC가 대만 경제와 안보를 동시에 지탱하는 국가적 상징으로 자리 잡았음을 의미한다. 반도체산업이 대만 GDP의 약 15%를 차지하고, TSMC가 그 중심에 서 있다는 점에서 국가 생존을 지탱하는 전략적 산업 기반으로 인식된다. '실리콘 방패'는 TSMC의 존재가 증국의 대만 무력 침공 억지Deterrence 효과를 상징하는 개념이다. 미국·유럽 등 글로벌 공급망이 TSMC 생산에 깊이 연계되어 있기 때문에, 중국이 무력 충돌을 감행할 경우 국제적 반발과 공급망 붕괴를 초래한다는 인식이 이를 뒷받침한다. '민주주의 칩'은 TSMC가 민주주의 진영의 기술 우위를 상징하는 정치·경제적 자산으로 간주됨을 의미한다. 미국 육군전쟁대학USAWC 계간지 〈파라미터〉는 '깨진 둥지 전략'Broken Nest을 통해 중국의 대만 침공을 억제해야 한다고 주장했다. 이 전략은 중국 속담인 '깨진 둥지 밑에는 온전한 새알이 있을 수 없다'覆巢之下無完卵에서 유래했으며, "둥지가 파괴되면 그 안의 새알 역시 모두 깨지게 마련이다"라는 뜻을 담고 있다. 중국이 대만을 침공한다면 TSMC와 같은 시설을 미리 파괴해서 중국의 실익을 없애자는 방안이다. 얻을 이익이 없다면 침공할 유인도 사라지기 때문에 결국 침공 자체가 억제된다는 의미다. 트럼프 대통령의 전 국가안보보좌관 로버트 오브라이언 역시 "대만이 점령될 경우 TSMC를 중국이 활용하지 못하도록 파괴해야 한다"고 주장했다.

TSMC의 마크 류 회장도 "어떤 침입이든 TSMC 공장을 작동 불능 상태로 만들 수 있다"고 밝혀 '킬 스위치'Kill Switch 전략으로 최악의 시나리오에 대응하고 있다. 지정학적 리스크에 대비해 ASML과 협력해서 EUV극자외선 노광기를 원격으로 비활성화할 수 있는 체제를 구축하기도 했다.

앞으로 양안 갈등이 심화될수록 고객사는 리스크 관리를 위해 TSMC 의존도를 줄이거나 대만 외에 공장 건립을 요구할 가능성이 있다. 반대로 대만 정부는 '자국 내 반도체 공정이 해외보다 한 세대 이상 앞서야 한다'는 N-1 정책에 따라 TSMC의 최첨단 공장을 대만에 유지하도록 강하게 요구할 것으로 보인다. 이는 고객 이탈을 막으려는 TSMC와 대만 정부 간의 이해 충돌에 더해 미국과 대만 정부 사이의 미묘한 힘겨루기까지 본격화될 가능성이 크다.

SMIC, 제재를 내수로 견디기

SMIC는 중국 상하이에 본사를 두고 상하이·베이징·톈진·선전에 15개의 8인치 및 12인치 전공정을 운영 중이다. SMIC는 중국 내 장비 반입 제한과 중국 외 시장 접근성 제한이라는 어려움에 직면해 있다.

2018년부터 본격화한 미국의 제재로 미국 매출 비중이 급격히 감소세를 보였다. 그해 SMIC의 미국 비중은 32%였으나, 2024년에는 12%로 축소되었다. 반면에 중국 내 매출 비중은 59%에서 85%로 크게 증가했다.

2024년 SMIC 연차 보고서에 따르면, 회사의 지정학적 리스크의 핵심으로 미국의 반도체 수출 규제를 지목했다. 보고서는 "미국의 규제는 장비, 원자재, 부품, 소프트웨어 및 서비스 지원 등 다양한 조달 면에서 회사에 상당한 위험을 초래한다"고 언급했다.

미국은 2020년 12월 3일, SMIC를 중국 군사기업 명단에 포함시켰다. 군사기업 제재 대상이 되면 미국 국방부·연방정부와의 조달계약이 제한되고, 미국 금융기관과 투자자의 거래·투자 금지가 발생할 수 있다. 또한 거래 기업들도 2차 제재 위험에 노출되어 글로벌 공급망 참여가 어려워진다. 지정 자체가 즉시 전면 제재로 이어지지는 않지만, 수출통제·투자·금융 제재 강화의 법적 근거가 되며, 결과적으로 해당 기업은 국제 시장에서 안보 리스크 기업으로 낙인찍히게 된다.

같은 해 12월 18일에는 엔티티 리스트에 추가해 미국 수출관리규정EAR의 적용을 받도록 했다. 2021년 6월에는 바이든 대통령의 행정명령으로 중국 군산복합체 기업 명단에 다시 올려 미국인의 투자까지 제한시켰다. 2020년 제재로는 이미 10㎚ 이하 첨단 장비 구매가 차단되었고, 2022년 이후에는 미국의 수출 통제 강화로 사실상 14㎚ 이하 공정 장비 확보가 불가능해졌다. 이어 2024년 12월에는 미국 정부가 EAR을 개정해 SMIC 자회사와 계열사에 '각주 5' footnote 5를 달아 FDPR에 적용되도록 했다. 이는 SMIC와 거래하는 회사의 제품이 외국 기업이라 할지라도 미국의 기술이나 장비가 조금이라도 포함되어 있으면 반드시 미국의 수출 허가를 받아야 한다는 의미다.

SMIC는 최첨단 로직 칩 분야의 기술 혁신에 제약을 받고 있으나, 중국 내수 수요와 반도체 기금 등 정부의 정책적 지원에 힘입어 매출성장은 유지되고 있다.

향후 SMIC의 최대 리스크는 주력 생산 품목인 레거시 칩[5]에 대한 추가 제재 가능성이다. 현재까지 레거시 칩은 공식 제재 대상이 아니지만, 미국 내에서는 '국가안보 차원에서 규제해야 한다'는 논의가 꾸준히 제기되는 중이다. 실제 정책으로 이어질 경우에는 SMIC의 사업에 큰 위협이 될 수 있다.

중국 기술의 위협에 대응할 목적으로 설립된 미국 싱크탱크인 'China Tech Threat'는 향후 모든 제품에 '스마트' 기능 도입으로 레거시 칩 수

---

5) 레거시 칩(legacy chips)은 28나노미터(㎚) 이상의 구형 공정으로 생산되는 반도체를 말한다. 최신 스마트폰이나 AI용 칩처럼 초미세 공정을 사용하지 않지만, 자동차·가전·산업기기 등에서는 여전히 필수적인 핵심 부품이다.

3장. 반도체 기업의 생존 전략

요가 급증할 것으로 예상한다. 향후 10년 내 1조 달러 규모로 성장할 것으로 전망하면서 추가 제재의 필요성을 강조하고 있다. 또한 SMIC가 2020년부터 건설 중인 신규 칩 제조공장 네 곳이 2024년부터 시장에 영향을 미치기 시작해 다른 국가와 산업에 강압적인 영향을 끼칠 우려가 크다고 언급했다.

SMIC는 레거시 칩에 대한 추가 제재가 현실화될 경우 구조적으로 심각한 타격을 입을 가능성이 높다. 첫째, SMIC의 매출 중 약 70~80%가 28㎚ 이상 중저가 공정에서 발생하고 있어 해당 품목 제재는 주력 수익 기반의 직접적 붕괴를 초래할 것이다. 둘째, 레거시 공정이라 하더라도 핵심 장비와 소재는 여전히 미국·일본·네덜란드에 대한 의존도가 높아 제재 강화 시 생산 효율 저하와 신규 공장 가동률 하락이 불가피하다. 셋째, SMIC는 중국 반도체 자립 전략의 핵심 축으로, 제재가 중국 내 자동차·통신·가전 산업 전반의 공급망에 연쇄적 병목을 야기할 수 있다. 레거시 칩 제재는 중국 반도체산업 생태계 전반의 구조적 취약성을 드러내는 전략적 압박으로 작용할 수 있다.

리서치 기관인 로디움그룹은 2023년 3월 기준으로 전 세계 20~45㎚ 공정의 약 60%가 중국과 대만에 집중되어 있으며, 그중 약 27%가 중국에 있다고 파악했다. 전 세계 50~180㎚ 생산 용량의 약 30%도 중국이 보유하고 있고, 향후 5년 내에 이 비율이 35%로 상승할 것이라는 전망도 내놓았다.

중국은 글로벌 레거시 시장 점유율이 2015년 17%에서 2023년 말 31%로 상승했으며, 2027년에는 39%를 차지할 것으로 예상된다. 이에 따라 미국 정부 내에서는 반덤핑 및 상계 관세, 칩 제조 장비 수출 통제,

FDPR, 조달 제한 등 전면적 제재를 검토해야 한다는 주장이 힘을 얻고 있다.

혁신을 놓친 인텔, 지정학에 기댄 생존

인텔은 미국·아일랜드·이스라엘 등 3개국에서 전공정을 운영하고 있다. 미국 내 전공정이 있는 지역은 애리조나, 뉴멕시코, 오하이오, 오리건이다. 아일랜드와 이스라엘에 추가해 독일과 폴란드에서도 해외 신규 전공정을 검토 중이다. 후공정은 미국·중국·말레이시아·베트남에서 운영 중이다. 인텔은 한때 중국 랴오닝성 다롄에 있는 공장에서 SSD와 낸드 플래시 메모리를 생산했으나, 2020년 10월 약 90억 달러에 SK하이닉스에 매각했다.

이 계약은 2021년 12월 1차 종결, 2025년 3월 최종 종결로 마무리되었다. 이는 경쟁이 심화하는 낸드 시장을 벗어나 고수익 제품군에 집중하려는 전략적 판단인 동시에 미국의 대중국 제재가 영향을 미쳤다고 보인다. 특히 2020년 화웨이 반도체 판매 금지 조치와 SMIC의 엔티티 리스트 추가가 이루어진 시점과 맞물려 사전에 미국의 대중국 제재 조치를 감안한 선제적 대응으로 분석된다.

인텔은 미국 정부의 지원에 힘입어 다른 기업들보다 지정학적 리스크가 상대적으로 덜한 편이다. 중국 내 공장을 운영하지 않는 인텔은 반도체법을 활용한 미국 내 공장 건설 및 보조금 확보 등 지정학적으로 유리한 환경을 누리고 있다. 2025년 8월에는 트럼프 행정부가 반도체법에 의거해 약 89억 달러 규모의 지원을 제공하며, 인텔을 '국가 전략 자산'으로 규정하고 파운드리 지분 유지 조건을 부과하는 등 보호 기조를 강화했다. 2025년 8월, 미국 정부는 인텔과 체결한 협정을 통해 89억 달러 규모의 비의결권 주식non-voting shares 형태로 전환해 인텔의 지분 약 9.9%를 취득했다. 이번 지분 인수는 반도체법 보조금 잔여분 57억 달러와 국방 관련 Secure Enclave 프로그램 지원금 32억 달러를 합산해 전환한 것으로, 미국 정부가 인텔을 전략적 반도체 자산으로 지정한 첫 사례로 평가된다.

중국 매출 비중에서는 큰 변화는 없다. 2017년부터 2024년까지 인텔의 중국 매출 비중은 약 24%에서 29% 사이로 유지되었다. 2024년 인텔의 총 531억 달러 매출 중 75%가 해외에서 발생했는데, 최대 시장인 중국은 27% 규모였다. 이는 인텔의 주요 매출이 여전히 PC용 반도체 칩에 집중되어 있어 상대적으로 미국의 대중 제재 영향을 덜 받은 결과로 보인다.

미국 상무부가 2022년 10월 특정 임계점 이상의 AI 칩에 대한 중국 판매 금지 조치를 내렸듯이 언제든지 규제 대상이 확대될 수 있다. 인텔은 가우디3 기반의 중국향 버전HL-328, HL-388 출시 준비 등으로 새로운 규제에 대응해 왔다. 인텔은 2023년 연차 보고서에서 "지정학적 긴장이 공급망 안정성에 리스크를 초래하고, 각국의 보호주의와 무역 분쟁으로 인해 시장 접근성이 제한될 수 있다"고 언급했다. 사실 인텔은 미국의 리쇼어링 정책으로 수혜를 볼 가능성이 있는 반면, 중국시장 접근 제한 영향으로 매출이 감소될 리스크가 있다.

인텔은 반도체 경쟁의 핵심 영역인 파운드리 사업에 재진입을 시도하고 있지만 기술력 한계로 어려움을 겪고 있다. 현재 오하이오 뉴올버니New Albany에 건설 중인 반도체 공장자사 칩 생산+파운드리 겸용 가동 시점이

2030~2031년으로 늦춰졌으며, 독일 신규 공장도 높은 에너지 비용과 추가 보조금 문제로 일정 지연 가능성이 커지고 있다.

아울러 AI 시대 대응이 부족해 직면하게 된 경영 위기 문제도 심각하다. 이를 해결하기 위해 2024년 8월, 직원의 약 15%인 1만 5,000명을 감축하고 100억 달러 규모의 비용 절감을 발표했다. 이어 9월에는 파운드리의 독립성과 재무 유연성을 강화하려는 구조 개편계획도 밝혔다. 그러나 회생 전략이 신뢰를 잃으면서 12월에 팻 겔싱어 CEO는 결국 퇴임했다. 이후 인텔은 2025년 3월 신임 CEO 립-부 탄 체제로 전환되었다.

인텔 내부에서는 파운드리 사업의 지속가능성을 두고 다양한 방안이 검토되고 있다. 일부 경영진은 사업의 일부를 매각하거나 외부 투자자를 유치하는 방안을 논의했으며, 2025년 초 이사회 차원에서 TSMC와 투자·협력 가능성을 타진한 사실도 알려졌다. 실제로 최근 인텔은 파운드리 사업의 최대 49% 지분을 외부 투자자에게 매각하는 방안을 검토 중인 것으로 보도되었지만, 전면 매각은 부정적인 여론과 정부 규제 등으로 현실성이 낮다는 분석이 우세하다. 신임 CEO 립-부 탄은 지배권 유지를 강하게 주장하고 있어, 이 문제는 내부 갈등 요인으로 남아 있는 상황이다.

인텔은 모바일·AI 시대의 기술 패러다임 전환에 실패해 경쟁에서 뒤처졌고, 일부 지정학적 리스크도 존재하지만 미국의 토종 반도체 기업으로서 지정학적 이점이 크다. 미국 정부는 '반도체법'CHIPS Act을 통한 보조금 지원과 함께 인텔을 국가안보와 기술주권을 상징하는 전략자산으로 육성할 가능성이 높다.

 | ## 투자 전략은 어떻게 전환되는가?

제조를 본국으로, 리쇼어링
비즈니스를 인접국으로, 니어쇼어링
거점을 파트너 국가로, 프렌드쇼어링

제조를 본국으로, 리쇼어링

다국적 반도체 기업들은 전통적인 '비용 효율'과 '시장 접근성'에만 의존하던 기존 방식에서 벗어나 지정학적 리스크를 대비한 새로운 투자 전략을 추진하고 있다. 그중에서 '리쇼어링' Reshoring은 과거 인건비 절감을 위해 해외로 이전했던 제조를 본국에 다시 돌아오게 하는 전략이다. 이는 저비용을 겨냥해 생산지를 해외로 이전하는 오프쇼어링 Offshoring과 반대되는 개념이다.

리쇼어링은 비용 상승이나 품질 문제가 대두해 기존 전략 수행이 어려워졌거나, 소비자 수요에 더 빠르게 대응하려고 시장 접근성을 높이는 등의 다양한 이유로 추진된다. 아울러 자동화 기술로 본국 내 생산 비용 절감이 가능할 때 추진될 수 있으며, 지정학적 리스크 완화와 안정적인 공급망 구축을 위해서도 추진될 수 있다.

미국은 코로나19 팬데믹 이후 제조 공백을 인식하고 리쇼어링을 적극적으로 추진해 왔다. 미국은 자국 내 반도체 생태계 구축을 위해 반도체법을 제정했고, 이를 통해 미국 전역에서 약 4500억 달러의 민간 투자를 유치했다. 2025년 현재, 미국 28개 주에서 반도체 제조 관련 90개 이상의 프로젝트가 진행 중이며 약 5만 8,000개의 일자리가 창출되었다.

인텔은 애리조나주 챈들러에 약 200억 달러를 투자해 두 개의 신규 팹 Fab 52, Fab 62을 건설 중이며, 완공 후 7nm 공정의 첨단 반도체 칩을 생산할 예정이다. 또한 오하이오주 뉴올버니에도 약 200억 달러를 투입해 두 개의 첨단 팹을 신설하고 있다.

마이크론은 뉴욕주 클레이Clay에 20년간 총 1000억 달러 규모의 최첨단 DRAM 메가 팹Mega Fab을 구축할 계획이다. 1단계로 2030년까지 약 200억 달러를 투입해 향후 10년 동안 글로벌 생산량의 40%를 미국에서 생산할 예정이다. 이 투자에 대해 뉴욕주는 약 55억 달러 규모의 인센티브를 제공할 예정이며, 총 240만 평방피트축구장 40개 크기의 클린룸 4개를 건설하여 첨단 DRAM을 생산할 예정이다.

TI는 텍사스주 셔먼에 300억 달러를 투자하여 4개 팹을 건설할 예정이다. 이 공장은 2025년부터 가동될 예정이며, 주로 전력 반도체와 아날로그 반도체를 생산하게 된다.

미국 정부의 지원과 주요 반도체 기업들의 대규모 투자가 결합되면서 미국 반도체 제조 기반은 빠르게 확대되고 있다. 이는 미국 내 반도체 생산 역량 강화와 공급망 안정성을 확보하는 데 기여할 것으로 전망된다. 그러나 이러한 정책이 성공하려면 재정 지원은 물론이고, 제조 기반 확충과 숙련 기술 인력 양성 등 체계적인 정책적 지원이 뒷받침되어야 한다. 향후 리쇼어링이 성공할 수 있을지는 아직 불확실하다.

비즈니스를 인접국으로, 니어쇼어링

'니어쇼어링'Nearshoring은 기업이 비즈니스 기능을 인접국으로 이전하는 것을 말한다. 과거에는 비용을 절감하려고 아시아 지역 등으로 제조 공장을 확장했지만 최근에는 임금 상승과 팬데믹, 무역 갈등, 지정학적 불확실성 등으로 인해 생산 거점을 인접국으로 이전하려는 움직임이 확산되고 있다. 또한 자동화에 의한 비용 절감도 니어쇼어링을 촉진한다.

니어쇼어링은 지역별 인건비 차이, 자동화기술, 무역 규제, 지정학적 갈등 등을 종합적으로 고려하는 투자 전략으로 볼 수 있다. 니어쇼어링을 통해 본국과의 물류 리드타임을 단축하고, '재고 감소, 시장 대응력 강화, 문화적 유사성, 시차 최소화' 등으로 빠른 의사 결정에 유리한 환경을 조성할 수 있다. 공급망이 짧을수록 자연재해, 정치적 불안정, 팬데믹 등 예상치 못한 문제에도 더 효과적으로 대응할 수 있는 공급망 유연성이 확보된다.

북미는 니어쇼어링이 활발히 진행되는 지역이다. 미국·캐나다·멕시코 간의 무역 협정USMCA은 관세와 노동 규제 면에서 무역 장벽이 낮고, 미국시장 접근성 및 교통 인프라가 잘 갖추어져 있어 니어쇼어링에 이상적인 지역으로 평가된다.

향후 미국 반도체산업의 니어쇼어링이 활성화될 가능성이 가장 큰 나라는 멕시코다. 현재 멕시코는 자동차와 가전산업에서 미국의 후방 기지 역할을 하고 있으며, 반도체산업으로도 확장될 잠재력이 있다.

멕시코는 미국과 2,000마일의 국경을 공유하며 47개의 항구를 보유하고 있어 물류 접근성이 우수하다. 또한 TSMC애리조나·인텔텍사스·삼성텍사스·TI텍사스 등 주요 반도체 공장이 미국과의 국경 인근 지역에 위치해 공급망 연계 측면에서도 유리하다. 따라서 반도체 후공정인 ATP Assembly, Testing, Packaging 분야에서 니어쇼어링이 활성화될 수 있다. 미국과 멕시코는 반도체 협력을 지속적으로 강화해 왔으며, 2021년 9월 바이든 대통령과 오브라도르 대통령이 실무 조직인 '반도체 공급망 워킹그룹'을 출범시켰다. 이후 2023년에는 북미 지도자정상회의 NALS 와 북미 반도체회의를 통해 구체적인 협력 방안을 논의했다.

반도체 전공정의 니어쇼어링의 예는 TSMC의 일본 구마모토 공장을 들 수 있다. 일본은 대만과 지리적으로 가까우며, 양국 간의 우호관계와 반도체 생태계가 잘 갖춰진 점에서 고객들의 지정학적 우려를 감소시킬 수 있다.

니어쇼어링은 지정학적 리스크를 줄이고 공급망의 회복탄력성을 높이기 위한 대안으로 주목받지만, 한계와 잠재적 리스크도 있다. 미국이 멕시코나 캐나다산 반도체 제품에 관세를 부과하거나, 자국 내 '바이 아메리칸' Buy American, 국산품 애용 조항을 강화할 경우 니어쇼어링의 효과가 감소될 수 있다.

미국과 멕시코는 USMCA 체결국이지만, 미국은 국내법에 의해 규제 조치를 할 수 있다. 그러므로 UAMCA 분쟁 해결 메커니즘이 사실상 작동하기 힘들어 멕시코에 니어쇼어링 진출 시 불확실성이 노출될 수 있다.

멕시코는 조립·포장ATP 부문에서는 경쟁력을 보이지만, 전공정FEOL·소재·장비 분야의 산업 생태계는 여전히 미비하다. 반도체 제조에 필요한 용수와 안정적 전력망, 숙련된 인력도 부족하다. 니어쇼어링은 지정학적 완충 역할을 수행할 수 있으나, 산업 인프라와 통상 환경의 안정성이 뒷받침될 때 비로소 실효성을 가질 수 있다.

거점을 파트너 국가로, 프렌드쇼어링

'프렌드쇼어링'Friendshoring은 글로벌 경제 재편성과 공급망 통합을 통해 세계화가 새롭게 진행되는 '재세계화'Reglobalization 현상을 반영한다. 이는 '정치적·경제적·문화적 가치를 공유하는 신뢰할 수 있는 파트너 국가에 제조 거점을 구축하는 전략'을 의미한다.

프렌드쇼어링은 지정학적 불확실성이 높은 상황에서 우방국이나 동맹국과의 관계를 우선시해 지정학적 긴장을 완화하고, 공급망 안정성을 강화하며, 무역 분쟁을 줄이는 효과를 가진다. 따라서 이를 '얼라이쇼어링'Allyshoring이라고 부르기도 한다.

이 전략은 동맹국 간 관계를 더욱 공고히 하고 기술 교류, 기후변화 대응, 사이버 보안 등과 같은 글로벌 과제에 공동 대처하는 협력 이니셔티브로 이어질 수 있다. 그러나 동맹국에 대한 과도한 의존은 비동맹 국가와의 지정학적 마찰을 초래할 수 있으며, 가격 경쟁력 저하와 무역 보복 등의 위험을 크게 한다.

프렌드쇼어링의 개념은 2022년 4월 13일, 재닛 L. 옐런 미국 재무부 장관이 대서양위원회Atlantic Council 연설에서 본격적으로 언급하며 널리 알려졌다. 옐런 장관은 "핵심 원자재, 기술, 또는 제품에서 특정 국가가 시장 지위를 이용해 경제를 교란하거나 지정학적 지렛대로 활용해서는 안 된다"면서 "신뢰할 수 있는 국가와 함께 공급망을 구축하는 프렌드쇼어링을 지지한다"고 밝혔다. 이는 미국이 신뢰할 수 있는 무역 파트너와의 협력을 통해 공급망 위험을 줄일 수 있음을 강조한 것이다.

미국의 프렌드쇼어링 전략은 2021년 6월 발표된 「100일 공급망 검토」 보고서에도 포함되어 있다. 보고서는 '미국이 혼자서는 공급망 취약성을 해결할 수 없으며, 동맹국과 협력해 공급망 회복력을 강화해야 한다'고 언급했다. 이를 위해 쿼드QUAD, G7 등을 통한 다자간 외교 개입 확대를 제안했으며, 더 나아가 대통령 주재 글로벌 포럼을 소집해 광범위한 협력 체계를 구축할 것을 권고했다.

현재 미국에 반도체 공장을 설립 중인 삼성전자텍사스 테일러, 약 370억 달러 투자와 TSMC애리조나, 약 400억 달러 투자가 프렌드쇼어링의 대표적인 사례로 평가된다. 미국은 반도체법을 통해 동맹국 반도체 기업들이 미국 내 생산을 강화하도록 유도하고 있으며, 한국과 대만 기업들은 지정학적 불확실성에서 벗어나기 위한 전략의 일환으로도 프렌드쇼어링을 추진하고 있다.

TSMC의 주요 고객은 미국 기업들이기 때문에 미국과의 협력 관계를 유지하는 것이 필수적이다. TSMC의 미국 내 직접 투자는 '보험 성격'이 강하며, 핵심 R&D는 여전히 대만에 집중되어 있다.

TSMC의 애리조나 팹은 2025년부터 4㎚ 공정 기반의 양산을 시작할 예정이며, 이는 미국 내 주요 고객사인 애플·엔비디아·AMD 등과의 협력 관계를 강화하고자 하는 전략적·정치적 의도가 담긴 움직임이다. 비록 이 팹만으로 미국의 반도체 공급 부족을 단기간에 해소하기는 어렵겠지만 미국 정부의 목표 달성에 기여하며 일자리 창출과 정치적 명분 확보 측면에서 의미가 크다.

트럼프 2기 행정부는 바이든 행정부보다 훨씬 노골적인 '미국 우선'America First 기조로 글로벌 공급망 재편을 추진하고 있다. 핵심 수단은 관세다. 2025년 4월, 트럼프는 모든 수입품에 10% 기본 관세를 상시 부과하겠다고 발표했으며, 무역 적자국에는 이를 넘어서는 상호 보복 관세를 적용하기 시작했다. 또한 반도체 등 전략 품목에는 최대 100% 관세 부과 가능성을 언급해 글로벌 기업들의 비용 구조 전반에 압박을 가했다.

트럼프 2기 행정부는 '1:1 룰'1-for-1 Rule 도입을 검토한 것으로 보도되었다. 이는 미국 내 반도체 생산량과 수입량을 1대1로 맞추지 않으면 초과 수입분에 고율의 관세를 부과하는 방안이다. 2025년 9월 26일자 외신Reuters, Datacenter Dynamics 등 보도에 따르면, 이 정책은 아직 정식 법령으로 확정되지 않았으며, "검토 중"Considering 단계로 반도체 리쇼어링 강화를 위한 구상으로 논의되고 있다.

미국이 프렌드쇼어링 정책을 과도하게 추진할 경우 중국 견제와 미국 반도체 경쟁력 회복에는 일정한 성과를 거둘 수 있다. 하지만 중국의 강력한 반격, 동맹국의 부담 가중, 그리고 글로벌 공급망 분절에 따른 효율성 저하라는 후폭풍은 불가피하다.

미국이 압박을 강화해 리쇼어링 정책의 강도를 높일 경우 제조업 부활과 중국 견제에는 일정 부분 성과를 거둘 것이지만, 동맹국과의 경제 갈등이라는 새로운 리스크가 커지는 문제가 발생하는 게 우려된다. 이러한 제약 속에서 기업들은 전략적 딜레마에 놓이게 되었다.

삼성은 반도체 외에도 다양한 사업 포트폴리오를 보유하고 있어 미국의 정책 변화나 요구에 민감하게 대응할 수밖에 없다. 미국 내 생산거점 확대는 지정학적 리스크 완화와 대미 관계 유지를 위한 불가피한 선택이지만, 현지 고객 확보와 인재 수급 등 제약을 고려하되 진출 속도는 신중히 조정할 필요가 있다.

판매·조달 전략도 바꿔야 산다

제재는 즉각적으로 준수
제품 성능을 조정하고 공정 혁신을 통해 대응
전략적 비축으로 대비

제재는 즉각적으로 준수

미국의 제재가 발표될 때마다 글로벌 반도체 기업들은 즉각적으로 "우리는 제재를 따르겠다"는 뜻을 밝힌다. 왜 자국 정부가 아닌 미국의 규정을 이렇게 철저히 지킬까? 그 배경에는 바로 '2차 제재' Secondary Sanctions라는 무서운 장치가 있다.

1차 제재는 미국 정부가 미국인과 미국 기업에게 "해당 기업과는 거래하지 마라"라고 직접 금지하는 조치다. 미국 재무부 산하 외국자산통제국OFAC이 이를 주도하며, 법무부와 주州 법 집행기관이 협력해 집행한다.

2차 제재란 미국이 제정한 제재법이나 행정명령에 따라 미국 외부제3국의 개인·기업이 제재 대상과 거래할 경우 그

제3국 기업에도 미국의 제재를 동일하게 적용하는 조치를 의미한다.
미국인이 아니더라도 미국이 지정한 제재 대상, 즉 특별지정국민SDN, Specially Designated Nationals and Blocked Persons List 명단이나 중국 군산복합체 기업 리스트NS-CMIC, Non-SDN Chinese Military-Industrial Complex Companies List 등과 거래하면 제재를 받을 수 있다. 미국은 달러 결제망과 글로벌 금융 시스템의 '심장부'를 쥐고 있기 때문에 외국 기업도 사실상 거부하기 어렵다.

SDN 명단에 오르면 미국 내 자산은 동결되고, 미국 기업과의 거래가 전면 차단된다. 사실상 글로벌 시장에서 고립되는 셈이다. 한편, SDN보다 한 단계 낮은 제재는 중국 군산복합체 기업 리스트NS-CMIC처럼 금융·투자만 제한하는 방식이다. China Mobile, China Telecom, China Unicom, 화웨이, SMIC, Hikvision, AVIC, DJI 등이 여기에 포함된다.

이 가운데 화웨이는 NS-CMIC 대상일 뿐만 아니라 미국 상무부의 엔티티 리스트2019년 5월에도 올라 있다. 엔티티 리스트에 오르면 미국산 반도체 장비나 소프트웨어 구입 시 반드시 미국 정부의 특별 허가를 받아야 한다. 따라서 화웨이는 돈줄과 기술 도입이 동시에 막힌 '이중 족쇄'를 차고 있는 셈이다.

SMIC도 마찬가지다. 2020년 12월 엔티티 리스트에 등재된 SMIC는 10nm 이하 공정 관련 장비·기술에 대해 원칙적 불허Presumption of Denial 규제가 적용되었다. 이어 2021년 6월에는 NS-CMIC에도 포함되어 미국 투자자들의 자금 조달도 막혔다. 다시 말해, SMIC는 화웨이와 더불어 '투자와 기술' 두 축이 동시에 차단된 대표적 중국 반도체 기업이다.

많은 사람이 이렇게 묻는다.

"그런데 SMIC는 겹겹이 제재와 통제를 받으면서 어떻게 여전히 화웨이에 7nm 칩을 공급할 수 있었을까?"

비밀은 기술적 우회에 있다. SMIC는 제재가 본격화되기 전에 이미 확보한 DUV심자외선 장비를 활용해 멀티 패터닝이라는 복잡하고 비효율적인 방식을 적용했다. 성능과 수율은 TSMC나 삼성의 EUV극자외선 기반 7nm에 공정에 비해 성능·전력 효율·수율 면에서 크게 뒤처진다.

그럼에도 불구하고 미국의 수출 통제로 인해 화웨이는 국산 공정에 의존할 수밖에 없었다. 실제로 2023년 출시된 메이트 60 스마트폰에 탑재된 기린 9000s 칩이 바로 그 결과물이다. 중국 정부는 이를 '제재를 뚫고 이룬 자립'이라 홍보한다.

SMIC가 7nm급 칩을 만들 수 있었던 구체적인 방법은 다음 소제목에서 설명하겠다.

해외직접생산품규칙FDPR은 미국의 기술이나 소프트웨어를 직접 활용해 생산된 해외 제품까지 통제 대상으로 삼는다. 그러나 실제 현장에서는 어떤 장비가 제재 대상이고 어떤 장비가 비대상인지 구분하기가 매우 어렵다. SMIC는 이러한 감시·판별의 회색지대를 활용하면서도 겉으로는 "각국 법규를 준수한다"며 일부 장비에 대한 라이선스 신청과 제한적 승인 절차를 병행해 정면 충돌을 피했다. 결국 이 제재 기준과 집행의 모호성이 SMIC가 화웨이에 칩을 공급할 수 있었던 실질적 배경이 되었다.

미국도 가만히 있지 않았다. 2023년 일본, 네덜란드 정부와 협력해 DUV 장비까지 수출 허가제로 묶었고, 2024년에는 일부 최신 DUV 장비의 중국 수출 허가를 아예 취소했다. 미국은 FDPR의 회색지대를 메워가며 SMIC의 우회 전략을 차단하고 있는 것이다.

글로벌 주요 기업들 역시 예외 없이 제재 규정을 따르고 있다. 인텔은 2020년 미국 상무부 허가를 받아 화웨이에 노트북용 칩을 제한적으로 공급해 왔다. 2024년 5월, 미국 정부가 수출 허가를 취소하면서 인텔은 화웨이에 대한 칩 공급을 전면 중단했다. TSMC는 2020년 5월 15일 이후 화웨이로부터 신규 주문을 받지 않았다. 그런데 이미 받았던 주문도 2020년 9월 14일 이전 물량까지만 출하하고 신규 계약을 전면 중단했다. 네덜란드의 ASML도 2019년 이후 EUV 장비를 전혀 팔지 않았고, 2023년부터는 최첨단 DUV까지 허가제로 묶었다.

제재를 어긴 대가가 얼마나 큰 지 보여주는 사례가 있다. 이란에 대한 제재를 어긴 ZTE는 2017년 미국과 합의해 11억 9000만 달러 벌금을 냈고, 2018년에는 미국의 거래 금지 명령으로 파산 위기까지 갔다. 씨게이트Seagate는 2020년 8월 이후 화웨이에 HDD 700만여 대를 공급한 사실이 적발되어 2023년 3억 달러 벌금과 의무 감사 조건을 부과받았다. 벌금 규모는 화웨이 거래로 얻은 순이익의 두 배가 넘는 수준이었다.

일련의 사례는 미국의 수출 통제 체제가 글로벌 기술 공급망 전체를 규율하는 새로운 규범 체계로 기능하고 있음을 보여준다. FDPR을 중심으로 한 제재는 기술·장비·소프트웨어의 사용 단계까지 확장된 '전면적 통제 메커니즘'으로 진화하고 있다. 즉 칩 설계용 소프트웨어, 제조용 장비, 완성된 칩, 기존 방비의 유지 보수까지 제재 대상이며, 각 기업들은 제재를 따르지 않을 수 없다. 제재가 점이 아니라 면으로 확대된 것이다. 이에 따라 글로벌 반도체 기업들은 기술 거래와 공급망

관리에서 법적 리스크와 규제 준수 비용을 전략적 변수로 고려해야 하는 시대적 전환점에 놓이게 되었다.

이러한 규제는 기술패권 경쟁이 시장 경쟁의 차원을 넘어 국제법적 규범과 제도 경쟁의 단계로 이행하고 있음을 시사한다. FDPR은 기술을 중심으로 한 패권의 법제화Legalization of Hegemony를 상징하며, 향후 국제통상 질서와 기업 전략 모두에 구조적 변화를 촉발할 것이다. 앞서 서술하였지만, 중국은 미국의 FDPR을 비롯한 수출 통제 체제를 거울처럼 모방하며 '패권의 법제화'에 대한 미러링 전략을 구사하고 있다. 수출통제법2020, 반외국제재법2021, 희토류·반도체 기술 통제 조치2025 등은 모두 미국식 법적 패권 구조를 참조한 것으로, 법률을 통한 자원·기술·데이터 통제의 제도화로 주권적 대응과 전략적 자율성 확보를 도모한다고 분석할 수 있다.

제품 성능을 조정하고 공정 혁신을 통해 대응

미국의 제재로 특정 반도체 제품의 중국 수출이 제한되자, 주요 반도체 기업들은 제품의 기술 사양을 규제 임계점 이하로 조정하거나 제조 공정을 변경하는 방식으로 대응하고 있다. 바로 '사양 조정'Specification Adjustment 전략이다. 즉 글로벌 반도체 기업들이 제재의 틀 안에서 '성능 제한형 맞춤 모델'을 통해 중국시장을 방어하려는 전략적 대응이다. 엔비디아는 고성능 AI 칩의 중국 공급 제한 조치에 대응해 연산 성능과 데이터 전송 속도를 낮춘 새로운 칩을 내놓았다. 이 신제품들은 미국의 수출 규제를 준수할 수 있도록 성능을 조정한 버전이다. 엔비디아는 2022년에 A100과 H100 칩의 성능을 조정한 중국용 A800 및

H800 모델을 출시하였다.

미국 상무부는 2022년, 연산 성능이 4,800 TPP~Total Processing Performance, 총 처리 성능~를 넘고, 네트워크 속도가 600GB/s를 초과하는 칩의 중국 수출을 금지했다. 이에 따라 엔비디아는 네트워크 속도만 낮춘 A800과 H800 모델을 내놓았다. 그러자 미국 상무부는 이를 회피 전략으로 판단하고, 2023년 10월에 규제를 "AND" 조건에서 "OR" 조건으로 강화했다. 이후 엔비디아는 연산 성능까지 낮춘 HGX H20, L20, L2 모델을 2023년 12월에 출시하였다.

인텔은 2024년 4월, 'Intel Vision 2024' 행사에서 AI 가속기 가우디 3~Gaudi 3~ 모델을 공개했다. 이후 미국 수출 규제에 맞춰 성능을 제한한 중국 전용 버전~HL-328, HL-388~을 6월 9일 출시했다. 이 중국형 모델은 가우디 3의 최대 연산 성능인 약 1835 테라플롭스~Teraflops, TFlops~ 대비 92% 낮은 150 테라플롭스로 조정되었다.

AMD는 자사의 대표 AI 가속기 MI300 시리즈인 'MI300X'와 'MI300A'를 기반으로 성능을 낮춘 중국향 모델 'MI308'을 준비 중이다. MI300X는 HBM3 메모리를 탑재한 고성능 AI·데이터센터용 GPU로, 엔비디아 H100과 직접 경쟁하는 제품이다. 그러나 미국 정부가 MI308 역시 연산 성능이 수출 제한 기준~1,600 TFLOPS·600 GB/s~을 초과한다고 판단하면서 AMD는 이 모델에 대해서도 별도의 수출 라이선스를 취득해야 하는 상황에 놓였다. 2025년 하반기 현재 AMD는 미 상무부의 라이선스 심사 절차를 기다리고 있으며, 일부 보도에 따르면 중국 매출의 15%를 미국 정부에 로열티 형태로 납부하는 조건부 수출 허가 방안까지 논의 중이라고 한다.

SMIC까지 10nm 이하 공정에서의 제재를 받고 있지만, 더블 패터닝여러 패턴 결합을 통해 자체적으로 7nm 칩을 생산한다. 캐나다의 전자부품 분석 전문기관인 테크인사이트TechInsights가 2023년 8월에 출시된 화웨이 메이트Mate 60 Pro에 탑재된 SMIC의 7nm N+2, 7nm 공정의 2번째 업그레드 공정 기반 기린Kirin 9000s를 분석해 EUV 없이 DUV 기술을 활용한 7nm 공정이 구현되었음을 확인했다. 다이 크기Die Size와 로직 게이트Logic Gate 및 핀 피치Pin Pitch 등 임계 치수Critical Dimension를 분석한 결과 이 공정이 기존 14nm 공정보다 진보된 기술 수준에 도달했음이 입증되었다.

반도체 칩은 웨이퍼에서 잘라낸 한 조각을 '다이'라 하며, 그 크기가 칩의 실제 면적이다. 칩 안에는 전기의 켜짐1과 꺼짐0으로 연산을 수행하는 '로직 게이트'가 수없이 들어 있어, CPU나 GPU의 두뇌를 이룬다. '핀 피치'는 칩 하단 다리핀 간의 간격으로, 좁을수록 신호 전송은 빨라지지만 제조가 어려워진다. '임계 치수'는 회로에서 그릴 수 있는 가장 가는 선폭으로, 트랜지스터나 배선의 최소 폭을 뜻하며 반도체의 성능과 기술 수준을 좌우한다.

7nm 이하 공정은 EUV극자외선 노광 기술이 필수적이다. EUV는 네덜란드 ASML만이 생산할 수 있으며, 미국의 수출 통제 대상이다.

SMIC가 멀티 패터닝Multi-patterning을 어떻게 하여 7nm를 했는지 간단히 알아보자.

멀티 패터닝은 말 그대로 여러 번 나눠서 그린다는 뜻이다. DUV는 빛의 파장이 193nm로 굵다. 아무리 렌즈 기술을 발전시켜도 이 굵은 빛으로는 38nm보다 가는 선을 그릴 수 없다. 이것이 물리적 한계다. 그런데

7㎚ 칩을 만들려면 선들을 훨씬 더 촘촘하게 배치해야 한다.

DUV의 또 다른 결정적 한계는 빛의 간섭 현상이다. 반도체 회로를 그릴 때는 회로 패턴이 새겨진 거푸집포토마스크에 뚫린 틈으로 빛을 쏜다. 예를 들어 8개의 선을 아주 촘촘하게 한꺼번에 그리려면 거푸집에 8개의 좁은 틈을 가까이 뚫어야 한다. 문제는 이 좁은 틈들로 굵은 빛이 통과할 때 파동처럼 퍼지면서 옆 틈에서 나온 빛과 겹치고 간섭한다는 것이다. 마치 여러 개의 스프레이를 가까이서 동시에 뿌리면 물방울들이 서로 섞여 경계가 흐려지는 것과 같다. 그 결과 웨이퍼Wafer에는 8개 선이 선명하게 구분되지 않고 뭉개진 상태로 그려진다.

그래서 SMIC는 영리한 방법을 썼다. 첫 번째 노광에서는 거푸집에 절반의 틈만 뚫는다. 1번, 3번, 5번, 7번 위치에만 틈이 있고, 틈 사이 간격이 충분히 넓다. 이렇게 하면 빛이 간섭하지 않고 선명하게 선이 그려진다. 이 선들을 웨이퍼에 새긴다. 두 번째 노광에서는 완전히 새로운 거푸집을 사용해 2번, 4번, 6번, 8번 위치에 선을 그린다. 각 단계에서는 선들이 충분히 떨어져 있어 빛의 간섭 문제가 없다.

실제로 SMIC는 이 과정을 3~4회 또는 그 이상 반복한다. 38㎚를 4번 나누면 약 9.5㎚가 되어 7㎚급 집적도에 근접한다. 하지만 공정 횟수가 늘어날수록 시간은 기하급수적으로 증가하고 정렬 오차가 누적되어 불량률이 급격히 높아진다. 조금만 어긋나도 회로가 망가진다.

그래서 SMIC의 7㎚는 삼성이나 TSMC의 7㎚보다 양산성과 수율이 크게 떨어진다. EUV를 사용하면 한 번에 끝날 작업을 3~4회 이상 반복해야 하므로 생산성이 현저히 낮다. 그럼에도 중국으로서는 첨단 반도체를 만들기 위해 이러한 비효율적인 방법을 사용할 수밖에 없는 상황이다.

SMIC 사례는 시장 맞춤형 '성능 제한형 모델'의 경우는 아니지만, 공정기술을 응용해 맞춤형 공적 혁신을 하여 제재에 대응한 한 사례이다.

전략적 비축으로 대비

전략적 비축Strategic stockpiling은 지정학적 리스크에 대응하는 또 다른 방법이다. 대체 공급선이 있는 경우에는 공급선 다변화가 가장 좋지만, 없을 때는 핵심 원자재와 장비의 사전 비축 외에는 다른 선택지를 찾기 어렵다.

2020년 8월 20일, 미국이 해외직접생산품규칙FDPR을 적용함에 따라 미국의 기술이 포함된 반도체의 대對화웨이 판매가 전면적으로 중단되었다. 그러나 화웨이는 제재 시행 이전부터 이러한 조치를 예상하고 있었다. 2017년부터 2019년까지 화웨이는 반도체와 핵심 부품을 대량으로 선비축하는 전략을 추진했다. 2019년 화웨이의 반도체 및 부품 비축 규모는 585억 2000만 위안약 83억 7000만 달러에 달했으며, 이는 2018년에 비해 약 65% 증가한 수치였다.

화웨이는 생존 전략의 일환으로 5G용 고성능 칩, 기판, 통신 장비 부품 등 핵심 부품을 집중적으로 비축하였다. 특히 DUV심자외선 공정으로 제조된 7nm급 칩까지 확보하며, 향후 공급망 단절에 대비한 자급 능력을 최대한 확충한 것으로 분석된다.

SMIC도 미국의 제재를 예상하고 2020년 중반부터 미국·유럽·일본 등에서 반도체 핵심 장비 및 소모품을 대규모로 사전 구매했다. SMIC는 ASML의 ArF DUV 리소그래피 장비를 포함해 에칭, 세정,

테스트 장비 등을 일본과 네덜란드에서 약 50억 달러 이상 구매하여 비축했다.

중국의 사전 비축 전략은 미국 의회 보고서에서도 언급되었다. 보고서에 따르면, 네덜란드는 2019년 EUV 리소그래피의 중국 판매를 금지했지만 DUV 장비는 계속 판매했다. 그러나 2022년 미국의 추가 제재로 일본과 네덜란드가 동참하면서 2023년부터는 DUV 장비의 수출도 통제에 들어갔다. 이 통제가 시행되기 전 SMIC는 ASML으로부터 32억 달러 규모의 DUV 장비를 수입했다. 중국은 2023년 상반기 동안 글로벌 업체들로부터 총 138억 달러 상당의 반도체 제조 장비와 부품을 수입한 것으로 보고서는 분석했다.

화웨이는 별도 채널을 통해서도 반도체를 비축하고 있다. 2023년 12월~2024년 1월경 캐나다의 반도체 분석 전문 기업인 테크인사이트Tech Insights가 화웨이 Ascend 910B 칩을 역공학Reverse Engineering한 결과 TSMC 제조 흔적이 발견되어 화웨이로의 공급 경로가 조사 중이다.

미국의 '두더지 잡기'Whack-a-Mole식 제재는 이와 같이 중국 기업들의 다양한 회피 전략을 불러왔다. 전략적 비축의 조달 전략도 그러한 생존 모색의 한 방안이다.

전략적 비축 전략은 지정학적 불확실성과 공급망 단절 위험이 심화되는 환경에서 기업이 취할 수 있는 단기적 생존 전략이다. 전략적 비축은 핵심 원자재와 장비를 미리 확보해 제재나 수출 통제 상황에서도 생산의 연속성을 유지하고, 공급망 교란 시 가격 급등이나 수급 불안을 완화해 비용 안정성을 높일 수 있다. 그러나 과도한 비축은 자본을 비생산적 재고로 묶어 유동성을 떨어뜨리고, 기술 변화 속에서 자산의 노후화와 가치 하락 위험을 초래할 수 있다. 또한 장기적으로는 시장 왜곡과 기술 자립 지연으로 이어져 산업 경쟁력을 약화시킬 가능성도 있다. 결국 전략적 비축은 단기적 위기 대응 수단으로는 가장 유용한 방법이지만 지속 가능한 기술·산업 전략으로 삼기에는 한계가 있다.

 ## 비즈니스 성공과 리스크 관리 전략

중국에서의 대정부 활동
미국에서의 로비 활동과 커뮤니케이션
기업 가치와 일치하는 행동 먼저

중국에서의 대정부 활동

다국적 기업들은 중국 내에서 성공적인 비즈니스를 수행하고 리스크를 관리하기 위해 대정부 활동을 수행한다. 중국 공산당, 중국 정부 부처, 중국 정부 산하 협회 등 다양한 채널과 관계를 구축하고, 정책 및 규제 변화에 적극적으로 대응한다. 이러한 대정부 활동은 미국에서는 '로비'Lobby라 불린다.

로비는 정책 결정권자, 정치인 및 기타 관료가 내리는 결정에 영향을 미치기 위해 수행하는 모든 행위를 의미한다. 그러나 중국에는 서구식 '로비스트 등록이나 로비 활동에 대한 공개제도'가 존재하지 않으며, 로비를 명시적으로 규율하는 일반법도 부재하다. 따라서 중국에서는 '로비'라는 단어 대신 '정부관계'政府關系, GR: Government Relations라는 용어가 사용된다. 중국의 정치 엘리트들은 정책 결정 과정에서 독점적 통제를 유지하려는 경향이 강하고, 국내외 이익 단체의 사회적 압력에 거의 반응하지 않는다. 이에 대응해 서방 이익 단체들은 중국의 특수한 정치적 환경에 맞춰 다양한 로비 기법을 활용하며, 소위 '뒷문 로비'Backdoor Lobbying를 통해 중국 비즈니스 환경에 영향을 미치고자 한다.

이들은 자국 정부와 정치 지도층으로부터 간접적인 지원을 확보해 중국 내 비즈니스 환경을 유리하게 조성하려는 전략을 취하고 있다.

중국에서 효과적인 대정부 활동을 수행하려면 중국 정부의 운영 체계를 이해하는 것이 중요하다. 중국은 2024년 말 기준 1억 270만 명의 중국공산당 당원이 존재한다. 중국 헌법 제1조 2항은 "사회주의제도는 중화인민공화국의 근본제도이다. 중국공산당의 영도는 중국 특색 사회주의의 본질적 특성이다"라고 명시하고 있다.

중국공산당은 1921년 창당되어 군1927년과 국가1949년보다 먼저 형성된 유일한 집권당으로, 혁명과 무장투쟁을 통해 정권을 수립한 역사적 정통성을 지닌다. 이로부터 '당이 군을 지휘하고党指挥枪, 국가를 영도한다党领导一切'는 원리가 확립되었으며, 헌법상으로도 공산당은 국가와 군을 통합적으로 지도하는 최고 정치 주체로 규정되어 있다.

중앙의 정책은 당조党組라는 조직을 통해 국가 전반에 철저히 전파되도록 관리하고 감시한다. 이러한 구조는 지방정부, 국영 기업, 군대 등 모든 조직에 동일하게 적용된다. 중국공산당은 민주집중제 원칙에 따라 활발한 토론은 하지만, 최종 결정된 사안에는 모든 당원이 복종하도록 규정되어 있다.

중국공산당은 인사·조직·사상·무력·경제를 직접 통제하며, 주요 부서들이 이를 지원한다. 당 산하 중앙조직부는 고위 공무원 인사를 담당하고, 중앙선전부는 당 노선을 홍보하며, 기율위원회는 당 기강을 감독하는 조직이다. 중앙당교와 인민일보도 공산당 산하에 속해 교육과 사상 통제에 중요한 역할을 한다. 그러므로 다국적 기업들이 중국에서 성공적인 비즈니스를 하려면 중국공산당과의 관계 설정은 필수적이다.

중국에서는 중국공산당이 주요 정책의 방향과 우선순위를 결정하지만, 실제로 그 정책을 집행하고 규제·감독하는 역할은 정부 부처가 담당한다. 따라서 다국적 기업으로서는 중국공산당과의 관계뿐 아니라 정책을 실행하는 정부 부처와의 협력도 중요하다. 이는 중국에서는 정책을 정하는 '당'黨과 이를 실행하는 '정부'라는 두 체계를 함께 이해하고 대응해야 함을 보여준다.

중국 헌법상 최고 권력기관인 전국인민대표대회전인대는 서구의 의회와 같은 역할을 하고, 주요 정책에 대해 형식적인 의결 역할만 한다.

거시 경제 조정과 정책 집행에서는 국무원 산하의 국가발전개혁위원회발개위가 중요한 역할을 한다.

중국의 경제 체제는 공산당이 방향을 정하고, 정부가 이를 실행하는 구조로 운영된다. 이 가운데 국가발전개혁위원회발개위, NDRC는 당의 경제 전략을 구체적 정책으로 전환하는 핵심 기관으로, 거시경제 조정, 산업 정책, 투자 승인 등 경제 운영 전반을 통제하는 역할을 맡고 있다. 따라서 중국에서 활동하는 기업에게는 발개위와의 관계 유지를 통해 중국 정부의 정책 흐름을 정확히 이해하고, 규제 리스크를 최소화하며 사업 기회를 안정적으로 확보하는 것이 중요하다.

글로벌 기업인 BMW·벤츠·지멘스·폭스바겐·BASF·에어버스 등은 발개위와 전략적 협력을 맺어 대정부 활동의 중요 창구로 활용한다.

대표적인 사례로, 2011년 지멘스는 베를린에서 발개위와 '포괄적 협력 양해각서MOU 연장'에 서명했다. 이 자리에는 메르켈 총리와 원자바오溫家寶 총리가 증인으로 참석했으며, MOU에는 산업 업그레이드·기술 혁신, 에너지 절약·배출 감축, 중서부 지역 개발, 스마트 그리드·전기차·친환경 모빌리티 같은 신흥산업 분야 협력이 포함되었다. 또한 중국의 제12차 5개년 계획과 연계하여 서부·중부 개발, 해외 공동 진출, 중소기업 지원이 핵심 과제로 설정되었다. 이 협력은 지멘스가 중국 내 사업을 확대하고, 중국 정부의 국가 전략과 정책에 부응하는 전형적인 정부관계 모델로 평가된다.

산업정책에서는 공업정보화부공신부가 강력한 권한을 가지고 있다. 공신부는 전자·통신·장비·원자재 등 광범위한 산업정책을 총괄하며, 대외 규제와 표준 제정에서 막강한 권한을 가진다. 공신부는 특정 기업이나 협회를 초청해 의견을 청취하거나 기업의 의견을 반영하기도 한다. 다국적 기업들이 지정학적 리스크를 고려할 때 통상을 담당하는 중국 상무부와 외교부와의 관계도 중요하다.

중국의 민간 기업 비중이 커지면서 이익단체가 정책 결정에 영향을 미치고 있지만, 아직까지는 기업들의 의견을 전달하는 창구 역할 수준이다. 대표적으로 중국공상연합회ACFIC와 중국외상투자기업협회CAEFI 등이 있다.

중국 내 반도체 기업들은 공신부 산하인 중국반도체산업협회CSIA와 중국반도체장비협회CSEIA에 가입해 중국 정부와의 소통 창구로 활용한다. 산업협회는 중국 정부와 긴밀히 연결되어 있으며 협회장, 비서장 등 주요 직책을 정부 관료 출신이 맡는다.

중국국제무역촉진위원회CCPIT는 국가급 준정부기관으로, 정부와 기업을 연결하는 핵심 통상 창구 역할을 한다. 기업의 의견을 정부에 전달하고, 정부의 무역·투자 정책을 기업 현장에 확산시키는 정책 매개자이자 실행 조직이다.

내부에 중국국제상회CCOIC를 두어 기업 교류와 국제 협력 등 상공회의소 기능을 수행하며, 국제경제무역중재위원회CIETAC 등 분쟁 조정 기구를 산하에 두고 상무부와 협력해 무역·투자·전시·중재 등 대외경제 업무를 담당한다. 요컨대 CCPIT는 정부가 설립한 준정부형 상공회의소이자 KOTRA형 무역촉진기관으로, 정책·외교·경제를 아우르는 종합 통상 허브라 할 수 있다.

미국 기업들은 암참 차이나AmCham China, 중국주재 미국상공회의소와 베이징에 등록된 비영리 정책단체인 미국정보기술사무소USITO를 통해 중국 공산당과 접촉하고 대정부 활동을 한다. 암참 차이나는 중국 내 미국 기업들의 비즈니스 환경을 개선하고자 워싱턴과 연계해 로비 활동을 하고 있다. 인텔·마이크로소프트·애플·구글 등 주요 ICT 기업들이 회원사로 참여하는 USITO는 중국의 데이터·통신 규제 및 표준 제정에 공동 대응할 수 있도록 정책 동향 보고서 출간, 전문가 포럼 개최 등의 지원 활동을 한다.

미국에서의 로비 활동과 커뮤니케이션

미국 로비의 역사는 제18대 대통령 율리시스 그랜트가 윌라드 호텔을 자주 방문했던 일화에서 유래한다. 대통령을 직접 만나기 위해 사람들이 호텔 로비에서 기다리던 데서 '로비스트'Lobbyist라는 용어가 유래했다. 결론적으로 로비는 의사 결정권자와의 직접적인 접근을 추구하는 것으로 정의된다.

로비는 포괄적인 개념으로, '의사 결정권자의 마음을 바꾸기 위한 커뮤니케이션 활동'을 말한다.

다국적 기업은 자사의 목표와 이해를 반영하기 위해 행정부, 입법부, 사법부, 그리고 규제기관을 대상으로 정책 형성 과정에 참여한다. 또한 정치인이나 정책 담당자가 기업의 전문 지식과 산업 경험을 참고하려는 경우 이를 정책 조언의 기회로 활용하기도 한다. 새로운 시장에 진출하려는 기업이라면 이러한 정치적 소통 창구를 적절히 활용하는 능력이 중요하다.

로비에는 자국 정부의 외교 역량을 적극적으로 활용하기도 한다. 오늘날에는 정부의 외교 활동이 글로벌 상업 활동의 연장선으로 인식되는 경우가 많다. 정부는 자국 기업의 해외 진출을 지원하고, 투자 유치·수출 확대·현지 사업 환경 개선을 통해 기업의 경쟁 우위를 높인다. 외교와 비즈니스가 맞물리는 지점에서 기업은 정부의 외교 네트워크를 전략적으로 활용함으로써 글로벌 시장에서 영향력을 한층 강화할 수 있다.

미국에서는 주요 이슈에 대해 많은 로비스트가 의회 위원회 등에 적극적으로 입장을 표명한다. 이러한 상황을 반영하듯 워싱턴에서는 "만약 당신이 협상 테이블에 앉아 있지 않다면 당신이 메뉴에 오르게 된다"If you're not at the table, you're on the menu라는 표현이 통용될 만큼 로비의 중요성이 강조되기도 한다.

미국 헌법은 국민에게 청원의 권리를 보장하고 있다. 제1차 수정헌법에는 "의회는 발언, 출판의 자유, 국민이 평화롭게 집회할 권리, 그리고 불만 사항의 구제를 위해 정부에 청원할 권리를 제한하는 법률을 제정할 수 없다"는 규정이 있다.

미국에서 로비 활동은 민주적 의사 결정 과정의 중요한 요소로 간주된다. 1946년 제정된 연방 로비 규제법FRLA, Federal Regulation of Lobbying Act은 로비스트의 활동 내역 보고를 의무화하며, 투명성을 강화하려는 시도로 도입되었다. 그렇지만 이 법은 로비스트와 로비 활동의 정의가 불명확하고 적용 범위가 제한적이어서 실효성에 한계가 있었다.

1995년 미국 의회는 로비공개법Lobbying Disclosure Act, LDA을 제정해 기존 규제를 강화하고 범위를 확대했다. 이 법은 로비 활동을 정책 결정자와의 접촉뿐만 아니라 정책 제정에 영향을 미치려는 준비 작업까지 포함시켰다.

미국에서는 「로비공개법」Lobbying Disclosure Act, 1995에 따라 로비스트를 '의회 의원, 보좌관, 연방정부 관료 등과의 접촉에 업무 시간의 20% 이상을 사용하는 사람'으로 정의한다. 즉 일정 기간 정부와 의회를 상대로 정책이나 법안에 영향을 미치려는 활동이 전체 업무의 상당 부분을 차지하는 사람은 공식 로비스트로 분류되어 등록 의무를 지닌다. 6개월 동안 5,000달러 이상의 수임료를 받는 개인이나 2만 달러 이상의 수임료를 받는 로비 회사는 등록이 의무화되어 있다. 등록된 로비스트는 분기별로 활동 보고서를 제출해야 하며, 로비 보고서에는 로비 대상, 활동 내용, 그리고 수입 및 지출 내역을 포함해야 한다.

퇴임한 의원이나 고위 공직자는 회전문Revolving Door 규제를 받는다.

'회전문'은 공직자와 민간 인사가 정부와 기업을 오가며 이익과 영향력을 주고받는 현상을 뜻한다. 이를 막기 위해 미국은 퇴직 공직자의 일정 기간 로비·자문 활동을 금지하고, 로비 등록과 이해충돌 보고를 의무화해 공익과 사익의 충돌을 방지한다. 미국 연방법상 상원의원은 퇴임 후 2년, 하원의원은 퇴임 후 1년 동안 의회를 대상으로 한 로비 활동이 금지된다. 또한 의회 고위 보좌진과 위원회 간사급 이상 직원도 퇴직 후 1년간 자신이 근무했던 의회기관에 접촉하거나 로비하는 것이 제한된다. 이러한 규제는 퇴임 인사가 과거 인맥과 영향력을 활용해 정책 과정에 부당하게 개입하는 것을 막고, 이해 충돌을 방지하며 공정성을 확보하기 위한 제도적 장치다.

미국에서는 의원만이 하원이나 상원에 법안을 제출할 수 있으므로, 이익단체는 의제를 상정하려면 후원 의원을 찾아야 한다. 법안이 제출되면 관련 위원회에 배정되고, 이익단체는 해당 위원회의 의원들과 직접 접촉하며 입법 과정에 영향을 미친다. 입법 과정에서 이익단체는 필요 정보를 제공하거나, 청문회 행사 등에서 자신들의 입장을 발표하는 기회로 활용하기도 한다.

미국은 주마다 고유한 입법 절차와 로비 규제를 가지고 있어 각 주의 상황에 맞는 전략이 필요하다. 특히 로비와 로비스트의 정의, 선물 제한, 등록 기준, 공개 의무 등 규제가 주별로 상이하다.

미국의 연방정부를 상대로 한 로비 활동은 '로비공개법'LDA으로 규제되지만, 주州 정부를 상대로 한 로비에는 전국적으로 통일된 법이 없다. 각 주州마다 자체적인 규칙과 등록제도가 있기 때문에 로비 활동의 기준과 절차는 주마다 모두 다르다.

미국 내 로비에는 직접 로비와 대중적 로비 두 가지 주요 유형이 있다. 직접 로비는 로비스트나 홍보 전문가가 정부 관리들을 직접 교육하고 설득하는 방식이다. 일대일 미팅, 비공식 토론, 모금 행사 참석 등이 대표적이며, 기존에 관계를 맺고 있는 로비 회사와 협력하기도 한다.

이에 비해 대중적 로비Grassroots Lobbying는 언론과 여론을 활용해 입법자에게 간접적인 압력을 가하는 풀뿌리형 캠페인이다. 시민이나 이해집단의 참여를 조직해 정책 목표를 지지하거나 반대하도록 여론을 형성하는 방식으로 정치인에게 직접 접근하지 않고도 정책 결정 과정에 영향력을 행사할 수 있다.

미국의 로비 활동과 정치자금 흐름을 추적·분석하는 전문 기관인 오픈시크릿OpenSecrets에 따르면, 미국의 로비 지출은 해마다 증가하고 있다. 2019~2020년에는 연간 약 35억 달러 수준이었고, 2021년에는 37억 8000만 달러로 늘었다. 2023년에는 42억 달러를 넘었으며, 2024년에는 44억 4000만 달러로 증가했다.

지정학적 이슈가 증가하면서 반도체 기업의 로비액 규모도 확대되었다. 화웨이·퀄컴·AMD·TSMC·SMIC·인텔 등 주요 반도체 관련 기업 7개사를 분석해 본 결과 미국 내 로비 총액은 2017년 1600만 달러에서 2022년 3200만 달러로 두 배 증가했고, 2023년에는 약간 감소한 2800만 달러 수준을 기록했다. 2024년에는 총 2631만 달러로 약간 줄었다. 표11 참조

개별 사례로는 퀄컴이 매년 700만 달러 이상의 로비액을 기록하며, 미국 내 강한 로비 활동을 펼치고 있다. AMD는 2017년 61만 달러에 불과했으나, 2018년부터 로비액이 급증해 2021년에는 445만 달러에 달

표 11 주요 기업 대미 로비 현황

(단위: 천 달러, 명)

구분		2017	2018	2019	2020	2021	2022	2023	2024
화웨이	로비액	60	165	2,985	470	3,590	3,156	1,460	-
	로비스트 수	(3)	(6)	(12)	(8)	(16)	(12)	(6)	-
퀄컴	로비액	8,260	8,010	7,880	7,940	9,080	9,300	7,220	7,380
	로비스트 수	(46)	(37)	(27)	(56)	(45)	(45)	(43)	(32)
AMD	로비액	610	2,290	3,030	1,740	4,450	3,860	3,320	2,700
	로비스트 수	(1)	(1)	(1)	(10)	(15)	(17)	(35)	(36)
TSMC	로비액	-	-	-	1,983	2,302	2,810	2,970	3,010
	로비스트 수	-	-	-	(2)	(19)	(19)	(20)	(20)
SMIC	로비액	-	-	-	310	180	-	-	-
	로비스트 수	-	-	-	(4)	(4)	-	-	-
인텔	로비액	3,747	4,020	5,065	3,600	4,110	7,080	6,860	6,340
	로비스트 수	(66)	(50)	(66)	(51)	(55)	(53)	(43)	(36)
삼성	로비액	3,500	3,910	3,470	3,330	3,720	5,790	6,300	6,980
	로비스트 수	(39)	(26)	(27)	(28)	(28)	(55)	(67)	(64)
로비 총액		16,177	18,395	22,430	19,373	27,252	31,996	28,130	26,308

출처: OpenSecrets, 각 기업 연도별 로비액 데이터, 저자 정리

했으나 2024년에는 270만 달러 수준으로 대폭 감소했다. 인텔은 2022년 로비액이 크게 늘어 708만 달러에 달하였고, 2024년에도 634만 달러를 기록하며 여전히 상위권을 유지했다.

삼성도 2022년부터 로비액이 대폭 증가해 2023년에는 630만 달러에 달했으며, 2024년에는 698만 달러로 증가했다. 삼성이 상원에 제출한 보고서에 따르면 지식재산권, 한·미 관계, 국방수권법, 외국 기업의 대

미 투자, 반도체법, 통신 정책, 공급망, 양자 다자 무역 정책, 사이버 보안, 인공지능AI 정책, 세제, 이민, 디지털 격차 등 광범위한 의제를 아울렀다.

TSMC는 2019년까지는 로비가 없다가 2020년부터 본격적으로 시작해 2023년 로비액이 300만 달러에 이르렀고, 2024년에는 301만 달러로 소폭 증가했다. 반도체 정책 동향 파악과 보조금 확보 목적의 로비를 강화한 것으로 보인다. 화웨이는 미국 제재 시기인 2019년 로비를 집중하였고 2023년까지는 자회사 퓨처웨이Futurewei를 통해 일부 로비를 이어갔으나, 2024년부터는 워싱턴 로비 활동을 중단하였다. SMIC는 2020년과 2021년에 소액의 로비 지출을 기록하고 그 이후에는 로비 기록이 없는 것으로 보아 사실상 로비를 중단한 것으로 보인다.

지정학적 긴장이 고조되는 환경에서는 미국의 제재 당사자인 중국 기업은 로비나 외교적 접근 같은 기업 차원의 노력이 더 이상 실질적 효과를 거두기 어렵다는 현실을 스스로 인정한 것이다.

로비스트 수와 관련 AMD는 2020년 10명에서 2023년 35명으로 증가했고, 2024년에는 36명으로 집계되었다. TSMC도 2020년 2명에서 2023년 20명으로 급증하였고, 2024년에도 20명을 유지했다. 퀄컴과 인텔은 2024년 각각 32명과 36명으로 파악되었다.

반도체 기업들의 적극적인 로비 활동은 지정학적 경쟁이 산업정책으로 확산되는 구조적 변화를 반영한다. 미국과 한국 기업의 로비 강화는 공급망 재편과 기술패권경쟁 속에서 생존을 위한 전략적 대응을 보여준다. 반면 화웨이와 SMIC의 로비 약화는 제재 구조 속에서 중국 기업의 제도적 접근 경로가 차단되고 있음을 시사한다.

기업 가치와 일치하는 행동 먼저

글로벌 반도체 기업들은 진출한 나라에서 좋은 이미지를 만들고 자사 이익을 지키기 위해 사회적 책임CSR 활동을 적극적으로 펼치고 있다. CSR은 단순히 자선 활동이라기보다 지역 사회의 요구를 충족시키며 현지 정부와도 우호적인 관계를 쌓으려는 전략이다.

기업들이 CSR을 강화하는 이유는 지역 사회와 신뢰를 구축하면 정부의 정책적 지원을 받을 기반도 마련되고, 불안정한 국제 환경에서 위험을 줄일 수 있기 때문이다. CSR은 기업의 정치적 접근성을 높이고, 브랜드 신뢰도를 강화하는 효과적인 수단이 된다.

CSR의 개념은 시대와 기업 전략에 따라 진화해 왔다. 1953년, 미국의 경제학자 하워드 R. 보웬Howard R. Bowen은 저서 『Social Responsibilities of the Businessman』을 통해 '기업은 사회적 책임을 져야 한다'는 개념을 처음으로 체계적으로 제시했다. 이후 1970년 경제학자 밀턴 프리드먼Milton Friedman은 "기업의 사회적 책임은 이윤을 높이는 것"이라며 CSR 개념에 정면으로 반대해 큰 논쟁을 일으켰다.

그러나 2011년 마이클 포터Michael E. Porter와 마크 크레이머Mark R. Kramer는 CSR을 새로운 시각에서 해석했다. 그들은 기업이 사회 문제를 해결하면서 동시에 수익을 낼 수 있다고 보았고, 이를 '공유가치창출'Shared Value Creation, CSV이라 불렀다. 이로써 CSR은 단순한 도덕적 의무를 넘어 기업 경쟁력과 사회적 가치가 함께 커질 수 있는 전략적 개념으로 발전하게 되었다.

CSR이 효과를 내려면 단순히 보여주기식 기부가 아니라 사회와 이해관계자들이 실제로 중요하게 여기는 방식으로 추진될 필요가 있다. 정치인이나 정부 관료 입장에서도 기업이 공익 활동을 하면 자연스럽게 교류의 접점이 생기고, 기업은 그 과정에서 이미지 제고와 정책적 접근성을 함께 얻을 수 있다.

특히 로비가 합법화되지 않은 나라에서는 CSR이 사실상 정부와 관계를 맺는 중요한 수단이기도 하다. 전략적 CSR은 기업의 가치와 행동을 일치시키고, 사회적 책임을 핵심 사업과 연결해 이익과 사회적 가치를 함께 추구하는 접근이다. 핵심은 기업의 목표와 사회적 필요를 동시에 충족시키는 데 있다.

중국은 민간 기업의 CSR에 큰 기대를 걸고 있다. 2023년 7월 국무원이 발표한 '민간 경제 발전·성장 촉진에 관한 의견'에서는 민간 기업이 공익·자선·재난 대응·농촌 활성화 등 다양한 분야에서 역할을 하도록 권장했다. 특히 농업 현대화나 지역 특화산업 육성, 그리고 '만 개 기업이 만 개 마을을 발전시킨다'는 의미의 '만기흥만촌万企兴万村 행동' 참여도 독려하고 있다. 이는 민간 기업이 이윤을 내는 동시에 지역 사회 발전에 기여하도록 장려하는 정책이다.

칭화대 사회과학대학의 허샤오빈何晓斌 교수는 2023년 발표한 글有效推动民营企业履行社会责任에서, "CSR은 정부와 기업이 함께 성장하는 상생 구조를 형성한다"면서 기업의 성장이 정부의 제도적 지원과 국민의 균형 잡힌 지지 속에서 이뤄질 때 시장의 활력과 공공 복지를 동시에 높일 수 있다고 강조했다. 중국식 CSR의 핵심은 국가의 조정과 사회의 참여 속에서 공익과 시장의 선순환을 이루는 데 있다고 설명했다.

민간 기업의 CSR은 정부의 사회적 목표를 보완하면서 협력을 통해 다양한 이익을 창출하는 과정으로 기대된다. 또한 불안정한 지정학적 환경과 시장의 불확실성 속에서 CSR은 기업이 자사의 이익을 보호하고 긍정적 이미지를 구축하는 전략적 수단으로 활용될 수 있다.

CSR이 활발하게 추진되고 있는 중국 내 기업별 CSR 활동을 간단히 살펴본다. 표12 참조

삼성전자는 글로벌 대표 프로그램인 '솔브 포 투모로우' Solve for Tomorrow를 2013년부터 중국에 도입했다. 중국 청소년의 STEM 과학·기술·엔지니어링·수학 역량강화를 위한 이 프로그램은 중국 교육부 및 중국청년과학기술협회와 협력해 추진하고 있다. 2013년부터 2024년 말까지 약 52만 명에 가까운 중국 청소년이 참가하거나 학습 기회를 제공받았으며, STEM Girls 프로그램을 포함해 총 60만 명 이상이 교육을 받았다. 또한 삼성은 '나눔 빌리지' Nanum Village 프로젝트를 통해 중국 내 13개 농촌 지역의 빈곤 탈피와 지역 개발을 위한 프로그램을 구축했다 4장 '국가 목표에 맞춘 사회공헌 활동' 참조.

인텔은 중국에서 '디지털 준비 프로그램' Intel Digital Readiness Program을 통해 AI 및 디지털 문해력 교육을 체계적으로 추진하고 있다. 이 프로그램은 전국 다수의 성省에서 교사와 학생 수천 명을 대상으로 운영되며, 하위 프로젝트인 'AI for Youth'를 통해 중·고생에게 AI의 기본 원리, 데이터 분석, 윤리적 활용을 교육한다. 또한 대학생과 직장인을 대상으로 한 'AI for Future Workforce' 프로그램을 통해 제조·금융·서비스 등 다양한 산업 현장에서 AI를 실제 업무에 적용할 수 있는 직무 기반 실습 교육을 제공한다. 이 과정은 중국 내 공업대학 및 현지 산업단지와 연계해 진행되며, 산업의 디지털 전환을 촉진하고 AI·데이터 기반 실무형 인재를 양성하는 것을 목표로 한다. 인텔의 CSR은 포

표 12 주요 반도체 기업들의 중국·미국 CSR 활동

구분	중국	미국
삼성	- Solve for Tomorrow : 52만 명 청소년 STEM 인재 양성에 기여(STEM Girls 포함 시 60만 명 교육) - 나눔 빌리지: 13개 지역 빈곤 탈피 지원 (1억 2000만 위안) (중국 정부와 협업 추진: 2개 과제)	- Solve for Tomorrow(2010년부터) 4,300개 학교 2900만 달러 지원, 62만 명 STEM 인재 양성 기여 - 재향 군인 및 가족 지원
인텔	- Digital Readiness Program : 중국 20개 성 교사, 학생 대상 AI 교육 - AI for Youth: 중국 중고생 대상 AI, 디지털 교육	- STEM/반도체 교육 지원 1억 5000만 달러 (인텔 1억 달러 + 미국국립과학재단) 5000만 달러) - 2023년 인텔 총 기부 8150만 달러
TSMC	- 지역사회: 노인 케어·요양원 방문, 응급 교육, 농장 수확 지원 - 환경 보호: 녹색소비 세미나(일회용품 절감·백색오염 예방), 마강산 청소 - 교육 지원: 난징 우강학교 'Fun Tech Classes'(반도체·과학 수업)	- 애리조나 지역 사회·K-12 STEM/인력 개발 프로그램에 최소 1500만 달러 추가 투자 약속 - 애리조나 파이프 트레이즈 훈련 센터 1500만 달러 투자
SMIC	-'芯肝宝贝计划(Xin Gan Baby Program)' 운영: 송경령기금회, 푸단대 부속아동병원 목적: 아동 간이식 수술비 지원 성과 (2024 기준): 누적 모금 약 5000만 위안, 지원 아동 943명	- 미국 내 활동은 확인 불가

출처: 각 기업 관련 사이트, 저자 정리

용성Inclusiveness, 공유가치Shared Value, 지속가능성Sustainability을 원칙으로 하며, CSR을 중국 정부의 디지털 교육 중심의 신공과新工科 교육New Engineering Education 정책과 결합시켜 디지털 포용과 국가 인재 육성에 기여하고 있다.

TSMC는 "누구도 소외되지 않는다"No One Left Behind는 포용 원칙 아래, 중국에서 참여형 지역사회 CSR을 운영하고 있다. 중국 난징에서는 직원 주도의 'Fun Technology Classes'科技趣味课堂를 통해 학생들에게 반도체 원리와 과학 실습 수업을 제공했다. 또한 지역사회에서는 노인 돌봄 서비스, 농산물 기부, 건강 교육 등을 진행한다. 환경 부문에서는 산 청소 캠페인과 녹색소비 세미나 등을 통해 지역사회 복지 향상과 환경 보호 인식 확산을 동시에 추진하고 있다. TSMC의 CSR은 직원 참여 Employee Engagement와 포용적 성장Inclusive Growth을 핵심으로, 지역사회·환경·교육이 함께 성장하는 지속가능한 사회공헌 모델로 평가된다.

SMIC中芯国际는 중국에서 의료복지 중심의 장기형 사회공헌 모델을 구축해 왔다. 대표 사례인 '아이들의 새 생명 프로젝트'芯肝宝贝计划[6], Xin Gan Baby Program는 송경령기금회宋庆龄基金会, Soong Ching Ling Foundation와 푸단대학교 부속아동병원复旦大学附属儿科医院, Fudan University Children's Hospital이 공동 운영하는 빈곤 아동 간이식 수술 지원 사업이다. 이 프로젝트는 기업 기부금, 의료 지원, 재단 운영이 결합된 3자 협력형 CSR 모델로 발전했으며, 2024년 기준 누적 모금액은 약 5000만 위안, 지원 아동은 943명에 달한다. SMIC는 이 사업을 '생명 존중'과 '공공복지'의 핵심 가치로 삼아 CSR을 단순한 기부가 아닌 지속가능한 사회적 가치 창출Sustainable Value Creation의 수단으로 발전시켰다.

결국 이러한 글로벌 반도체 기업들의 중국 내 CSR 활동은 중국 정부의 정책 목표교육 현대화·디지털 포용·농촌진흥·공공의료 강화와 긴밀히 연계되어 추진

---

6) '芯肝(신간)'은 '진심(芯)'과 '간(肝, 생명 기관)'을 결합해 '마음과 생명을 지킨다'는 뜻을 담고 있다. '宝贝'는 '아이' 또는 '소중한 존재'로, 전체적으로 '아이들의 새 생명 프로젝트'로 번역된다.

되고 있다. 각 기업은 자사의 핵심 역량을 기반으로 사회적 문제 해결에 참여함으로써 CSR을 사회적 가치 창출과 기업의 중장기 전략 목표 달성을 연계시키는 전략적 CSR로 발전시키고 있다.

生生Talk 생생토크 ③

고故 이건희 회장의 혜안과 중국 공략 솔루션

중국에 제2의 삼성을 건설하라

생전의 이건희 회장은 "중국은 역사도 깊은 데다 소비자가 까다롭고 민족이 다양해 공략하기 쉽지 않은 나라라는 인식이 있었다. 중국을 제대로 공략하려면 문화·언어·습성·관행까지 뼛속까지 이해해야 한다"고 강조했다.

삼성은 1992년 한·중 수교와 동시에 중국에 진출해 생산 거점을 세웠지만, 본격적으로 현지 완결형 경영 체제를 추진한 것은 중국 내수 공략이 본격화된 2005년 무렵부터였다. 이건희 회장은 2004년 중국 전역의 내부 경영 진단을 바탕으로 "중국에 제2의 삼성을 건설하라"는 미션을 내리며, 중국 내 컨트롤 타워를 본사 수준으로 끌어올리기 시작했다.

이건희 회장의 중국 중시는 인재정책에서도 드러났다. 중국어를 잘하는 직원에게는 다른 언어보다 승진 가점을 두 배로 주었고, 중국에 가장 많은 지역 전문가를 파견했다. 2007년, 베이징올림픽을 1년 앞둔 시점에 이건희 회장은 직접 중국을 방문해 전략적 방향을 다시 강조했다. 그는 "중국에 제2의 삼성을 세워 한국 삼성과 경쟁해 보라. 중국삼성은 독자적인 경영 체제를 구축해야 한다"는 메시지를 남겼다.

이건희 회장은 중국은 인구와 소비자 기반이 워낙 커서 한국에서 만든 글로벌향 모델을 단순히 현지화하는 데 그쳐서는 안 되고 "처음부터 중국 전용 제품을 기획·개발해야 한다"는 생각이 있었던 것 같다. 이를 위해 독립 연구소 설립, 현지 핵심 인재 발굴, 시장 특화 전략 수립을 주문했다. 또 "중국에서는 문화와 '꽌시'關係가 중요하다"며, 한국 주재원은 파견되면 귀임하지 않고 영구 주재하는 제도까지 검토하라고 했다.

이건희 회장의 지시는 다섯 가지로 요약된다.

① 중국에 제2의 삼성을 만들어 한국 삼성과 경쟁하라.
② 중국시장 규모에 맞춘 독자적 제품 원형을 중국에서 기획하라.
③ 중국 내 독립 연구소를 세워라.
④ 현지 핵심 인재를 발굴·활용하고, 주재원은 영구 주재하는 것도 검토하라.
⑤ 중국의 문화, 상관습, 제도 등을 중국인 수준만큼 이해하라.

지금과 마찬가지로 당시도 삼성전자는 각 사업부 CEO가 글로벌 경영을 맡는 구조였다. 제2의 삼성이라는 말은 중국 조직이 한국 삼성과 동등한 의사 결정권과 독자 R&D 능력을 갖추라는 뜻으로 볼 수 있다. 그러나 중국을 본사의 글로벌 경영과 분리해 독자적으로 상품 기획·마케팅·제조 전략을 운영하기는 쉽지 않았다.

이건희 회장은 2011년 베트남 사장단 회의에서도 같은 메시지를 전했다. 그런데 그 자리에 참석했던 계열사 경영진은 이 회장의 진정한 의도를 잘 이해하지 못했다고 한다. 중국시장 공략에 특화한 이건희 회장의 철학적 판단이 워낙 남달랐던 것도 있었고, 사업부제로 운영되는 글로벌 경영 구조에서 중국을 별도 분리로 운영한다는 것이 현실적으로 쉽지 않은 일이었던 것 같기도 하다.

중국은 로컬 기업이 강하고 시장환경도 달라 한국본사 중심 전략으로는 속도가 늦고 소비자 취향을 적시에 반영하기 어렵다. 이건희 회장은 이를 누구보다 잘 알았고, 혜안을 제시했다. 하지만 글로벌 경영의 현실적 벽은 여전히 높았다.

중국삼성 경영의 비약적 발전과 쇠퇴

삼성의 중국삼성 경영 실적은 2005년 이후 비약적인 발전을 이뤘다. 2010년 초에 삼성전자는 중국 내에서 1위 전자 제품이 5개 이상, 3위 안에 드는 전자 제품이 12개에 이를 정도로 성장했다. 중국에서 생산한 매출만 1000억 달러_{단순 법인별 매출액 합계}, 중국 내 내수 매출은 600억 달러 규모로 커졌다. 이 중 완제품은 250억 달러 규모였다. 그러나 2014년 화웨이·샤오미 등 로컬 기업이 급부상하면서 상승세가 꺾이기 시작했다. 그 이후 중국 내수시장은 점차 명맥만 유지하는 수준으로 내려앉았다.

어떤 체제가 정답이라고 단정할 수는 없다. 하지만 중국이라는 특수한 시장에서 로컬 기업보다 더 유연하게 소비자 트렌드를 빠르게 포착하고, 이에 맞는 대응 체제를 갖추지 못한다면 밀려나는 것은 자명하다.

글로벌 기업의 해외 사업은 대체로 지역 총괄 지사 형태로 운영되며, 본사에서 설계한 글로벌 모델을 현지 여건에 맞게 일부 조정하는 방식을 취한다. 이런 접근을 글로컬라이제이션Glocalization = Globalization + Localization이라 하고, 중국어로는 전구본토화全球本土化라 한다. 즉 제품의 핵심기술과 브랜드 아이덴티티Identity는 본사의 글로벌 기준을 유지하되 현지 소비자의 취향·문화·규제 환경에 맞춰 마케팅·디자인·서비스 요소를 조정하는 전략이다.

스마트폰 제조사가 지역별 통신 규격과 언어를 지원하는 사례가 이에 해당한다. 그러나 중국처럼 현지 기업의 기술력과 시장 대응 속도가 빠른 시장에서는 본사 주도의 단순 조정만으로는 한계에 달할 수밖에 없다.

중국은 시장 규모가 크고 소비자 선호 변화가 빠르며, 현지 기업들이 공급망과 정부 네트워크를 활용해 신제품을 신속히 내놓는 역동적인 구조를 갖고 있다. 따라서 단순한 제품 수정이나 마케팅 현지화에 그치지 않고 R&D와 기획 단계부터 현지 중심Local-for-Local으로 접근해야 한다.

결국 이 문제를 풀지 못하는 한 중국시장에서 새로운 교두보를 확보하기는 어렵다. 이건희 회장이 제시한 해법은 여전히 유효하다고 생각한다.

GE와 하니웰의 중국 공략 성공 사례

중국시장 공략에서는 기존 다국적 기업의 사례를 연구함으로써 교훈을 얻을 수 있다. 중국에 진출한 해외 기업 중에서 GE와 하니웰의 중국 경영은 이건희 회장의 구상과 유사한 면이 있다. 2000년대 중반, GE 헬스케어 부문은 중국 농촌 의료시장을 조사하면서 중요한 사실을 깨달았다. 지역 병원의 경우 예산이 제한적이고 전력 공급이 불안정했으며, 고가·대형 초음파 장비를 설치할 공간도 부족했다. 본사에서 설계한 초음파 장비는 가격이 10만 달러를 넘는 데다 무게가 100kg 이상이었다. 설치와 유지, 보수에도 전문 인력이 필요했다. 이런 조건에서 본사 주도의 '고사양-고가격' 모델로는 시장 진입이 불가능해 보였다.

GE는 현지성장팀Local Growth Team, LGT이라는 새로운 해법을 꺼내 들었다. 이 팀은 중국 우시를 거점으로 상하이 R&D센터와 이스라엘 연구소가 연계된 다기능 조직으로, R&D·마케팅·영업·품질·공급망 전문가가 한 팀으로 일했다. LGT는 하나의 영업지사가 아니라 '현지 미니 본사'로서 시장 조사부터 제품 기획·설계·부품 조달·가격 결정·마케팅 전략·출시 후 개선까지 모든 단계를 직접 책임졌다. 본사는 핵심 기술·플랫폼·브랜드 신뢰·품질 가이드 라인·자금을 제공하며 뒤에서 지원했다. LGT는 현지 의료 환경에 맞춰 '2kg 이하·1만 5천 달러 이하·충전식 배터리·필수 진단 기능만'이라는 목표를 세웠고, 2007년 로직e라는 초음파진단장비를 출시한 뒤 이를 개량해 2009년 브이스캔Vscan으로 이어갔다. 이 제품은 본사 주도의 모델 대형기기의 15% 가격에 불과했지만 농촌 의료에 필요한 핵심 기능을 갖췄고, 이후 미국과 유럽에서도 응급·가정 진료 용도로 사용되며 신흥시장 혁신이 글로벌 표준으로 역수출된 대표 사례가 되었다. GE는 역혁신을 통해 2002년 400만 달러였던 휴대용 초음파 글로벌 매출이 2008년 2억 8000만 달러까지 증가했다.

〈하버드 비즈니스 리뷰〉 2009년 10월호는 'How GE Is Disrupting Itself'라는 제목의 논문에서 이러한 GE의 역혁신Reverse Innovation 사례를 소개하고 있다. 역혁신은 현지에서 제품을 처음부터 설계·개발해 신흥국시장에 먼저 출시하고, 이후 선진국으로 확산하는 전략이다. 기존의 '현지화'Glocalization는 본사에서 개발한 글로벌 표준 제품을 기반으로 현지 문화와 언어에 맞게 일부 변형하는 방식이라는 점에서 대비된다. 현지화에서는 본사가 주도하며 현지가 보완 역할에 머물지만, 역혁신은 LGT가 주도하고 본사가 지원하는 구조다.

GE의 역혁신은 단순히 제품을 싸게 만들어 신흥국에 파는 전략이 아니었다. 그것은 조직의 작동 원리를 바꾸는 혁신 실험이었다. 이 논문에서 GE 중국에서의 성공 요인을 다음과 같이 말하고 있다.

GE는 먼저 "성장이 있는 곳에 권한을 준다"는 원칙을 세웠다.

인도와 중국의 시장은 미국 본사에서 경험한 환경과 완전히 달랐다. 소득 수준도, 의료 인프라도, 소비자 행동도 모두 달랐다. 본사의 통제 아래에서는 이런 다양성을 따라잡을 수 없었다. 그래서 GE는 현지 경영자들에게 전략·조직·제품 개발을 스스로 결정할 수 있는 자율권을 주었다.

이 권한 위임이야말로 리버스 이노베이션, 즉 역혁신의 출발점이었다. 자율성이 생기자 현장은 본사보다 훨씬 빠르게 움직였고, '본사 지시를 기다리는 조직'에서 '시장과 함께 배우는 조직'으로 바뀌었다.

두 번째 요인은 단순히 사양을 낮춘 다운그레이드된 설계Downgraded specification design가 아니라, 처음부터 새롭게 설계한 제로베이스Zero-base 설계였다. GE는 처음엔 기존 고가 장비의 기능을 줄여 값만 낮추는 방식으로 접근했다. 그러나 그런 제품은 "싸지만 쓸모없는 기계"에 불과했다. 전력이 불안정한 병원, 의료 인력이 부족한 농촌, 장비 유지가 어려운 현장을 고려하자 기존 제품을 수정하는 것이 아니라 완전히 새롭게 만드는 일이 필요했다. 이에 중국 LGTLocal Growth Team가 개발의 중심을 맡았고, 이스라엘 GE 헬스케어 R&D 센터는 초음파 기술을 하드웨어 중심에서 소프트웨어 기반 구조로 전환하는 아키텍처를 지원했다. LGT는 이를 바탕으로 현지 의료 현실에 맞는 노트북형 초음파기를 처음부터 다시 설계했다. 이전과 달리 이는 "기술을 수출한 것"이 아니라, 현지의 문제를 해결한 혁신이었다.

세 번째로, GE는 조직을 스타트업처럼 재설계했다. 이른바 LGTLocal Growth Team라 불린 팀들은 기획·개발·생산·마케팅·서비스 전 과정을 스스로 수행했다. 본사의 승인 절차 없이 빠르게 실험하고 개선할 수 있도록 한 것이다. 현지 엔지니어와 마케터를 직접 채용하고, 고객 병원을 직접 찾아가 피드백을 듣고, 즉시 제품 개선에 반영했다. 이 구조 덕분에 GE는 대기업의 느린 체계를 벗어나 현장 중심의 '작은 GE'로 진화할 수 있었다.

네 번째로, GE는 성과의 기준을 근본적으로 바꾸었다. 본사에서는 매출·수익률·ROI 같은 재무지표가 성과의 핵심이었다. 하지만 신흥시장은 아직 수요도, 가격도, 기능의 우선순위도 명확하지 않았다. 이 불확실성 속에서 매출 목표를 세우는 것은 오히려 판단을 흐릴 수 있었다. 그래서 GE는 LGT의 평가 기준을 "얼마나 빨리 배우고 개선하는가"로 바꾸었다. 이때의 학습은 양방향이었다. 하나는 고객이 배우는 것—현지 의사들이 새 기기를 얼마나 쉽게 익히고, 얼마나 자주 사용하는가를 측정하는 것이었다. 다른 하나는 조직이 배우는 것—LGT가 그들의 피드백을 통해 무엇이 진짜 필요한 기능인지 알아내는 과정이었다. LGT가 빠르게 배우고 개선할수록 고객의 만족도와 사용률이 높아졌고, 결국 매출은 자연스럽게 뒤따랐다. 즉, 학습이 매출의 선행지표Leading Indicator로 작동한 것이다. GE는 혁신의 속도가 결국 시장으로부터 배우는 속도임을 입증했다.

마지막으로, GE는 중국 조직에 전례 없는 권한을 부여했다. 중국 LGT현지성장팀는 GE 헬스케어 최고 경영진에게 직접 보고하는 독립 조직이었다. GE CEO 제프리 이멜트Jeffrey Immelt와 GE 헬스케어 글로벌 CEO 존 디닌John Dineen은 LGT가 단기 수익 논리에 밀려 사라지지 않도록 보호했다. 필요한 인력과 예산을 직접 배정하고, 글로벌 협력 통로를 열어주며 중국 현지 경영을 전폭 지원했다.

결국 GE의 역혁신을 성공으로 이끈 요인은 기술이나 비용 절감이 아니라 조직 구조와 평가 방식의 혁신이었다.

GE의 역혁신은 그보다 앞서 1995년 하버드 경영대학원 교수 조지프 바워Joseph L. Bower와 클레이튼 크리스텐슨Clayton M. Christensen이 하버드비즈니스리뷰Harvard Business Review에 발표한 논문「Disruptive Technologies: Catching the Wave」에서 이론적 기반을 찾을 수 있다. 이 논문은 '파괴적 혁신'Disruptive Innovation이라는 개념을 처음 제시하며, 왜 성공한 대기업이 기술 변화기에 오히려 무너지는가를 설명한다. 파괴적 혁신이란 기존 시장의 주류 고객이 원하지 않거나 필요로 하지 않는 단순하고 저렴한 기술이 새로운 시장에서 빠르게 성장해 결국 기존 강자를 대체하는 현상을 말한다. 대기업은 대체로 현재의 핵심 고객을 만족시키는 데 집중하기 때문에 성능은 높지만 가격이 비싸고 복잡한 제품을 계속 개선하는 방향으로 나아간다. 그러나 초기에는 '수익성이 낮고 시장 규모가 작다'는 이유로 외면했던 기술이 시간이 지나면서 성능을 개선해 주류 시장을 따라잡는 상황이 발생한다. 대부분의 기업은 초기에 작고 수익이 적어 보이는 시장, 즉 '저가·단순·(미충족) 수요층'low-end or new-market segment을 무시한다. 그 이유는 명확하다. 이들의 조직 구조와 인센티브는 지금의 고객을 위해 더 나은 제품을 만드는 것에 맞춰져 있다. 재무부서와 마케팅 부서는 항상 현재 고객의 수익성과 마진을 기준으로 투자 타당성을 평가한다. 따라서 초기 수요가 불확실하고 단가가 낮은 새로운 기술은 대부분 '채산성이 맞지 않는다'는 이유로 기각된다.

크리스텐슨은 이런 내부 갈등이야말로 파괴적 혁신의 초기 신호라고 보았다. 결국 기업은 '합리적인 이유로 비합리적인 결과'를 맞게 된다. 단기 수익성과 주류 고객 중심의 판단이 오히려 장기 경쟁력을 잠식하는 결과를 낳는 것이다. 그 사이 신생 기업은 작고 단순한 제품으로 새로운 고객층을 확보하고, 기술이 발전하면서 결국 기존 시장까지 흡수한다. 크리스텐슨의 결론은 분명하다. 성공 기업이 실패하는 이유는 비이성적이어서가 아니라, 너무 이성적이기 때문이다.

하니웰 중국Honeywell China의 사례는 또 다른 역혁신이다. 중국 근무 중 지인이었던 주중 미국상공회의소 회장 알렌 비비Alan Beebe, 毕艾伦와 교류할 기회가 있었다. 그는 미국인으로 대만인과 결혼해 중국어에도 능통한 유쾌한 성격의 소유자였다. 교류 과정에서 내가 "중국시장을 잘 공략하는 미국 기업 중 벤치마킹할 만한 회사를 추천해 달라"고 하자, 그는 주저 없이 '하니웰 중국'을 언급했다.

하니웰에는 중국 상무부 출신 중국인이 대외 업무를 담당하고 있었고, 지인을 통해 대외 담당자를 만나 하니웰 중국의 운영 현황에 대해 들어볼 기회를 가졌다.

하니웰은 2000년대 초반까지 중국시장에서 존재감이 미미했다. 2004년 당시 중국 매출은 약 3억 6000만 달러로 글로벌 매출의 1% 수준에 불과했고 직원 수도 1,000명 선이었다. 문화적 단절과 낮은 브랜드 인지도, 본사 중심 구조여서 중국시장의 고속 성장세를 제대로 활용하지 못했다.

이 상황을 전환시킨 인물이 셰인 테드자라티Shane S. Tedjarati, 沈达理였다. 그는 2004년 하니웰 중국 CEO로 취임하며 현지화를 전면 추진했다. 그는 이란 출신으로 중국어와 현지 문화에 정통한 글로벌 리더였다. 그가 규정한 중국시장은 '세계에서 가장 중요한 성장 무대이자 향후 최대 경쟁자가 될 지역'이었다. 그의 전략은 '현지에서 설계하고, 현지에서 생산하며, 현지에서 판매하는 완전한 현지 독립 체제' 구축이었다.

하니웰 본사는 하니웰 중국의 건의를 받아들여 본사 승인 중심의 경직된 프로세스를 없애고, 중국법인에 독자적 의사 결정 권한을 부여했다. R&D, 제품 기획, 판매, 서비스까지 중국에서 직접 결정하고 본사에는 통보만 하는 구조를 만들었다. 그리고 셰인 테드자라티 하니웰 중국 CEO는 중국 내 독립 연구센터를 설립하고 로컬 엔지니어, 마케팅 전문가를 대거 영입했다. 이러한 전략은 이후 'East-for-East' E4E 모델로 불리며 중국시장의 요구를 처음부터 반영하는 제품 개발의 표준으로 자리 잡았다.

이러한 전략에 의해 만들어진 현지 특화형 역혁신 제품이 자동차용 터보차저 Turbocharger였다. 기존 서구식 고사양 제품은 중국 연료 품질·도로 환경과 맞지 않아 가격 경쟁력이 없었다. 그래서 현지 맞춤형 저가·고내구성 터보차저를 개발해 중국 로컬 자동차 업체의 12개 주요 플랫폼 중 11개를 수주하는 성과를 냈다.

이후 전략은 'East-to-Rest' E2R로 혁신을 확대했다. 중국에서 개발된 중저가 혁신 제품을 인도, 동남아 등 신흥시장으로 확산하고, 심지어 미국과 유럽에도 역수출하는 모델을 만들었다. 이는 GE의 역혁신과 유사한 접근으로 평가된다.

하니웰 중국 CEO는 'Be Chinese Competitor' BCC, 중국 로컬 기업과 경쟁해는 기업이 되자와 'Be Chinese Leader' BCL, 중국에서 선도하는 기업이 되자라는 현지화 심화 전략도 도입했다. BCC는 중국 로컬 기업과 동일한 조건에서 경쟁할 수 있는 가격·속도·유연성을 갖추는 것이고, BCL은 이를 넘어 현지시장 리더십을 확보하는 것을 목표로 삼았다. 데이브 코트Dave Cote 당시 하니웰 글로벌 CEO는 이 전략을 적극 후원하며 BCC를 단순히 '중국 로컬 기업의 경쟁자 수준'이 아니라 '중국에서 가장 강력한 경쟁자'가 되자는 의미로 발전시켰다.

이러한 전략 변화는 하니웰 중국의 폭발적 성장을 견인했다. 2004년 3억 6000만 달러였던 매출은 2008년 10억 달러를 돌파했고, 2016년 24억 달러, 2018년 30억 달러, 2020년 60억 달러로 확대되었다. 2021년에는 글로벌 매출의 약 9%를 차지하며 미국 다음으로 큰 단일 시장으로 떠올랐다. 직원 수도 1만 3,000명 이상으로 급증했고, 주재원 비중은 100명 미만 수준으로 낮아지며 진정한 현지 주도 체제를 확립했다.

'하늘은 높고 황제는 멀리 떨어져 있다'天高皇帝遠는 중국 속담처럼 '본사황제가 멀리 있으니, 현지 리더들이 자율적으로 결정할 수 있는 현지화 전략은 직원 사기 향상, 이직률 감소, 고객 만족도 상승이라는 성과까지 가져왔다.

하니웰 중국의 리더십은 2012년 이후 스티븐 샹Steven Xiang, 尚德世 CEO로 교체되었고, 셰인 테드자라티는 글로벌 총괄 고위 임원으로 승진해 중국·인도·중동을 포함한 신흥시장 전체를 지휘했다. 이 체제에서 중국은 하니웰 글로벌 성장의 핵심 거점으로 자리매김했으며, 이후 인도와 동남아시아에서도 유사한 모델이 확산되었다.

하니웰 중국의 스토리는 GE의 역혁신 사례와 더불어 신흥시장 경영 전략의 교과서적 모델로 자리매김했다.

대부분의 기업이 중국 현지 기업들의 저가시장 세분화Segment를 피해 중고급 사양 중심으로 제품군을 한정했다가 결국 도태하는 과정을 겪었다. 반면 GE와 하니웰은 중국시장에 최적화된 제품으로 로컬 기업과 정면 승부를 벌였고, 오히려 본국이나 제3국으로 역수출하는 모델을 만들어냈다.

이는 이건희 회장이 제시한 '중국에 제2의 삼성을 세워라'는 솔루션과 궤를 같이한다. 나아가 향후 인도나 기타 신흥시장에서도 로컬 기업들의 약진이 본격화될 경우, 이 사례는 현지 진출 기업의 시장 방어 및 성장 전략에 중요한 시사점을 제공할 것으로 생각한다. 이들 두 기업의 사례를 연구하면서 다시 한 번 이건희 회장의 혜안에 탄복했다.

오리온의 중국 성공 사례

한국 기업 중 중국에서 대표적인 현지화 성공 기업으로 오리온 제과가 있다. 오리온의 중국 성공은 우리의 상상 이상이며, 지금도 그 성공 신화는 계속되고 있다.

2024년 오리온은 창사 이래 최대 실적을 냈다. 연결 기준 매출 3조 1043억 원, 영업이익 5436억 원으로 전년 대비 모두 두 자릿수 성장을 기록했다. 그중에서도 중국법인의 성과가 단연 눈에 띈다. 2024년 오리온 중국법인은 매출 1조 2701억 원, 영업이익 2439억 원, 영업이익률 19.2%를 달성했다. 이는 전년 대비 매출 7.7%, 영업이익 10.4% 증가한 수치로, 그룹 전체 실적의 41%를 중국시장이 책임졌다. 또한 2020년 1조 909억 원에 비해 약 16% 성장하며, 5년 연속 1조 원을 웃도는 안정적 매출 흐름을 이어갔다. 2025년 1분기에도 매출은 전년 동기 대비 7.1% 증가약 3282억 원를 기록하며 상승세를 지속하고 있다.

현재 중국 제과시장은 현지 1위 기업 다리Dali, 글로벌 강자 몬델리즈 Mondelez 등 강력한 기업들이 자리 잡고 있다. 이런 환경 속에서 오리온이 유독 두드러진 성과를 내는 이유는 무엇일까? 그 해답은 단순한 제품 품질이나 마케팅에 있지 않다. 핵심은 바로 '결정의 속도를 시장의 속도에 맞춘 진정한 현지화 경영 구조'를 20년 전부터 구축해 왔기 때문이다.

오리온의 중국 진출은 1995년으로 거슬러 올라간다. 그러나 초기에는 한국본사의 승인 체계 아래 움직이는 전형적인 본사 통제형 운영이었다. 제품 개발, 가격 결정, 광고 문구 하나까지 모두 본사 결재를 거쳐야 했고, 이런 구조로는 변화가 빠른 중국 소비시장에 즉각 대응하기 어려웠다.

전환점은 2002년이었다. 담철곤 회장은 "본사 지원에 기대지 말고, 현지에서 벌어 현지에서 쓰라"는 지침을 내리고 중국법인을 독립채산제 Profit & Loss Responsibility System로 전환했다. 이는 회계제도 변경만이 아니라 제품·가격·유통·프로모션 등 모든 상업적 의사 결정권을 현지에 넘긴 경영 패러다임의 전환이었다. 오리온은 본사 보고 체계를 해체하고, 결정의 속도를 시장의 속도와 맞출 수 있게 된 것이다. 그 결과 신제품 출시 기간이 과거 3~6개월에서 1개월 이하로 단축되었다.

2003년 이후 오리온은 이 자율 체계를 한층 강화했다. 현지 영업본부와 마케팅본부가 중심이 되어 제품 콘셉트, 광고, 판매 전략을 직접 결정했고, 본사는 브랜드 일관성과 재무 점검만 담당했다. 오리온은 로컬 브랜드보다 먼저 신제품을 내놓고, 소비 트렌드 변화에 지체 없이 반응할 수 있었다. 즉 로컬 기업이 시장에서 뿌리를 내리기 전에 선제적으로 공략하는 체제, '한국식 보고 구조를 해체하고 시장 리듬에 맞춘 자율형 의사 결정 시스템'을 완성시켰다.

이 시기 오리온은 제품 라인업도 과감히 현지화했다. '초코파이'를 '하오리요우파이'好丽友派로 재탄생시키고, "하오리요우, 하오펑요우"好丽友, 好朋友, 좋은 친구, 오리온라는 슬로건을 내세워 중국식 정情 문화를 반영했다. 또한 홍두마슈파이红豆麻薯派, 팥맛 파이, 말차파이抹茶派, 라지웨이슈피엔辣鸡味薯片, 불닭 감자칩 등 중국 소비자 취향에 맞춘 제품을 빠르게 선보이며 "로컬 브랜드보다 빠르고, 글로벌 기업보다 가깝다"는 평가를 얻었다. 즉 어느 글로벌 기업의 제품보다 현지인의 취향에 가깝게 다가갔다는 의미다.

조직 운영 또한 철저히 현지 중심으로 전환되었다. 중국 법인 직원 약 5,400명 중 한국인은 20명도 되지 않으며, 공장장·영업본부장·마케팅 책임자 등 주요 보직은 모두 중국인이다. "한번 나가면 돌아올 수 없다"는 주재원제도는 4~5년의 단기 임기형 주재를 원천 차단하고, 현지에 완전히 정착한 로컬형 경영자를 육성하는 제도로 기능했다. 이 구조는 오리온을 중국시장의 리듬에 맞춰 움직이는 조직으로 진화시켰다.

2000년대 이후 중국 제과시장은 로컬 기업의 '속도전'과 글로벌 기업의 '브랜드전'이 교차하는 격전장이었다. 다리Dali는 전국 유통망과 저가 공세로 시장을 빠르게 장악했고, 로컬 기업 몬델리즈Mondelez는 '오레오'Oreo 같은 프리미엄 브랜드로 고급 시장을 점유했다. 그러나 오리온은 두 방향의 전략을 동시에 취했다. 로컬 기업처럼 빠르게 움직이되, 한국식 품질관리와 브랜드 일관성을 유지한 것이다. 이 균형 잡힌 경영이 오리온을 독보적인 기업으로 만들었다.

그것이 바로 오리온이 로컬 기업과 글로벌 기업 사이에서 20년 넘게 경쟁력을 유지한 비결이다.

앞서 언급한 역혁신Reverse Innovation은 종종 자사의 기존 시장을 스스로 잠식한다는 카니벌라이제이션Cannibalization의 비판을 받는다. 이와 관련해 Matula와 Aarikka-Stenroos2024의 연구 「How Companies Harness Strategic Cannibalization in Transformational Scale-Up」은 혁신 전환 과정에서 성공적인 상업화를 이루기 위해 전략적 자기잠식Strategic Cannibalization이 불가피하다고 지적한다. 이 논문에서 자기잠식은 단순한 손실이 아니라, 기업이 의도적으로 기존 매출을 줄이면서 후발주자의 시장 진입을 늦추고, 동시에 포트폴리오를 갱신하며 혁신 확산을 가속화하는 성장 메커니즘으로 본다. 따라서 기업의 전략적 선택에 따라 역혁신은 위험이 될 수도, 기회가 될 수도 있다.

업종마다 특성이 다르고 기업마다 문화가 각각이어서 경영전략은 다를 수 있겠지만 중국시장 공략의 답은 결국 얼마나 빨리 중국시장의 상황과 속도에 맞출 수 있느냐가 관건이 될 것이라 본다.

SUPER GAP STRATEGY OF
K-CHIPS

4장
미·중 기업외교의
현장

성과 창출과 미창출의 차이
중국에서는 '성심성의'가 먼저
미국에서는 '로비'와 '투자' 우선

01 | 성과 창출과 미창출의 차이

지정학적 상황에서는 기업외교로
모범적 '철수'와 '사드' 대처

지정학적 상황에서는 기업외교로

기업외교의 중요성은 중대 위기에 처했을 때 더욱 두드러진다. 지정학적 리스크와 결합되면 그 영향은 한층 심화된다. 2022년은 미·중 반도체 패권경쟁이 전면 충돌로 치달은 해였다. 3월, 인텔이 오하이오주에 1000억 달러 규모의 '메가 팹'Mega Fab 건설 계획을 발표하며 첨단 반도체의 미국 회귀를 선언했고, 7월에는 미국 정부가 '칩4 동맹'미·한·일·대만 실무회의를 제안하며 공급망 동맹 구축에 속도를 냈다. 이에 맞서 9월, 중국의 SMIC는 DUV 장비로 구현한 7nm 칩 생산 성공을 주장했고, 10월에 미국은 곧바로 수출통제 패키지를 발표해 반도체 봉쇄를 강화했다. 12월에는 YMTC, Cambricon 등 36개 중국 기업이 엔티티 리스트

Entity List에 오르면서 제재의 범위가 확대되었다.

이처럼 반도체를 둘러싼 미·중 경쟁이 숨 가쁘게 전개되는 가운데 미국 대통령이 삼성전자 평택 반도체 공장을 직접 방문한 것은 기술 동맹 구축에서 한국을 주요 파트너로 고려하는 미국의 전략적 접근을 반영하는 것으로 보인다. 바이든 대통령은 방문 현장에서 "삼성의 기술과 혁신이 한·미 관계의 미래와 방향을 형성하는 데 중요한 역할을 할 것"이라고 강조했다.

미국 정상이 한국을 방문해 첫 일정으로 삼성을 찾은 것은 그 자체로 전략적 의미를 지니며, 지정학적 파고를 헤쳐나가는 데 중요한 교두보가 된다.

초기 발표 기준으로, 삼성전자는 미국 텍사스주 테일러시에 반도체 공장을 설립하면서 TSMC, 인텔, 마이크론보다 상대적으로 높은 비용의 보조금을 받았다.

미국 정부는 2024년 12월 20일에 삼성전자의 보조금을 당초 발표된 64억 달러에서 약 26% 줄어든 47억 달러로 최종 확정했다. 투자액 대비 보조금 비중은 여전히 업계 최고 수준이었다.

반도체법 보조금 수령 기업에게는 향후 10년간 중국 내 반도체 생산 능력을 5% 이상 확장할 수 없다는 제약이 따른다. 규모의 경제가 중요한 반도체산업에서 생산 규모 확대의 제한은 경쟁력 확보에 큰 차질을 빚을 수 있다.

미국 상무부는 '반도체 생산 능력의 실질적 확장'을 물리적 설비 증설의 제한으로 정의하며, 웨이퍼 1장당 다이 수Die Count를 늘리는 기술적 업그레이드는 허용된다고 밝혔다.

Die Count를 늘리는 기술적 업그레이드는 반도체 공정의 미세화예: 10㎚ → 7㎚, 회로 설계 효율 개선, 수율 향상 등을 통해 같은 설비로 더 많은 칩을 생산할 수 있게 하는 것을 의미한다. 즉 물리적 설비 확장이 아니라 기술의 정교함으로 생산 효율을 높이는 방식이다. 미국의 제재 취지를 훼손하지 않으면서도, 기업이 기술혁신을 통해 원가 절감과 경쟁력 유지를 모색할 수 있도록 일정한 여지를 남긴 조치다. 이러한 정책적 제약 속에서도 공정기술의 고도화를 통해 생산 효율을 높일 수 있다는 점은 규제 환경의 틈새를 공략할 수 있는 전략적 기회를 제공한다.

삼성전자는 2022년 10월에도 미국의 대중 규제 때문에 중국 내 공장에서 반도체 장비를 수입할 때마다 개별 허가를 받아야 하는 제약에 처했다. 이때도 가드레일안전장치 조항을 통해 1년간 유예를 받은 후 '검증된 최종 사용자'VEU로 지정됨으로써 별도의 허가 절차 없이 주요 장비를 중국 공장에 반입할 수 있었다.

2025년 하반기에 들어서면서 미국 정부는 VEU 조건을 최종 철회하였다. 미국 대중 압박의 추세는 바꾸기는 힘들지만 기업외교를 통해 전략적 공간을 확보하는 노력이 필요하다.

지정학적 이슈는 끊임없이 움직이는 이동표적Moving Target과 같다. 따라서 개별 사안에서의 기업외교적 성과보다 더 중요한 것은 이처럼 불확실한 환경 속에서도 지속적으로 성과를 창출할 수 있는 체제와 역량이 갖춰져 있는가다. 한국 기업들은 현재의 지정학적 환경에 맞춰 변화에 유연하게 대응할 수 있는 체계를 더욱 강화해야 할 것이다.

모범적 '철수'와 '사드' 대처

2019년 9월, 삼성은 후이저우惠州 스마트폰 생산공장의 문을 닫았다. 그런데 이는 '철수의 모범' 사례로 평가받는다.

후이저우 스마트폰 공장의 임직원은 정들었던 회사를 떠나야 하는 상황을 아쉬워하는 동영상을 만들어 인터넷에 올렸다. 지금도 틱톡TikTok 동영상으로 그 당시 상황을 자세히 볼 수 있다.

"당시 회사는 전 직원 6,000명에게 스마트폰을 한 대씩 선물했고, 퇴직 직후 보험 공백이 생기지 않도록 4대 보험료 1개월분을 추가로 부담했다. 퇴직금도 근속연수에 3개월치를 더해 지급했다"는 내용이 나온다. 또 "구내식당에서 함께하던 점심시간, 회사가 챙겨주던 생일 축하가 그리웠다"는 회상도 담겨 있다. 글의 마지막은 "삼성의 철수는 떳떳했다. 사람에게 오르막과 내리막이 있듯, 기업도 그럴 뿐이다"라는 문장으로 마무리된다.

중국공산당 기관지인 인민일보의 자매지이자 영문판 매체인 환구시보 글로벌타임스Global Times는 2019년 10월 15일자 기사에서 '삼성은 중국 시장에서 패자가 아니다'라는 제목으로 후이저우 공장 철수를 다뤘다. 기사에서는 삼성이 중국에서 철수하게 된 배경을 설명하며, "후이저우 공장의 현지 직원들은 구조 조정을 스스로 받아들였고, 현지 주민과 공급 업체들도 공장 철수가 당연하다는 반응을 보였다"고 전했다.

이러한 삼성의 철수는 일부 중국 언론에서 '품위 있는 이별'로 평가받았다. 해외 공장 폐쇄 때 흔히 벌어지는 직원 반발이나 언론의 비판도 거의 없었다. 그래서 지금도 '모범적인 철수 사례'로 회자된다.

삼성전자는 2019년, 후이저우 공장이 철수하기 전에 톈진 스마트폰 공장도 문을 닫았다. 삼성은 한때 후이저우·톈진·선전 세 곳에 스마트폰 생산 거점을 두었지만 인건비가 빠르게 오르면서 더 이상 중국 내 생산을 유지하기 어려워졌다.

철수 결정이 내려지자 톈진시는 강하게 반대했다. 톈진시 지도자가 직접 한국을 찾아와 "경쟁력 저하로 인한 손실을 시가 보상하겠다"는 제안까지 내놓을 정도였다. 그러나 산업 이동의 흐름은 이미 되돌릴 수 없었다. 결국 톈진시도 철수를 받아들였고, 이후 시 당국은 공장 정리가 원활히 진행되도록 적극 협조했다. 직원들 역시 상황을 이해하고 큰 문제 없이 마무리되었다.

이는 삼성 후이저우와 톈진 법인이 직원 등과 평소 좋은 관계를 유지하고, 지방정부와 긴밀히 소통하며 대응한 결과로 보인다.

삼성의 기업외교는 위기 상황에서도 빛을 발했다. 2016년 사드THAAD 배치로 중국의 보복이 거세게 일었을 때도 삼성은 비교적 큰 타격 없이 그 파도를 넘었다.

사드 사태의 발단은 2016년 1월 북한의 4차 핵실험이었다. 북한은 "수소폭탄 실험에 성공했다"고 주장했고, 한국 정부는 북한이 핵무기를 탄도미사일에 실을 만큼의 소형화 기술을 확보했다는 판단에 이르렀다. 결국 같은 해 7월, 한국과 미국은 사드 배치를 공식 발표했다.

중국은 강하게 반발하고 나섰다. 한국 단체관광을 중단하고, 한류 콘텐츠의 방영을 막았으며, 한국 기업들을 상대로 각종 세무·소방·노동·품질 검사를 강화하는 등 사실상의 보복 조치를 시행했다. 특히 롯데가 최대 표적이 되었다. 중국 내 롯데마트 대부분이 영업정지 처분을 받고 결국 문을 닫았다. 화장품, 자동차, 식품업계 등 다른 기업들도 예외가 아니었다.

이에 비해 삼성은 비교적 큰 타격 없이 이 위기를 넘겼다. 그동안 쌓아온 중국 정부 네트워크를 적극 가동하고, 여러 외교 채널과 관련 정부 부처와 긴밀히 소통하면서 삼성으로 불똥이 튀지 않도록 긴장의 끈을 놓지 않았다.

실제로 2017년 3월, 중국 질량총국은 갤럭시 노트7 리콜 사태가 채 마무리되기도 전에 갑작스럽게 갤럭시 S7 엣지에 대한 리콜을 요구했다. 보통 리콜은 수개월에 걸친 기술 검토 과정을 거치지만, 이번에는 "10일 내 리콜 계획을 제출하라"는 요청이기에 이례적으로 받아들여졌다.

삼성은 현지 서비스 법인 등 관련 부처와 긴밀히 협력하여 기술적 대응과 함께 자사의 중국 내 투자와 사회공헌 활동을 강조하며 중국 외교부, 상무부 관련 부서에도 협조를 요청했다. 결국 또 다른 리콜 사태 없이 조용히 마무리될 수 있었다.

갤럭시 S7 엣지는 전 세계적으로 4000만 대 이상 판매되었다. 하지만 중국을 제외한 다른 나라에서는 리콜 요구가 없었다. 다만 중요한 점은 '사드'라는 지정학적 리스크 속에서 중국 정부 산하 각 부처가 한국 기업을 압박할 빌미를 찾으려 했다는 사실이다. 이전과 달리 법 집행이 훨씬 더 적극적이고 집요해졌다는 의미다.

갤럭시 노트7 리콜이 완전히 마무리되지 않은 상황에서 만약 갤럭시 S7 엣지마저 중국에서 리콜이 실시되었다면 이는 중국시장은 물론 글로벌 핸드폰 시장 전체에도 큰 타격이 될 수 있었다.

결국 이 사례는 평상시의 기업외교가 위기관리의 핵심 수단이 될 수 있음을 보여준다. 물론 평상시에 엄격한 법 집행이 들어오더라도 꼬투리 잡히지 않도록 철저히 현지 법을 준수하는 것이 가장 기본이다.

국가 간 갈등은 기업에 직접적인 충격을 주며, 이에 적응하지 못하면 생존의 갈림길에 놓인다. 따라서 기업은 항상 다양한 리스크 시나리오를 준비하고, 현지 정부와의 소통을 꾸준히 이어가야 한다.

중국에서는 '성심성의'가 먼저

협력해야 할 '당'과 '정'
중국 지도자들과의 CEO 교류
화제를 만드는 직접 투자 활용
국가 목표에 맞춘 사회공헌 활동

협력해야 할 '당'과 '정'

삼성의 대중국 정부 업무는 1995년 설립된 중국삼성을 통해 이루어지고 있다. 중국삼성은 각 관계사에서 파견된 주재원과 현지 인력으로 구성된다. 이 조직은 중국 내 각 관계사들의 투자 지원, 현안 해결, 정부관계, 노사관리, 법무, 홍보, 사회공헌 등 공통 업무를 수행한다. 기존에는 신규 투자 지원, 역내 현안 해결, 노사 안정 지원 등이 주요 임무였으나, 현재는 생산 거점이 베트남 등으로 이전하면서 중국 내 반도체 공장의 지정학적 리스크 대응이 핵심 업무로 바뀌었다.

중국에서 대정부 활동을 할 때는 몇 가지 측면을 고려할 수 있다. 중국은 크게 '공산당, 정부, 군'으로 구분된다. 앞서 언급했듯이, 중국에서 당공산당의 역할은 절대적이다. 국가 정책의 방향은 당이 결정하고, 정부 부처는 이를 구체적으로 집행한다. 따라서 중국에서 안정적인 사업 수행을 위해서는 당과 정부 부처 모두와의 관계 형성이 필수적이다.

삼성은 중국 공산당 산하 핵심 교육기관인 중앙당교와 협력 관계를 맺은 적이 있다.

중앙당교는 중국 공산당 교육기관 체계인 '일교오원'—校五院 중 가장 중요한 기관으로, 중앙당교中央党校의 '일교'—校와 국가행정학원, 푸둥간부학원, 징강산간부학원, 옌안간부학원, 다롄고급경리학원의 '오원' 五院으로 구성되어 있다.

중앙당교는 중국공산당 중앙위원회가 직접 운영하는 주요 간부 교육 기관으로, 이론 교육과 정책 연구를 중점으로 하며 주로 장·차관급 및 국장급 간부를 대상으로 한다.

삼성은 중앙당교의 중청년간부훈련반中青班 1년 교육 과정 중 한국을 방문하는 교육생들과 교류하며 네트워크를 구축했다. 이후 중앙조직부 산하 중앙기업 간부, 국유자산감독관리위원회SASAC 산하 국유기업과도 유사한 교류 프로그램을 운영한 바 있다.

그러나 중국 정부의 공무원 해외 출국 제한 강화 조치와 사드 사태가 겹치면서 프로그램은 모두 중단되었다. 교류 프로그램은 중단되었지만, 중국의 핵심 간부들과의 교류 경험과 형성된 네트워크는 이후 중국 비즈니스를 추진하는 데 많은 도움이 되었다고 생각한다.

삼성은 중국 국무원 주요 부처인 국가발전개혁위원회발개위, 공업정보화부공신부, 상무부, 외교부, 시장총국市场总局: 国家市场监督管理总局, SAMR 등과 긴밀히 소통하고 있다. 중국에서 '소小국무원'이라 불리는 발개위는 국가 거시산업정책과 부처 간 조율을 담당하고 국가 차원의 중요 사안에 참여하므로 그 관계 설정이 매우 중요하다.

삼성은 2015년부터 발개위와 '전략적 협력 양해각서MOU'를 체결해 투자 강화, 정책 자문, 정기 협의체 운영, 발개위 한국 방문단 운영, 농촌 빈곤 탈피 프로젝트 공동 추진 등을 협력하였다. 이 MOU는 사드 사태로 일시 중단되었다가 2018년 한·중 경제장관회의에서 양국 경제 장관이 보는 곳에서 체결되었다.

전략적 협력관계라 해서 특별한 혜택이 있는 것은 아니다. 그러나 삼성의 중국 내 발전 방향을 공유하고, 국가발전개혁위원회발개위의 지지를 확보하는 일은 전략적으로 큰 의미가 있다.

발개위와 이런 공식적 관계를 맺음으로써 삼성은 자연스럽게 정기적인 교류의 틀을 마련하고, 각종 현안에 대한 지원을 받을 수 있는 관계로 발전시켜 나갈 수 있다.

산업정책을 담당하는 공신부도 초반에는 외자 기업에 우호적 태도를 보였지만 로컬 기업 보호정책 기조가 강화되면서 외자 기업에 대한 태도는 예전과 같지 않다. 그럼에도 불구하고 공신부와의 교류는 여전히 중요한 비중을 차지한다.

공신부는 산업구조 재편, 기술 표준 제정, 생산 능력 조정 등 산업정책 전반의 조율을 담당하기 때문에 외자 기업이 중국 내에서 사업 방향을 설정하거나 규제 대응 전략을 수립할 때 가장 밀접하게 협의해야 하는 핵심 부처 중 하나다. 공신부와의 관계는 기업의 시장 접근뿐 아니라 규제 리스크 관리 측면에서도 결정적 의미를 지닌다.

삼성은 현안 협의, 정책 건의, 정부 행사 참여 등 각종 기회를 통해 공신부와 꾸준히 소통하고 있다.

우리나라 공정거래위원회 성격의 시장총국 역시 역할이 점점 더 중요해지고 있다. 이 부서는 시장경쟁 촉진, 비시장경쟁 규제 외에 기업결합 심사를 담당한다. 특히 산업 패러다임 변화에 따른 사업 매각 및 인수합병M&A을 추진할 경우 시장총국의 협조는 필수적이다.

시장총국에 대해서는 뒤에서 좀 더 보충 설명하겠다.

상무부商务部는 중국의 무역·투자 정책을 총괄하며, 통상 촉진과 외자 유치 지원을 담당한다. 다국적 기업이 규제나 행정 절차 등으로 어려움에 처했을 때는 애로사항을 접수하고, 관련 부처와 협의해 해결 방안을 모색하기도 한다. 외자기업에 가장 친화적인 부서이고 주무 부서인 상무부 아주사가 대부분 한국어에도 능통하여 소통이 매우 원활하였던 것으로 기억한다.

지정학적 리스크가 큰 시기에는 국제관계 주무 부처인 중국 외교부의 역할이 특히 중요하다. 앞에서 언급한 바와 같이 사드 등으로 지정학적 이슈가 발생할 때 국제관계를 총 지휘하는 외교부와의 긴밀한 소통은 매우 중요하다.

삼성은 이러한 부처들과 함께 주한 중국대사관과도 수시로 긴밀히 교류하며 '삼성은 중국의 중요한 협력 파트너'임을 강조한다. 또한 중국 정부 산하 반도체협회中国半导体行业协会, 외상투자협회中国外商投资企业协会에도 가입해 협회 담당자 및 산업 전문가들과 소통하고, 정책 동향 공유 및 정책 제안 활동을 펼친다.

산업 전문가들은 정책 형성 과정에 영향력을 행사할 수 있는 위치에 있다. 이러한 점을 고려할 때 평상시 긴밀한 소통은 전략적으로 중요하다. 전문가들이 한국을 방문할 기회가 있을 때 사업현장 초청 등을 통해 친밀도를 높이기도 한다.

지방정부와의 관계 역시 강화하고 있다. 교류는 주로 공장 소재지를 중심으로 이루어지며, 주요 지역으로는 톈진, 장쑤성 쑤저우, 산시성陝西省 시안 등이 있다. 특히 시안은 반도체 핵심 지역으로, 산시성과 시안시 정부와의 관계를 매우 긴밀히 유지해 왔다.

지정학적 리스크나 관련 이슈가 발생할 경우 이해관계자인 지방정부와의 협업은 더욱 중요하다.

아울러 중국에 소재한 주중 한국대사관, 한국 영사관, KOTRA, 무역협회 등 주요기관들과의 협력도 필수적이다.

중국에서는 대정부 소통을 할 때 현지인이 중심이 되는 체계가 특히 중요하다. 언어와 문화의 맥락을 자연스럽게 이해하고, 정부 관계자들과 신뢰를 쌓을 수 있는 사람은 결국 현지인이 유리하다. 주재원이 초기 네트워크를 구축할 수는 있지만, 정책 변화나 미묘한 행정 관행을 읽어내는 데는 한계가 있다. 따라서 장기적으로는 현지 전문가가 주도하고, 본사는 이를 전략적으로 지원하는 구조가 가장 효과적인 방식이라고 본다.

중국 지도자들과의 CEO 교류

기업외교에서 최고위급 회담은 무엇보다 중요한 의미를 갖는다. 특히 중국과 같은 권위주의 체제에서는 기업의 최고경영층이 국가급 영도領導, 지도자와 직접 교류하는 것이 사업 안정성에 직결되는 경우가 많다.

삼성은 최고경영진이 중국의 국가급 지도자들과 직접 교류하며 주요 프로젝트의 추진에 대한 지지를 확보해 왔다. 동시에 현지 정부와의 신뢰 관계를 바탕으로 기업 이미지를 높이고, 책임 있는 글로벌 기업으로서의 위상을 다져왔다.

반도체 투자와 관련해서는 2012년 리커창 당시 부총리를 접견했고, 2014년 7월에는 국빈 방한한 시진핑 주석을 호텔신라 특별전시관으로 초청해 반도체 투자 등 중국 내 사업을 소개하는 자리를 가졌다. 외자업무를 총괄하던 왕양汪洋 전 부총리와도 2014년 이후 몇 차례 만나며 중국 내 사업의 안정성을 도모했다.

국가급 지도자와 교류하는 대표적인 플랫폼으로는 보아오포럼博鰲亞洲論坛, Boao Forum for Asia, BFA과 중국발전고위급포럼CDF이 있다. 보아오포럼은 매년 4월 하이난성 충하이시의 휴양지인 보아오에서 열리는 아시아 경제 관련 포럼이다.

보아오는 원래는 작은 어촌 마을이었으나 포럼 개최 이후 국제적으로 알려지게 되었다. 이곳은 하이난성 수도 하이커우海口에서 약 100km 떨어져 있으며, 차량으로 1시간 30분 정도 걸린다.

보아오포럼은 중국이 매년 봄 하이난성 보아오博鰲에서 주최하는 국제회의로, '아시아의 다보스포럼'으로 불린다. 시진핑 주석과 리커창 총리를 비롯한 중국 최고 지도자들이 정기적으로 참석해 아시아 각국 정상과 주요 글로벌 기업인들과 교류한다.

삼성의 이재용 회장은 2013년부터 포럼 이사로 활동하며, 이사회 미팅과 기업가 좌담회 등을 통해 중국 내 투자·고용·사회공헌 현황을 소개하고 중국 최고위급 지도자들과 신뢰를 쌓아왔다.

2023년에는 중국발전고위급포럼에 참석해 천민얼 톈진시 서기를 만나 톈진시와의 협력 가능성을 논의했다. 천민얼은 구이저우성贵州省 서기 시절이던 2016년, 한국을 방문해 승지원에서 교류한 바 있다.

이재용 회장은 발개위 지도자와도 한국과 중국에서 여러 차례 교류를 이어갔다.

발개위는 중국의 거시경제 정책과 외자 기업 업무를 총괄하는 핵심기관으로, 삼성과는 전략적 협력관계에 있는 기관이다. 특히 시안西安 반도체 투자 승인을 주도했던 발개위国家发展和改革委员会, NDRC는 이후 운영 단계에서도 부처 간 행정 협의와 세제 정책 조정 등 여러 분야에서 지속적인 협조를 받아야 하는 핵심 부처이다. 최고경영진과 발개위 간부 간의 지속적인 교류는 현지에서 삼성과 발개위 간 신뢰관계를 형성하는 데 도움이 되었다.

2024년 5월에는 방한한 리창 총리를 국내 기업 중 유일하게 접견하며 협력관계를 재확인했다. 이 자리에서 이재용 회장은 코로나19 시기 중국 정부가 보여준 지원-예컨대 전세기 허가, 시안 봉쇄 중 반도체 생산 유지, 상하이 봉쇄 중 협력사 가동 보장 등-에 대해 감사를 표했다. 실제로 2021년 1월, 중국 정부는 삼성 반도체 직원들의 시안 출장 전세기를 허가하고 도착 후 격리 기간을 28일에서 2일로 단축해 업무에 투입하도록 조정한 바 있다.

리창 총리는 상하이시 서기 시절 매년 3,000여 개 외자 기업이 참가하는 상하이 수입박람회에서 삼성 부스를 꾸준히 방문했다. 1회 박람회부터 6년 연속 방문한 것은 삼성이 중국 내에서 상당한 신뢰를 얻고 있음을 보여주는 사례로 평가된다.

리창 총리는 상하이시 서기 시절인 2019년 상해 수입박람회 삼성 전시관에 방문해 삼성이 연구·개발 중이던 보행 보조 웨어러블 로봇GEMS 프로토타입을 직접 착용해 보기도 하였다. 그는 "첨단기술이 사람의 삶을 바꾸는 좋은 예"라며 감탄을 표했고, 삼성의 기술력과 혁신 역량에 깊은 인상을 받았다고 하였다.

화제를 만드는 직접 투자 활용
현지 정부와 네트워크를 형성하고 강화하는 데는 외국인 직접 투자FDI가 중요한 역할을 한다.

대표적으로 시안의 반도체 공장 사례가 있다. 중국 정부 지도자들과의 교류에서 삼성의 가장 큰 해외 직접 투자인 시안 반도체 공장은 항상 주요 대화 주제로 다뤄지며, 삼성의 중국산업 발전 기여를 강조할 수 있는 유용한 소재로 활용된다. 중국 총리와 부총리를 포함한 다수의 지도자들이 이 공장을 방문했고, 그 과정에서 삼성 경영진과 자연스러운 교류가 이루어지기도 했다.

삼성과 산시성의 인연은 시안 반도체 투자에서 시작됐다. 당시 산시성 서기는 외자 유치에 적극적이었고, 삼성의 투자에 각별한 관심을 보였다. 삼성 반도체 유치를 직접 담당했던 서기가 중앙의 주요 지도자 직에 오르면서, 결과적으로 중앙 지도부 내에 사업적 인연을 지닌 인사를 두게 되었다. 이는 지방정부와의 투자 협력이 장기적으로 기업외교의 자산이 될 수 있음을 보여준다.

투자는 정부와 협력적 관계 형성의 계기가 될 수 있으나 상황에 따라 예상치 못한 불편한 관계로 이어질 가능성도 존재한다. 랴오닝성 다롄

辽宁省 大连市이 그랬다.

다롄[7]은 반도체 투자 유치와 관련해 적극적인 관심을 보인 지역 중 하나였다. 이곳은 과거 러시아가 청나라로부터 조차한 후 러일 전쟁에서 승리한 일본이 차지했던 지역이기도 하다. 역사적 배경이 복잡한 곳이라고 할 수 있다.

삼성 반도체의 중국 진출 소식이 전해지자, 다롄은 유치경쟁에 적극적으로 참여했다. 당시 다롄시장은 중국삼성과 한국본사 경영진을 만나 반도체 투자 유치 의사를 표명하며 '과거'를 뒤로 하고 다롄에 반도체 투자를 검토해 달라는 요청을 건넸다.

다롄 지방정부 투자유치국이 언급한 '과거'의 내용은 제법 사연이 많다. 1990년대 초, 도시바를 비롯한 일본 기업들이 중국 TV 시장의 성장 잠재력을 주목하며 다롄을 주요 생산 거점으로 검토하기 시작했다. 삼성도 이러한 움직임을 면밀히 분석하며, 다롄을 TV용 브라운관 공장 건립의 유력한 후보지로 검토했다. 하지만 당시 다롄시장이었던 보시라이 薄熙来는 일본 기업을 선택했다.

결국 삼성은 여러 조건을 종합적으로 검토한 끝에 차선책으로 다롄 대신 톈진을 투자지로 선택할 수밖에 없었다. 이후 삼성은 톈진을 거점으로 TV, 핸드폰, 전기전자, 디스플레이 등 주요 사업을 잇따라 전개하며 지역 경제의 성장 엔진이 되었다.

반면 일본 기업들은 다롄에서 기대한 만큼의 성과를 거두지 못했고, 시

---

7) 다롄은 청나라 말기 이후 열강의 각축장이자 동북아 지정학의 요충지이다. 러시아가 청나라로부터 조차한 뒤 러일전쟁에서 승리한 일본이 차지했으며, 1950년 중국에 반환된 후 개혁개방 후 동북 지역의 핵심 항만이자 산업·무역 중심지로 발전했다.

간이 지나 다롄시는 삼성을 놓친 것을 아쉬워하며 "삼성에 대해 미안했다"고 한다.

반도체 투자 프로젝트와 관련해서 다롄에는 이미 인텔 반도체 공장이 있었다. 여러 여건상 삼성으로서는 실제 검토 대상에서 우선 순위에 없었다. 그러나 다롄시는 과거 일본 기업을 선택해 TV용 브라운관 공장을 유치했던 결정이 훗날 삼성의 반도체 투자 관련 내용은 5장 참조 후보지로 고려되지 못한 이유 중 하나가 되었다고 여긴 듯하다.

한편, LCD 패널 중국 투자 사례는 투자지인 지방정부의 정치적 영향력을 무시할 수 없음을 보여준다. 2005년경부터 중국 TV 시장이 급속히 성장하면서 TV용 LCD 패널의 중국 진출에 업계의 관심이 크게 높아졌다.

당시 중국은 LCD 패널을 전량 수입에 의존하고 있었으며, 베이징에 위치한 중국 최대의 디스플레이 회사인 BOE만이 6세대급 모니터용 LCD 패널을 생산하고 있었다.

삼성과 LG, 일본 샤프, 대만 CMO 등의 글로벌 기업이 중국 진출을 검토하고 있었으나, 각 기업들은 기술 유출을 우려해 투자 시기를 저울질하며 서로 경쟁사 동향만 주시 중이었다. 이때 중국 지도자들은 LCD 패널 투자 유치를 위해 적극적으로 노력했으며, 2008년에는 발개위 주임이던 장핑张平이 삼성전자 본사까지 방문하여 LCD 공장 설립을 요청하기도 했다.

한동안 서로의 눈치를 살피던 기업들은 결국 2009년에 중국 정부에 투자 승인을 요청하기 시작했다. 삼성전자는 장쑤성 쑤저우苏州, LG 디스플레이는 광둥성 광저우广州, 일본 샤프는 장쑤성 난징南京, 대만

CMO는 쓰촨성 청두成都, 그리고 중국 BOE는 베이징北京을 각각 후보지로 선정했다.

같은 해 하반기, 이 다섯 기업이 거의 동시에 발개위에 투자 승인요청서를 제출하면서 '5개 기업이 단 두 자리를 놓고 경쟁하는' 치열한 구도가 형성되었다.

발개위가 외자 기업이 한꺼번에 공장을 설립할 경우 '생산 능력 과잉'이 발생한다는 우려로 경쟁을 거쳐 두 개 기업만 비준하겠다는 방침을 내놓았기 때문이다.

일반적으로 최첨단 프로젝트는 지방정부의 열렬한 환영을 받으며 다양한 지원을 받게 마련이지만, 이번 사례는 외자 기업이 중국의 디스플레이산업 발전에 더 많이 기여하겠다고 설득하면서 투자 허락을 요청하는 이례적인 상황이 되었다.

광둥성은 전통적으로 정치국원이 서기를 맡는 핵심 성이다. 그리고 경제 규모와 국가 전략산업의 중심지라는 특성 때문에 다른 성급보다 중앙정치에서 더 큰 영향력을 가진다. 이에 비해 장쑤성 쑤저우는 2선 도시로, 정치적 영향력 면에서 광둥성 광저우를 따라가기 어려웠다.

삼성전자가 쑤저우를 선택한 데에는 중국과 싱가포르가 공동 개발한 쑤저우공업원구와 삼성 간에 20여 년 동안 이어져 온 신뢰 관계가 있었기 때문이다. 여기에 LCD·반도체 후공정, 가전, 컴퓨터 공장 등 기존 사업과의 시너지 효과도 기대되었다.

30억 달러가 넘는 대규모 투자가 필요한 프로젝트였던 만큼 삼성으로서는 여러 조건을 종합했을 때 기존에 신뢰를 쌓아온 쑤저우가 가장 현실적이고 안정적인 선택이었다. 다만 정치적 영향력 측면에서는 다소 약세를 보인다는 한계도 있었다.

LG가 비준을 받을 가능성이 가장 큰 상태에서 남은 한 자리는 한국 기업보다는 일본이나 대만 기업에 돌아갈 가능성이 높은 상황이 조성되었다.

어려운 국면에서 삼성전자는 전문가 심사 단계에서 자사의 기술적 우위와 경쟁사와의 차별성을 강조해 가장 높은 평가를 받았다. 이후 삼성은 관련 부처를 상대로 중국 산업 발전에 기여해 온 점을 어필하는 등 정부와의 소통을 강화하였다.

그 결과 2010년 12월 2일, 중국 국가발전개혁위원회발개위는 삼성의 7세대 LCD 라인과 LG의 8.5세대 LCD 라인 건설을 공식 승인했다. 당시 삼성은 정치적 영향력이 상대적으로 약했던 쑤저우 지역의 한계를 정부와의 신뢰 구축과 설득력 있는 기업외교로 비준을 성공적으로 이끌어냈다.

또 한편으로, 정치적 영향력이 강한 지방정부와 협력할 경우 현안 발생 시 그 지방정부가 기업을 대신해 중앙정부에 영향력을 발휘할 수도 있다. 투자지 선정에서 사업성이 가장 중요한 요소이지만, 지방정부의 정치적 영향력 역시 무시할 수 없는 고려 요인임을 시사한다.

기업에서 해외직접투자FDI는 단순한 생산기지 확보 이상의 의미를 지닌다. FDI는 현지 정부와의 신뢰 네트워크를 구축하고, 정책적 협력 기반을 형성하며, 나아가 시장 접근성을 확대하는 전략적 도구다.

국가 목표에 맞춘 사회공헌 활동

앞부분 여는 글에서 징 리Jing Li 교수가 기업외교를 '국가 외교와 국제

관계에 대응하고 이를 형성하는 비시장 전략'으로 정의하며, 기업의 정치 활동CPA과 사회적 책임CSR을 핵심 수단으로 제시한 바 있다.

중국에서 CSR을 전략적으로 활용하면 단순히 지역 사회를 지원하는 차원을 넘어 기업의 현지화를 촉진하고 신뢰 구축에도 기여할 수 있다. 이는 중국 정부의 사회주의 이념 및 공동 목표와 맞닿아서 기업과 정부 간 긍정적 관계를 형성하는 데 도움을 준다.

삼성의 CSR 활동은 교육, 과학기술, 의료복지, 지역사회 발전 등 네 가지 축으로 전개되었다.

농촌 지역의 '희망소학교'希望小学 건립, 청소년 '솔브 포 투모로우'Solve for Tomorrow 대회, 무료 백내장 수술, '나눔마을'分享村庄 프로젝트 등이 주요한 CSR 활동이다. 그중에서도 글로벌 공통 프로그램인 '솔브 포 투모로우'와 중국 맞춤형 프로젝트인 '나눔마을' 프로젝트가 가장 대표적이다.

'솔브 포 투모로우'는 삼성그룹이 미국·중국을 비롯한 주요 지역에서 글로벌하게 공통적으로 추진하는 대표적인 프로젝트다. 이는 STEMScience, Technology, Engineering, Mathematics[8]을 활용한 솔루션 경쟁 프로그램으로, 2013년부터 2025년 현재까지 62만 명에 가까운 중국 청소년이 참가하거나 학습 기회를 제공받았다.

중국 과학기술부 산하 중국과학기술협회가 주관하고 삼성이 후원하는 형태로 진행되는 이 프로그램은 삼성이 중국의 과학기술 발전에 기여하는 이미지를 구축하고 있다.

---

8) Science(과학), Technology(기술), Engineering(공학), Mathematics(수학)의 앞글자를 딴 약어로, 이 네 가지 학문 영역을 통합적으로 다루는 교육·산업·정책 분야를 의미한다.

중국과학기술협회는 '교육·과학기술·인재는 사회주의 현대화 국가 건설을 위한 기본적이고 전략적인 지원'이며, '본 프로그램은 중국공산당 제20차 전국대표대회 보고 이행의 일환'이라고 강조한다.

솔브 포 투모로우의 목적은 청소년들의 STEM 분야 창의력 증진에 있다. 해당 지역의 교육기관과 협력해 특정 과제의 해결책을 제시하는 방식으로 진행되며, 예선전을 거쳐 결승전까지 이어진다. 최종 우승 팀과 준우승 팀, 그리고 3위 팀에게는 삼성의 각종 지원과 해당 학생들을 위한 장학금이 제공된다.

삼성의 중국 맞춤형 CSR 활동은 나눔마을 프로젝트이다. 이 프로그램은 중국 정부의 중요한 국정 목표 중 하나인 빈곤 퇴치 프로그램으로 연계하여 사회적 상황에 맞춰 기획된 맞춤형 사회공헌 활동이다.

2015년 10월, 중국공산당 회의에서 시진핑 주석은 '빈곤 퇴치와 민생 개선, 점진적 공동 번영 달성이 사회주의의 필수 요건'이라고 강조하며 2020년까지 절대 빈곤 문제 해결을 요구했다. 2015년 당시 중국의 빈곤 인구는 약 5630만 명으로 추정되었고, 빈곤 기준은 연간 3,218위안 475달러이며, 하루 8.8위안약 1달러 30센트 수입이었다.

이에 삼성은 2015년 중국빈곤퇴치재단과 파트너십을 맺고 나눔마을 프로젝트를 시작했다. 이 프로젝트의 핵심 개념은 기존의 일회성 금전 지원과 달리, 지속가능한 소득 창출 방법과 플랫폼을 제공하는 데 있었다. 이를 통해 빈곤 마을 주민들이 스스로 빈곤에서 탈피할 수 있도록 돕는다는 의미가 크다.

구체적으로는 낙후된 농촌 폐가를 고급 민박으로 개조해 농민들이 직접 운영하는 관광 마을로 육성하고, 농산물 판로를 지원함으로써 소득을 창출해 빈곤 탈피를 도모한다.

가장 성공적인 사례로는 첫 번째 사업 대상 지역으로 선정한 베이징 인근 허베이성河北省의 난위촌南峪村이 꼽힌다. 이곳은 베이징에서 약 1시간 30분 거리에 위치해 도시민들의 농촌 체험과 휴양 수요를 충족할 수 있는 입지를 갖췄다. 2015년 기준 난위촌의 빈곤율은 16%에 달했으나, 2016년부터 본격적으로 운영한 후 2017년 말에는 연간 소득이 거의 두 배 증가했다.

이 펜션은 예상보다 큰 인기를 얻어 5~6개월치까지 온라인 예약이 밀리는 상황이 지속되었다. 이 사례는 일회성이 아닌 지속가능한 빈곤 퇴치 모델로 주목받았으며, 허베이성 69개 현과 시 지도자들 및 공무원 수백 명의 현장 견학이 이어졌다.

이러한 나눔마을 프로젝트는 산시성, 허베이성, 구이저우성, 쓰촨성 등지의 13개 농촌으로 확대되었고, 삼성은 총 1억 2000만 위안을 투자하며 농촌 활성화를 도모했다.

삼성은 나눔마을 추진 지역을 선정할 때 중국 정부와 연계하여 효과를 극대화하도록 노력하고 있다.

중국 각 부처는 국무원으로부터 농촌 지역을 할당받아 빈곤 탈피를 지원하고 있기도 하다.

발개위는 ① 허베이성 렁서우현河北省 隆尧县, ② 펑닝현丰宁满族自治县, ③ 광시성 톈둥현广西省 田东县, ④ 지린성 왕칭현吉林省 汪清县의 4개 지역을 할당받았다.

공신부가 맡은 곳은 ① 허베이성 웨이현河北省 威县, ② 허난성 루양현河南省 汝阳县, ③ 뤄닝현洛宁县, ④ 시장자치구 산난시 랑카쯔현西藏自治区 山

삼성이 지원한 중국의 나눔마을 프로젝트. 2016년 9월 21일 허베이성 바오딩시 라이수이현 난위촌에서 공식 시범 운영 출범식 행사를 치렀다. 왼쪽 아래 사진의 맨 왼쪽이 저자이다.

南市 朗卡孜县, ⑤ 쓰촨성 난충시 자링구四川省 南充市 嘉陵区, ⑥ 난부현南部县의 6개 지역이다.

상무부는 ① 쓰촨성 광안시四川省 广安市, ② 이룽현仪陇县, ③ 후난성 청부 먀오족자치현湖南省 城步苗族自治县의 3개 지역을 담당한다.

사회공헌 지역을 정할 때 정부가 중점적으로 지원하는 지역을 함께 고려하는 것도 현명한 선택이다. 기업은 정부의 관심 지역에 참여해 자연스럽게 협력 관계를 형성할 수 있고, 정부는 정책 목표를 효율적으로 달성할 수 있다.

삼성은 발개위가 할당 받은 광시성 텐둥현과 상무부가 할당 받은 쓰촨성 광안시를 '나눔마을'에 포함시켰다.

2021년에는 현지 빈곤포럼에 참석한 런훙빈任鸿斌 상무부 부부장을 비롯해 아주사 사장과 재무사财务司 고위급 인사들이 광안시 바이메이촌百美村 프로젝트를 현대 농촌 건설의 모범 사례로 평가하며 삼성의 기여에 감사를 표명하기도 했다.

중앙정부와 농촌 빈곤 지역을 연결하는 지원 프로그램은 과거 중국의 '뚜이코우 제도'对口援助와 맥락이 닮아 있다. 개혁개방 이후 중국 중앙정부는 지역 간 격차를 줄이기 위해 '재정전이'财政轉移와 각종 보조금 제도를 운용해 왔다. 중앙에서 재정이 부족한 지역에 자금을 이전하는 방식으로, 일반 보조금·소수민족 및 산업정책 보조금·재해 대응 전용 보조금 등이 여기에 포함된다.

하지만 시간이 지나면서 중앙정부의 부담이 커지자, 재정 여력이 있는 지방정부가 빈곤 지역을 직접 지원하도록 하는 '뚜이코우' 제도가 도입되었다. 이렇게 특정 지역과 특정 기관을 짝지어 지원하는 방식은 중국의 역사 속에서 여러 차례 반복되어 온 전통적인 발전 전략의 하나다.

이러한 전략적 CSR 활동은 기업이 지역 사회에 공헌하는 이미지를 각인시키고, 중국 정부와의 신뢰 및 관계 강화를 동시에 실현할 수 있는 기회를 제공한다.

시진핑 주석은 2014년 방한 당시 삼성 전시관을 방문해 "삼성이 중국에서 다양한 사회공헌을 통해 소강小康 사회와 조화로운 사회 건설에 기여했다"며 감사의 뜻을 표했다. 최근에는 2024년 리창 총리가 방한 중 이재용 회장을 만난 자리에서도 삼성의 사회공헌 활동에 감사를 전한 바 있다.

중국사회과학원 CSR연구센터가 발간한 「기업의 사회적 책임 백서 2024」에 따르면, 삼성은 외자기업 부문에서 12년 연속 1위, 전체 기업 기준으로도 6년 연속 종합 2위를 차지했다.

03 | 미국에서는 '로비'와 '투자' 우선

대외협력팀 담당자는 로비스트
미국에 대한 직접투자 확대와 기업외교의 중요성

대외협력팀 담당자는 로비스트

미국 정부와의 소통은 로비라는 합법적·제도적 절차 안에서 이루어진다. 정책동향 모니터링, 의견 개진, 입법과정 정책반영 노력 등 대정부 인사들과의 소통은 법적 절차가 마련되어 있어서 로비라는 법적인 틀 속에서 이루어진다. 삼성도 지정학적 리스크 하에서 정책 환경 변화에 대응하기 위한 미국 정부, 의회와의 소통 활동을 적극 추진해 왔다.

삼성은 2011년에 애플과의 특허 분쟁을 계기로 미국 정책 환경에 대한 체계적 대응이 필요함을 인식했다. 이에 따라 워싱턴에 정책 협력 채널을 구축하고 통상, 반도체, 지적재산권 등 핵심 현안에 대해 미국 정부, 의회와 소통하는 체계를 마련했다.

삼성의 미국 내 대외협력 활동은 워싱턴에 둔 미국법인 산하 조직이 담당한다. 2022년에는 마크 리퍼트 전 주한 미국 대사를 북미 대외 업무 총괄 부사장으로 영입했다. 그는 국방부 장관 비서실장, 국가안보회의 비서실장 등을 지낸 정통 외교·안보 전문가다. 트럼프 2기에는 새로운 행정부와의 협력 관계 구축을 위해 적합한 인물을 영입한 것으로 알려졌다.

로비는 로비스트를 통해 이루어진다. 앞에서 살펴본 바와 같이 로비 관련 지출과 인력 현황을 공개하는 미국 오픈시크릿OpenSecrets 사이트에 따르면, 삼성의 로비 활동은 2017년 이후 꾸준히 확대되었다. 2024년 말 기준으로 상당한 규모의 예산과 전문 인력을 운영하고 있다. 이 가운데 상당수는 정부 부처나 의회에서 근무한 경험이 있는 전문가들이다. 미국은 로비명세법LDA에 따라 로비 내역을 모두 공개하도록 하고 있으며, 로비 보고서에는 로비 회사, 로비스트 성명, 활동 주제, 기간, 비용 등이 상세히 기재되어 투명하게 관리된다. 기업의 개별 로비스트 활동 내역은 미국 상원 로비 공개 사이트https://lda.senate.gov/system/public/에서 확인할 수 있다. 공개 자료에 따르면 삼성은 주요 정책 자문 회사들과 협력 관계를 맺고 있으며, 2000년대 초반 무역정책 관련 활동을 시작한 이후 2020년대부터는 반도체 보조금, 공급망, 무역정책 등 전략적 현안을 중심으로 의회, 백악관, 상무부 등과의 소통을 강화하고 있다.

삼성은 미국 내에서 지역사회 맞춤형 사회공헌 활동도 추진하고 있다. 삼성은 재향군인과 가족 지원 활동을 통해 한·미 간 우호 증진에 기여했으며, 이는 현지의 사회적 필요와 문화적 맥락을 고려한 사회공헌 모델로 평가된다.

기업외교에서 최고위층의 활동은 어느 나라에서나 중요하다. 이재용 회장은 2021년 백악관을 방문해 반도체 공급망을 논의했고, 2023년 한미정상회담 경제 사절단에 참여해 국빈 오찬과 만찬에서 미국 주요 인사들과 교류했다. 2024년 6월에도 워싱턴을 찾아 의회 및 백악관 인사와 접촉했다. 이 회장은 대정부 활동 외에 미국 투자회사 앨런 앤드 컴퍼니가 주최하는 선밸리 콘퍼런스Sun Valley Conference에 매년 참석해 오픈AI의 샘 알트먼, 애플의 팀 쿡, 구글의 순다르 피차이, 메타의 마크 저커버그 등과 교류하며 글로벌 네트워크를 넓혀왔다.

삼성은 동시에 싱크탱크와의 전략적 협력도 강화하고 있다. 미국 싱크탱크는 입법·사법·행정·언론에 이어 '제5의 권력'이라 불릴 만큼 정책 과정에 막강한 영향력을 미친다. 현재 미국의 주요 외교·안보 싱크탱크와 정책 교류를 이어가며, 반도체·전기차·바이오 등 핵심 산업 정책과 관련하여 미국의 정책 방향을 이해하고 업계의 입장을 전달하는 통로로 활용하기도 한다. 이러한 활동을 통해 삼성은 싱크탱크의 정책연구 과정에 입장을 개진하여 보다 균형 잡힌 관점이 반영되도록 기여할 수 있다.

미국에 대한 직접투자 확대와 기업외교의 중요성

해외직접투자FDI는 본래 시장 확대나 생산 거점 확보를 위한 경영 전략이지만, 동시에 현지 정부와의 관계를 구축하고 정책적 신뢰를 얻는 기업외교의 수단이 되기도 한다. 이런 점은 중국뿐 아니라 미국에서도 마찬가지다.

삼성은 1996년 텍사스주 오스틴에 13억 달러를 투자하여 첫 번째 반도체 공장을 착공했고, 이후 지속적인 증설을 통해 현재까지 총 180억 달러를 투자했다. 최근에는 오스틴 인근 테일러시에 170억 달러를 투자하여 최첨단 반도체 공장을 건설하고 있다.

텍사스를 투자지로 선택한 것은 무엇보다 이 지역이 미국 내에서 가장 우수한 투자 환경을 갖추고 있기 때문이다. 텍사스에는 법인세가 없고, 규제가 상대적으로 완화되어 있으며, 풍부한 토지와 에너지 자원, 우수한 물류 인프라를 보유하고 있다. 텍사스는 법인소득세 대신에 프랜차이즈Franchise Tax, 매출을 기준 일정 비율로 부과 세금은 있으나 세율도 낮고 감면범위도 넓어 투자 매력도가 높다.

1990년대 삼성이 오스틴에 반도체 공장을 설립할 당시에도 텍사스는 최적의 투자 환경으로 평가받았고, 이러한 평가는 지금까지 이어지고 있다. 실제로 2025년 Chief Executive지의 미국 비즈니스 환경 평가에서도 텍사스는 미국 내 1위로 선정되며, 여전히 최상위권의 기업 친화적 주州로 평가받고 있다. 제조업 기반이 탄탄하고 주정부 차원의 적극적인 세제 혜택과 인센티브가 제공되는 텍사스는 외국인 직접투자에 가장 매력적인 지역 중 하나다.

텍사스는 경제적 조건뿐만 아니라 미국의 대표적 정치 명문가인 부시 가문의 근거지이기도 하다. 부시 가문은 미국 정치와 경제에서 가장 영향력 있는 가문 중 하나로, 흔히 '10대 명문가'로 꼽힌다. 조지 H. W. 부시는 제41대 대통령, 그의 장남 조지 W. 부시는 텍사스 주지사를 거쳐 제43대 대통령을 역임했으며, 차남 젭 부시는 플로리다 주지사를 지냈다. 부시 가문은 텍사스를 기반으로 석유·에너지 산업, 금융, 보수 정치 세력이 결합된 강력한 '텍사스 네트워크'Texas Network를 형성하고 있다.

텍사스는 미국 정치 지형에서도 매우 중요한 위치를 차지한다. 인구가 약 3천만 명으로 캘리포니아에 이어 두 번째로 많은 주이며, 선거인단 수도 40명으로 캘리포니아54명 다음으로 많다. 그리고 공화당의 전통적 텃밭이다. 또한 텍사스는 석유·가스 산업의 중심지로서 에너지 정책에 막대한 영향력을 행사하며, 최근에는 첨단 제조업과 IT 산업도 빠르게 성장하고 있다. 오스틴은 '실리콘힐스'Silicon Hills로 불리며 테슬라, 오라클 등 주요 기업들의 본사가 위치해 있다. 이처럼 텍사스는 경제적 규모와 정치적 영향력, 산업 기반 모두에서 미국 내 최상위 주로 자리매김하고 있다.

외국 기업의 텍사스 직접투자는 단순한 생산 거점 확보를 넘어 기업외교 관점에서 중요한 전략적 의미를 지닌다. 텍사스에 공장을 짓고 수천 명을 고용하는 것은 지역 경제에 실질적으로 기여하는 것이며, 이는 주지사, 상·하원 의원, 지역 유력 인사들과의 협력 관계로 이어진다. 특히 부시 가문과 같이 텍사스에 깊은 뿌리를 둔 정치 명문가와의 네트워크를 형성할 기회를 제공한다. 직접투자는 지역사회와 정치권을 연결하는 실질적 플랫폼이 된다. 기업은 투자를 통해 지역사회의 일원이 되고, 이를 통해 정책 결정 과정에 목소리를 낼 수 있으며, 주요 정치인들과의 관계를 자연스럽게 구축할 수 있다.

삼성전자 가전 공장 사례도 직접투자를 통한 기업외교 사례라 볼 수 있다.

삼성전자는 2018년 1월 사우스캐롤라이나주South Carolina 뉴베리 카운티Newberry County에서 가전 공장 가동을 시작했다. 총 3억 8000만 달러를 투자해 연간 약 100만 대의 세탁기를 생산할 수 있는 규모였다. 이

전까지 멕시코 티후아나Tijuana와 케레타로Querétaro 등에서 생산한 TV·세탁기·냉장고를 무관세로 미국에 수출했지만, 트럼프 행정부의 세이프가드세탁기 긴급 수입 제한와 관세 인상 압박에 대응해 미국 내 직접 생산에 나섰다.

삼성이 투자지로 선택한 사우스캐롤라이나주South Carolina는 여러 면에서 전략적 가치가 높은 지역이었다. 먼저, 주정부가 외국 기업 투자 유치에 적극적이며 세제 혜택, 인력 교육 프로그램레디SC, ReadySC, 인프라 지원 등 다양한 인센티브를 제공하는 기업 친화적 지역이다. 또한 사우스캐롤라이나South Carolina는 찰스턴 항구Charleston Port를 통한 수출 물류 인프라가 잘 갖춰진 수출 제조 거점이다.

이 지역 출신들이 중앙정부에서 영향력을 행사할 수 있는 인물들이라는 점도 주목할 만하다. 헨리 맥매스터Henry McMaster 주지사는 공화당 내에 비교적 강한 입지를 구축하고 있고, 사우스캐롤라이나South Carolina의 린지 그레이엄Lindsey Graham 상원의원도 중앙 정치에 상당한 영향력을 보유하고 있으며, 팀 스콧Tim Scott 상원의원은 공화당 상원 선거위원회 위원장으로서 당내 핵심 인사이다. 이러한 유명한 정치 인사들의 존재는 사업에 긍정적으로 작용할 수 있는 기반이 될 수 있다.

직접 투자를 할 경우 여러 이벤트를 통해 정치권에 기업의 기여를 알리고 지지를 확보할 수 있다. 2017년 6월 28일 워싱턴 D.C.Washington D.C.에서 열린 투자 발표식에는 윌버 로스Wilbur Ross 연방 상무부 장관, 헨리 맥매스터Henry McMaster 주지사, 린지 그레이엄Lindsey Graham 상원의원이 참석했으며, 그레이엄Graham 의원은 "사우스캐롤라이나와 삼성의 협력과 파트너십은 앞으로 양측 모두에게 결실을 안겨 줄 것"이라고 장기적 관계를 강조했다. 2018년 1월 12일 첫 출하식에는 헨리 맥매스터Henry McMaster 주지사, 팀 스콧Tim Scott 상원의원, 랠프 노먼Ralph Norman 하원의원이 현장을 방문하여 지역 고용 창출 등 삼성의 기여를 치하하며 적극적인 지지를 표명했다.

직접투자를 전략적으로 잘 활용하면 연방과 주 차원의 다층적 정치 네트워크를 확보할 수 있으며, 정책 변화에 대한 조기 정보를 얻을 수도 있다. 특히 정치적 불확실성이 높은 시기에 무역 분쟁이나 정책 변화 시 정치권의 자발적 옹호를 이끌어낼 수 있는 강력한 자산이 된다.

生生Talk 생생토크 ④

중국의 미래, 화웨이의 기업문화

창립자 런정페이의 리더십

중국 기업 중에서 꼭 한 번 짚고 가야 할 기업이 있다. 바로 화웨이다. 회사명 '華爲'는 중화유위 中華有爲의 줄인 말이다. 이는 '중국은 할 수 있다', '중국은 크게 될 것이다'라고 풀이될 수 있다. 기업 철학의 중심에는 중화주의적 사상이 자리 잡고 있으며, 이는 삼성그룹의 경영 모토인 '사업보국' 事業報國과도 일맥상통한다.

화웨이는 미국의 대중 압박으로 현재 가장 어려움에 처해 있는 기업이면서 동시에 중국을 대표하는 민간 기술기업이다.

그렇다면 화웨이는 어떻게 그렇게 급속도로 성장했고, 왜 미국까지 두려워하는 기업이 되었을까?

화웨이는 군인 출신인 런정페이 任正非가 43세 때인 1987년에 창립한 통신회사다. 설립 초기 전화교환기 제작으로 출발해서 이후 종합 전자통신회사로 발전하며 불과 30여 년 만에 중국 최대 민간 통신장비 기업이자 세계 1위 네트워크 장비 기업으로 도약했다.

주식 구조는 비상장 형태로, 과거 2019년 기준 런정페이가 1.4%, 직원들이 98.6%를 보유하고 있다고 알려졌었다. 그러나 2024년 말 기준 최신 자료에서는 런정페이의 지분율이 약 0.65% 수준으로 더 낮아진 것으로 나왔다. 이러한 '직원 소유' 구조는 화웨이의 정체성을 상징하지만, 실질적 의결권보다는 배당용 주식이다.

런정페이는 7남매 중 장남으로, 가난한 교사 가정에서 성장했다. 부모 모두 중등학교 교사였으며, 부친은 문화대혁명으로 곤란을 겪었다. 어렵게 충칭대 건축학과를 졸업한 뒤 군 공병부대에서 14년 동안 복무하면서 인내력, 추진력, 애국심을 키웠다. 문화대혁명 여파로 공산당 가입이 늦어졌으나 군 복무 8년차에 당원이 되었다. 기업 경영에서는 군인 정신을 기반으로 화웨이를 성장시켰다.

늑대문화

화웨이의 기업문화는 흔히 '늑대문화'狼性文化로 불린다. 화웨이는 '늑대적 근성'을 바탕으로 무명 기업에서 세계적 기술기업으로 성장했다.

늑대의 민첩성·팀워크·끈기를 본받아 목표를 정하면 끝까지 추격하는 집요함을 강조하며, 경험 많은 개체가 무리를 이끄는 것처럼 조직 내 리더십을 중시한다. 이러한 늑대문화는 강력한 내부경쟁 시스템을 낳았다. 성과평가는 '완료 혹은 미완료'라는 이분법적 기준으로 진행되며, '골든 7년 규칙'에 따라 7년 내 관리직으로 성장하지 못하면 퇴출 대상이 된다.

화웨이는 창업 초기부터 '분투자奮斗者문화'를 핵심 가치로 삼았다. '분투자'는 자신의 꿈을 걸고 운명과 맞서 노력하는 사람이라는 뜻이다. 그러므로 화웨이가 말하는 '분투자'는 단순히 열심히 일하는 직원을 뜻하는 것이 아니라, 회사의 성장을 위해 자기희생과 장시간 근무를 기꺼이 받아들이는 직원을 의미한다. 조직 내에서 오직 분투자만이 존중받고 보상받는다는 메시지가 반복적으로 강조하였고, 이를 제도화한 것이 '분투자신청협의서'다.

분투자신청협의서는 2010년 화웨이가 도입한 제도로 직원의 유급 연차 휴가, 비지시성 초과 근무 수당, 육아 휴직 등 법정 권리를 포기하는 대신 가상주식 배정 자격과 고액의 배당 보너스를 받을 수 있도록 한 문서이다.

중국 매체에 따르면 일부 부서에서는 월 최대 160시간의 초과근무가 발생했으며, 이런 화웨이식 분투자문화는 알리바바, 텐센트, 바이트댄스ByteDance 등 중국 IT 대기업에도 큰 영향을 미치고 있다. 그 결과, '996 근무제'아침 9시 출근, 밤 9시 퇴근, 주 6일와 같은 장시간 노동 관행이 업계 전반으로 확산되었다.

중국에서는 '996'뿐 아니라 '997', '9106', '007'이라는 표현도 테크 기업들 사이에서 유행하고 있다. '997'은 하루 12시간씩 주 7일 근무를, '9106'은 아침 9시에 출근해 밤 10시까지 6일 근무하는 것을 뜻한다. '007'은 일주일 내내 회사에서 시간을 보내는 극단적인 근무 형태를 의미한다.

어쩌면 중국의 속도는 이런 근무 문화에서 비롯된 것인지도 모르겠다. 선전에서 근무하는 나의 지인은 늦게 퇴근하는 화웨이 직원들 때문에 "선전에서는 밤 12시에 택시 잡기가 힘들다"고 했다.

화웨이의 창업자 런정페이는 2019년 미국의 제재 직후 "전사적으로 전시 상태에 들어간다"고 선언했다. 실제로 2017~2019년 사이 사내 행사장 현수막에는 '戰時用我, 用我必勝'전시용아, 용아필승·전시에 나를 쓰면 반드시 승리한다 같은 구호가 내걸렸고, '戰場沒有第二名'전장몰유제이명·전장에는 2등이 없다, '每個人都是戰場上的兵'매개인도시전장상적병·모든 사람은 전장의 병사다이라는 문구도 사용되었다. '회사는 전쟁터, 직원은 전사'라는 인식을 끊임없이 주입하며 군대식 규율과 전투 정신을 강조한다.

이러한 문화의 상징 중 하나가 바로 '야전침대 정신'이다. 화웨이는 신입사원에게 야전침대를 선물하는 관행이 있는데, 이는 설립 초기 혹독한 근무 환경을 견뎌낸 경험에서 비롯되었다. 현재는 '초심을 잃지 말자'는 상징적 의미로 전달되지만, 신입사원들이 단순히 '점심 후 낮잠 잘 때 쓰라'는 메시지로만 받아들일지는 의문이다.

분투자문화와 늑대문화는 중국식 고속 성장의 상징으로 평가받지만, 젊은 세대에게는 더 이상 매력적인 가치로 받아들여지지 않는다. 그럼에도 화웨이는 여전히 이를 기업의 핵심 정신으로 내세우며, 성과를 창출한 직원에게 파격적인 보상을 제공하는 방식으로 충성심을 유지하고 있다. 요컨대, 화웨이의 기업문화는 성장의 원동력인 동시에 중국식 성장 모델의 그늘을 드러내는 양면성을 지닌다.

이러한 경쟁자와 마주하고 있는 것이 우리 산업계의 현실이다.

파격적인 보상제도 화웨이는 비상장 구조여서 외부 투자자의 압력으로부터 자유로운 편이다. 때문에 보상 체계로서의 연봉은 높은 편은 아니지만 우리사주ESOP[9] 제도를 통한 배당이 높은 편이다.

2024년 기준 화웨이의 총 배당액은 약 770억 위안에 달했다. 우리사주에 참여한 전·현직 임직원은 약 15만 1,800명으로, 단순 평균으로 환산하면 1인당 약 50만 위안, 약 9300만 원을 받은 셈이다. 이렇듯 업계 최고 수준의 배당 구조는 직원들에게 강력한 성과 동기를 제공하고 있다. 다만, 직원별 보유 지분 규모가 크게 달라 배당금은 편차가 큰 것으로 알려져 있다.

화웨이는 매년 인사평가에서 하위 5~10% 성과자를 퇴출시켜 조직의 긴장감을 유지한다. 명문대 학위 소지자라도 입사 후에는 경력과 무관하게 동일한 조건에서 일하며, 오로지 실적으로만 평가받는다. 또한 권력 집중을 피하기 위해 세 명의 임원이 순환 CEO를 맡는 제도를 운영하며, 회사의 균형 있는 성장과 인재 이탈을 방지한다.

---

9) 우리사주제도(ESOP, Employee Stock Ownership Plan)는 직원들이 회사의 간접적 주주로 참여해 배당을 받는 비상장 내부지분제도다. 실질적 경영권은 CEO가 갖되, 이익은 직원에게 분배되는 구조로, 중국식 '집단지분 소유 모델'의 대표적 사례로 꼽힌다.

실용적인 기업경영 철학 – 화웨이 기본법

화웨이의 경영철학과 기업문화는 '화웨이 기본법'Huawei Basic Law이라는 내부 경영헌장에 집약되어 있다.

1995년 런정페이가 중국 런민대 교수진과 함께 제정을 시작한 뒤, 2년여에 걸친 작업 끝에 1998년 3월 채택했다. 이 문서는 총 6장 103개 조항, 약 1만 6,400단어 분량으로 구성되어 있다.

화웨이 기본법 11조에는 '합리적인 이익률과 이익 목표를 설정할 것이며 단순히 이익의 최대화를 추구하지 않는다'고 나와 있다. 또 26조에는 '매출의 10%를 R&D에 투자하고 필요할 경우 그 비율을 더 늘릴 수 있다'라고 규정하고 있다. 이는 기술 혁신과 장기적 경쟁력을 위해 제도적으로 연구개발 투자를 보장한 것으로, 화웨이의 기술 리더십을 뒷받침하는 핵심 정책이다.

화웨이는 스마트폰·통신장비·전기차·팹리스 등 핵심산업 분야에서 중국 선두주자다. 중국의 첨단기술 경쟁력을 상징하는 기업이기도 하다.

화웨이 기본법은 '기업헌법'으로 불리면서 화웨이의 급격한 글로벌 확장 속에서도 조직 정체성을 유지하는 핵심 원리로 작동했다. 이 문서 덕분에 화웨이는 기술 혁신과 시장 개척 과정에서 단기 실적보다 장기 전략을 우선시하며, 내부 인재를 결속시키는 독특한 기업문화를 확립할 수 있었다.

실감하는 화웨이의 기세

나는 화웨이의 본사를 직접 방문한 적이 있다. 본사는 광둥성 선전시에 위치하고 있다. 160만㎡48만 4,000평 규모로, 1998년 착공해 2003년 준공되었다. 내가 2005년 무렵에 선전 본사를 방문했을 때 '실리콘 밸리의 미국 회사에 와 있다'는 기분이 들었고, 선전은 '화웨이 도시'라는 느낌을 강하게 받았다.

최근 한국 신문에도 소개된 바와 같이 화웨이는 선전 본사 외에도 둥관东莞 송산호松山湖 캠퍼스와 상하이 장장张江 연구센터를 주요 연구 거점으로 두고 있다. 둥관 캠퍼스는 약 9㎢ 규모의 초대형 단지로, 유럽풍 건축물이 즐비해 '유럽 마을'로 불리며 2만 명 이상이 근무한다. 이곳에서는 스마트폰·칩셋·무선통신장비 개발이 집중적으로 이뤄진다. 상하이 연구센터는 하이실리콘HiSilicon의 본거지로, 반도체 설계와 차세대 통신기술, AI 프로세서 개발의 핵심 허브 역할을 한다.

내가 화웨이의 기세를 처음 실감한 것은 4G 분야에서 2016년 5월 화웨이가 삼성전자를 상대로 중국 법원에 특허 침해 소송을 제기했을 때였다. 당시까지만 해도 화웨이가 R&D를 꾸준히 해 왔지만 기술력에서는 여전히 삼성을 따라오지 못한다고 생각했다. 그러나 2018년 1월, 중국 선전 법원이 화웨이의 손을 들어주면서 삼성전자의 중국 내 스마트폰 생산과 판매를 중단하라는 판결을 내렸을 때 상황은 달라졌다.

특허 소송에 직접 참여했던 관계자의 설명을 들으니, 화웨이의 특허가 단순히 양적 축적에 그치지 않고 질적인 면에서도 이미 상당한 수준에 도달했다고 한다. 물론 중국 내에서의 법원 판결이라 자국 기업에 유리한 점은 있었을 것이다. 어쨌든 이후 3년간 이어진 특허 분쟁은 2019년 크로스 라이선스 합의로 종결되었다. 하지만 이 사건은 화웨이의 통신 기술 수준이 삼성전자와 어깨를 나란히 할 만큼 급격히 상승했음을 보여주는 상징적 사례가 되었다.

미국의 화웨이 제재가 없었다면 글로벌 스마트폰 시장의 판도는 완전히 달라졌을 가능성이 높다. 화웨이는 동남아뿐만 아니라 유럽과 중남미 시장까지 급속도로 확장하며 출시 직후 빠른 속도로 점유율을 높였다. 그러나 미국의 강력한 제재는 화웨이가 글로벌 시장에서 급속도로 확장하는 것을 제어하는 브레이크로 작용한 것으로 보인다.

삼성이 한때 광고 문구로 '삼성이 하면 다르다'고 한 적이 있다. 그런데 지금은 '화웨이가 하면 다르다'는 것을 실감한다.

SUPER GAP STRATEGY OF
K-CHIPS

5장
직접 보고 겪은 중국의 파워

중국을 움직이는 힘
일을 성사시키는 관료 접촉 전략
삼성의 중국투자 막전막후
'환영'과 '냉담' 사이의 외자 기업

01 | 중국을 움직이는 힘

'일사불란' 작동 체계, 중국공산당
뛰어난 전문성, 남다른 열정의 관료들
상무부 아주사와 외교부 아주사

'일사불란' 작동 체계, 중국공산당

세계에서 유일하게 미국과 대등하게 경쟁하고 있는 나라, 중국을 어떻게 볼 것인가?

중국의 국력은 단순한 경제 규모나 군사력의 확대에서 비롯된 것이 아니다. 그 근원에는 국가 전반을 통제하고 전략적으로 운영하는 중국공산당의 권력 구조가 자리한다. 공산당은 정치·경제·사회·외교 모든 영역의 의사결정을 주도하며, 국가의 장기 목표를 일관되게 추진한다. 중국을 움직이는 힘은 당의 조직력과 통치 체계가 결합된 결과로 이해해야 한다.

중국을 이해하려면 우선 중국공산당을 정확하게 알 필요가 있다.

중국공산당은 국정 방향 및 중대 사안의 의사 결정을 하고 다른 정치조직을 통제하는 집권당이다. 따라서 중국의 정치체제를 이해하려면 공산당 지도자들이 어떻게 선발되고 어떤 과정을 거쳐 권력의 정점에 오르는지를 알아둘 필요가 있다.

공산당 지도자 선발에서 가장 기초가 되는 절차는 전국 당대표 선출이다. 지역별 전국 당대표는 31개 성급 행정구역과 중앙기관·군 등 9개소의 총 40개 선거단위에서 '차액선거'로 공산당원들이 뽑는다. 차액선거란 선출 인원보다 많은 후보를 제시한 뒤 득표순으로 정원을 채우는 방식인데, 이 후보자들은 모두 공산당이 미리 선정한 인물들이다. 따라서 형식적으로는 경쟁이어도 실제로는 당이 관리한 범위 안에서만 제한적 선택이 이루어진다.

이때 지역별 당대표 수는 당 조직 수, 당원 수에 따라 배분된다. 2022년 제20차 당대회에서는 총 2,296명 가운데 베이징시 62명, 상하이시 73명, 산둥성 76명, 허베이성 64명 등으로 각 성별 당대표가 배분되었다. 중앙 국가기관 대표는 293명, 인민해방군과 무장경찰 대표는 304명이었다.

중국공산당 지역별 전국 당대표 약 2,300명은 5년에 한 번씩 베이징에서 열리는 전국대표대회에서 200명 내외의 중앙위원, 170명 내외의 후보위원을 차액선거로 선출한다. 매 대회마다 선출 인원은 조금씩 다를 수 있다.

여기서 선출된 중앙위원들은 중앙정치국 정치국원 24명과 그중 상무위원 7명을 '등액선거'로 뽑게 된다. 등액선거는 후보자 수와 선출자 수가 동일한, 사실상 찬반투표에 해당하는 방식이다.

중앙위원들은 매년 중앙위원회 전체 회의도 개최한다. 중국 공산당의 중앙위원회 전체회의, 즉 '중전회'中全会는 매년 열리는 최고 정책조정 회의다. 5년에 한 번 열리는 당대회에서 새로운 지도부가 구성되면, 그 지도부는 임기 동안 여러 차례의 중전회를 통해 국가 운영 방향을 세부적으로 조정한다.

중전회는 통상 1년에 한 번 열리며 회기별로 역할이 구분된다. 1중전회는 새 지도부를 확정하고, 2중전회는 연초에 정부조직 개편과 헌법 수정안을 논의한다. 3중전회는 경제개혁 방향을 결정해 '개혁의 전회'로 불린다. 3중전회가 개혁의 전회로 불리는 이유는 1978년 12월 열린 제11기 3중전회에서 덩샤오핑이 이념 중심의 노선을 경제 중심으로 전환하여 중국 현대사의 중대한 전환점을 마련했기 때문이다. 이후 3중전회는 관례적으로 경제와 개혁 정책의 중대한 방향을 결정하는 회의로 인식되었다. 4중전회는 법치와 제도 개혁을 다루고, 5중전회는 차기 5개년 계획을 확정하고, 6중전회는 당내 결속과 차기 당대회 준비가 중심이다.

현재의 20기2022~2027는 시진핑 3기 지도부로 3중전회는 당초 2년차인 2023년 가을에 열려야 했으나 2024년 7월에 열렸고, 4중전회는 2025년 10월 20~23일 베이징에서 개최됐다. 이번 회의에서는 '중국식 현대화 추진을 위한 제도 개혁'과 '제15차 5개년 계획2026~2030 초안 방향'이 함께 논의됐다.

본래 법치와 제도 개혁을 다루는 4중전회가 경제개혁 의제까지 포함하게 된 것은 3중전회가 미뤄지면서 정책 일정이 1년가량 밀린 결과였다. 결국 4중전회는 정치와 경제를 함께 조정하는 이례적인 '병합형 전회'로 열렸다.

중국공산당에서는 중앙위원회 전체 회의를 주의 깊게 봐야 한다. 그 이유는 지도부 인선과 더불어 정치·경제 국정 방향이 여기서 결정되기 때문이다.

24인의 중앙정치국 회의는 월 1회 주기로 열리며, 국정 운영 관련 중대 사안을 다룬다. 중앙정치국 상무위원 7인 회의는 수시로 개최되어 실질적 의사 결정을 내린다. 원칙적으로는 7인 모두 동등한 한 표를 행사하는 집단 지도 체제지만 시진핑 집권 이후 상무위원이 모두 측근 인사로 채워지면서 사실상 1인 지배 체제의 성격이 강해졌다.

이 같은 중국공산당 조직이 14억 인구를 가진 거대한 중국을 움직인다. 그런데 어떻게 '일사불란'—絲不亂하게 움직일 수 있을까?

인사·선전·교육·매체 관련 조직들은 한국에서는 행정부 소속이지만 중국에서는 공산당 산하다. 중앙조직부가 중앙·지방 정부와 국유 기업의 장·차관급 인사를 관리하고, 중앙선전부는 인민일보, 광명일보를 관리한다. 신화사와 CCTV는 행정 조직 산하로 분류되지만 실질적으로는 모두 공산당이 통제한다. 비유하자면, 한국의 행정부에 속하는 인사혁신처, 문화체육관광부, 방송통신위원회 등이 집권당 산하로 소속되어 당의 직접 통제를 받는 것과 같은 형태이다.

중국의 모든 국가 기관은 내부에 당 조직黨組을 두고 있고 행정기관 안에도 공산당의 정치 세포黨組織가 있어 어떤 조직이 국무원에 소속되어도 당이 의사 결정을 하는 구조로 운영된다.

지방도 중앙과 동일하다. 당 조직은 중앙·지방 정부와 국유 기업뿐만 아니라 농촌에서 군대에 이르기까지 세포 조직처럼 퍼져 있다. 지방정부 역시 행정은 성장이 맡아도 실제 의사 결정은 당서기가 한다. 중국

공산당 당장黨章에는 당원이 세 명 이상이면 당 조직을 만들 수 있도록 규정되어 있다.

중국공산당에서 가장 서열이 높은 인사는 총서기總書記다. '주석'은 중앙군사위원회 주석을, '국가주석'은 행정부의 수반을 의미한다. 시진핑은 총서기·국가주석·중앙군사위 주석을 모두 겸임해 당·정·군을 장악한 최고 지도자다. 리창 총리는 정치국 상무위원 겸 국무원 총리로, 당내 직위는 부서기다.

공산당 후계자 양성 기구는 '중국공산주의청년단'中國共產主義青年團, 공청단이다. 14~28세 청소년·청년 중 성적·사상 조건이 우수한 학생이 가입할 수 있고, 현재 8000만 명 이상이 소속되어 있다. 산하 조직은 360만 개에 달한다.

후진타오, 리커창, 후춘화胡春华 등이 공청단 제1서기[10]를 지냈으며, 이른바 '공청단파'로 불렸다. 하지만 시진핑 집권 이후 공청단파는 크게 위축되었다. 제19대에서 25명의 정치국 위원 중 한 명이었던 후춘화는 제20대에서는 24명의 정치국 위원에 포함되지 못하고 중앙위원 신분만 유지하게 되었다. 반대로 리창은 지방정부 당서기 경력만으로 부총리나 국무위원 등 중앙행정직을 거치지 않고 곧바로 총리에 올라 시진핑의 절대적 신임과 '친정親政 체제' 강화를 상징하는 인사로 평가된다. 나는 리창 총리가 상하이 서기 시절, 상하이국제수입박람회에서 삼성 부스를 방문했을 때 직접 본 적이 있다. 그는 당시 현장에서 지도자다

---

10) 공청단 제1서기는 공산주의청년단의 최고 책임자로, 청년 정책과 사상 교육을 총괄한다. 장관급 직위로, 차세대 지도자 등용의 핵심 관문이다. 중국공산당에서 서기는 조직의 최고 책임자 또는 핵심 의사결정자로, 정책 방향·인사·조직운영을 총괄한다.

운 풍모를 드러내며, '곧 중앙에서 중요한 역할을 맡게 되겠구나' 하는 인상을 주었다.

총리가 수장인 국무원과 성장이 수장인 지방 성 정부는 중국의 실질적 행정을 담당한다. 중앙과 지방의 행정 책임자들은 동시에 당 직책도 갖고 있다. 중앙정부 부처에도 당 조직이 있다, 중국의 중앙 부처는 기본적으로 "一肩挑"이견티아오, 즉 한 사람이 두 어깨의 짐을 진다는 원칙 아래 장관행정 책임자이 동시에 당 조직 서기를 겸직하는 구조를 가지고 있다. 그러나 선전, 감찰, 통계 등 일부 기관에서는 정치적 지도 기능과 행정 집행 기능을 분리하기 위해 장관과 당 조직 서기를 별도로 둔다.

지방정부의 당조직은 서기, 부서기, 위원 등의 직책으로 구성된다.

행정 직책은 성장·부성장·청장·주임 등으로 다양하다. 기업이 중국 지방정부와 비즈니스를 할 때 가장 자주 접촉하는 인물은 경제개발구开发区의 서기, 주임, 부주임 등이다. 개발구에서는 당 조직의 수장이 서기, 행정 조직의 책임자가 주임이며, 주임이 당 조직 내에서 부서기를 겸하는 경우가 많다.

중국공산당을 지탱하는 힘은 교육이다. 간부는 중앙당교에서 양성되며, 장·차관급부터 중·청년 간부까지 다양한 연수 과정이 마련되어 있다. 교육 내용은 마르크스·레닌주의, 마오쩌둥毛澤東 사상, 혁명사, 경제 교육 등이다.

예비 인재 양성은 공청단이 맡는다. 이렇게 길러진 인재의 일부는 성인이 되면 당원으로 입당한다.

공산당의 교육 체계는 말단 간부에서 최고 지도부에 이르기까지 단계적으로 이어진다. 지방의 성장省长급 간부들도 일정 주기로 중앙당교中

央党校에서 약 한 달 동안 집중 교육을 받으며, 그 기간에는 외부에서 흔히 "당교 교육 중이다"라는 말을 듣게 된다. 공산당의 힘의 원천이 일사불란한 조직 체제에 있다면, 그 체제를 가능하게 하는 근본적인 동력은 끊임없는 교육과 사상 훈련이라 할 수 있다.

뛰어난 전문성, 남다른 열정의 관료들

중국에서 행정을 담당하는 기관은 국무원이다. 한국의 행정부 전체, 즉 국무총리와 각 부처를 포괄하는 내각에 해당한다. 중국공산당 중앙위원회 전체 회의에서 국무원 인사가 정해지면 전국인민대표대회전인대에서 표결해 확정된다. 중국공산당이 결정하고 한국의 국회와 비슷한 기구인 전인대에서 국무원 조각을 승인하는 형태다.

국무원 산하에는 26개 부처와 10개의 직속기구 등 다양한 조직이 분포되어 있다. 국무원에는 4명의 부총리와 4명의 국무위원부총리 대우이 각각 산하 부처를 통솔한다. 제1부총리인 상무 부총리는 통상 정치국 상무위원을 겸임하며, 총리·부총리·국무위원들의 임기는 5년이고 2회까지 연임이 가능하다. 최대 10년까지 재임할 수 있으나, 정년 규정과 정치적 상황에 따라 실제 재임 기간은 다를 수 있다. 장관급의 재직 기간도 상당히 길다.

공업과 산업 정책을 총괄하는 중국 국무원의 공신부장工信部 部长, MIIT 장관을 예로 들 수 있다. 한국의 산업통상자원부 장관에 해당하는 먀오웨이苗圩는 2010년부터 2020년까지 10년간 공신부장을 지냈으며, 그 전에 2년간 차관, 3년간 후베이성 우한시武汉市 시장을 역임했다. 그 이전에는 자동차 기업에서 경력을 쌓아 둥펑东风자동차의 총경리로 일한 바 있다.

한국의 산업통상자원부 장관은 2000년 이후 20명이 교체되었고, 평균 재직 기간은 14개월이었다. 기획재정부 장관은 같은 기간 19명이 교체되었으며, 평균 재직 기간은 16개월 남짓에 불과하다. 반면, 중국은 발개위 주임이 2000년 이후 5명이 평균 약 5년 동안 재임했다. 공신부장은 5명이 교체되었으나 평균 6년 이상 장기 재임하며 정책의 연속성을 유지해 왔다. 대표적으로 공신부장 먀오웨이는 10년, 현재 공산당 정치국원이자 국무원 부총리인 허리펑은 발개위 주임으로 6년 이상 장기 재임했다.

내가 직접 경험한 중국 관료들의 전문성은 매우 인상적이었다. 나는 2012년에 한국에서 먀오웨이 당시 공신부 부장과 삼성SDI CEO의 오찬에 배석한 적이 있다. 당시 삼성은 중국 내 전기차 배터리 공장 설립을 추진하던 시기였다.

식사를 마친 뒤 바로 옆 회의실에서 중국 진출 배터리 제품을 전시해 놓고 교류하는 시간이 이어졌다. 교류를 마친 삼성SDI CEO는 먀오 부장의 식견에 깜짝 놀랐다고 했다. 그는 단순히 전기차의 거시적인 정책 차원의 이야기를 하는 것이 아니라, 전기차산업의 발전 방향과 핵심 부품인 배터리의 기술적 난제까지 구체적으로 언급했다.

그의 설명은 세계 전기차시장의 성장 전망에서부터 배터리 기술 동향, 2차 전지가 가진 한계와 극복 과제, 각국의 전기차 정책까지 포괄하고 있었다. 당시 나는 '중국의 전기차 산업을 장기 전략으로 끌어올리려는 국가적 구상이 바로 이런 관료들의 머릿속에서 나오는구나'라는 생각을 하게 되었다. 내연기관차에서 뒤처진 자국 자동차산업을 전기차로 전환되는 시기에 맞춰 일거에 글로벌 산업 판도를 바꾸려는 중국 정부의 정책이 뚜렷이 보였다. 오늘날 중국의 2차전지 배터리 산업이 급성장한 것은 이러한 관료의 전문성이 뒷받침되어 있다. 나는 '이것이 중국의 힘이다'라고 생각한다.

중국 관료들은 일에 임하는 열정 또한 남달랐다. 중국 정부가 한국 대기업에 바라는 가장 큰 기대는 중국 내 투자다. 중국 관료는 단순한 공무원이라기보다는 '사업가'라는 인상을 줄 때가 많았다. 특히 투자 유치와 관련해서는 최고위층부터 실무진까지 일체가 되어 전력을 다하는 모습을 여러 차례 보았다.

삼성이 투자한 지역 가운데 하나가 장쑤성江苏省의 '중국-싱가포르 쑤저우공업원구'中新苏州工业园区, China-Singapore Suzhou Industrial Park다. 이곳은 중국 정부와 싱가포르 정부 합작으로 설립된 산업단지로, 싱가포르의 혁신적인 개념을 차용해 '원스톱 행정 서비스'를 도입하고 신속한 행정 효율을 보여주는 곳으로 유명하다.

삼성은 반도체 후공정, 컴퓨터, 디스플레이, 가전 공장 등 핵심 투자를 집중하며 쑤저우공업원구와 긴밀한 관계를 이어왔다. 특히 이곳에 건설한 LCD 공장은 가장 큰 프로젝트였는데, 지금은 TCL에 매각된 상태다. 이와 관련해 중국 관료들의 외자 기업 투자 유치 열정을 보여주는 사례를 소개해 보겠다.

쑤저우공업원구는 삼성 생산단지 중 가장 큰 거점 중 하나로, 투자법인도 현안이 많아 자주 방문해 소통하곤 했다. 어느 날, 중국삼성과 한국 본사의 경영진이 쑤저우공업원구 서기와 저녁 식사 자리를 가진 적이 있다. 당시 쑤저우공업원구 서기는 "전임자가 약속한 LCD 공장의 지원 계획을 차질 없이 실천하겠다"는 확인을 하고, 삼성도 "예정된 투자는 반드시 하겠다"는 내용의 협약으로 분위기가 좋았다.

협약 후 이어진 만찬 자리에서 서기는 알코올 도수 50%가 넘는 백주를 큰 잔에 따라 "삼성에서 경영진 한 분도 모시기 힘든데 오늘은 두 분이나 오셨으니 감사의 표시로 먼저 한 잔 마시겠다"며 단숨에 원샷을 했다. 보통 백주는 도수가 높아 작은 잔약 10ml으로 마시지만, 이날 잔은 한국 소주잔보다도 1.5배나 커 평소에 비해 훨씬 많은 양이었다. 쑤저우공업원구 서기가 몸을 사리지 않고 최대 투자처인 삼성 경영진의 환심을 사려고 노력하니, 배석한 실무진도 더 말할 것 없이 적극적이었다. 삼성 역시 예의상 점잖게만 있을 수 없는 상황이었고, 결국은 술 배틀Battle로 갈 수밖에 없었다. 중국에서는 이런 술자리가 상호 간의 친밀과 신뢰를 쌓는 데 도움이 되는 경우가 많아 피하기 어려웠다. 지금은 중국 지방정부도 분위기가 많이 달라졌다고 하지만, 중국 근무 시절 중 그날 가장 술을 많이 마셨다고 기억한다. 그야말로 술 전쟁이 따로 없었다.

물론 술자리가 투자 유치의 열정을 전부 대변할 수는 없다. 그러나 중국의 관행 속에서 이러한 행동은 단순한 음주가 아니라 상대에 대한 존중과 신뢰 구축을 위한 적극적 표현으로 이해된다. 공업원구 서기는 부시장급에 해당하는 고위 간부임에도 불구하고 직접 나서서 기업과의 관계를 다지는 모습은 그만큼 투자 유치와 협력에 대한 진정성과 책임감을 보여주는 상징적 사례였다.

구이저우성贵州省의 사례도 매우 인상 깊다. 2013년 무렵, 투자 유치를 담당하는 부성장의 끈질긴 요청으로 구이저우성을 방문해 성장도 만나고 투자 환경을 살펴볼 기회가 있었다.

구이저우성을 대표하는 마오타이 공장도 둘러보았다. 부성장은 "귀주는 술의 고장이지만 앞으로는 빅데이터·클라우드 컴퓨팅·신에너지를 핵심산업으로 키우려 한다. 삼성도 적극적으로 관심을 가져주길 바란다"라고 말했다. 교류 과정에서 새로운 산업을 육성하려는 진지한 열정을 생생하게 느낄 수 있었다.

구이저우성은 2016년 2월, 중국 최초의 빅데이터 종합실험구로 지정되었다. 서늘한 기후와 저렴한 전력을 바탕으로 애플, 화웨이, 텐센트, 알리바바 등 주요 기술 기업들을 유치하였고, 2015년부터는 중국국제빅데이터산업박람회가 매년 개최되고 있다.

2024년 기준 디지털 경제는 구이저우성 GDP의 약 42%를 차지하며, 성장률은 수년간 전국 1위를 기록했다. 마오타이 주류, 석탄·인광석 등 자원 산업, 담배 제조업 중심의 경제에서 디지털 산업을 새로운 성장축으로 삼으면서 지역의 산업 지도가 빠르게 전환된 것이다.

지방 관료들의 집요한 투자 유치 노력과 산업 발전 의지가 오늘날 중국을 만들고 있는 원동력임을 실감한다.

중국의 투자 유치 방식은 때로는 과도하게 보일 수 있지만, 그 속에는 책임을 지고 성과를 내야 한다는 강한 압박과 실적 중심 문화가 자리하고 있다. 지방정부 간 투자 유치 경쟁이 치열한 중국에서 공무원들은 기업 유치가 곧 지역 발전의 성패를 좌우한다고 인식한다. 이들의 적극성과 집념은 형식적 만찬이 아니라 실질적 성과를 위한 행동으로 이해할 필요가 있다.

중국은 공무원 교체가 적어 정책 연속성이 유지되고 행정 전문성이 축적된다. 이러한 장기 근무 구조는 단기 성과에 흔들리지 않고 장기 목표를 일관되게 추진하는 토대가 된다. 그 결과 중국 행정 시스템은 강한 추진력과 실행력을 발휘한다.

요즘 한국 공무원 사회에는 '어공'어쩌다 공무원, '늘공'늘 공무원이라는 말이 있다. 이 말을 빌리자면, 중국은 늘공의 장점을 잘 발휘하는 나라다. 국가는 장기정책 목표를 가지고 일관성 있게 추진해 나가고, 그 정책을 담당하는 각 부처의 장관은 전문적인 지식과 경험을 바탕으로 국가를 운영한다.

내가 여러 중국 관료들에게 물은 적이 있다. "중국의 경쟁력은 어디서 나오나?" 그들은 "전문적인 관료와 일관된 정책이다"라고 답했다. 나도 매우 동의하는 부분이다. 한국은 어떻게 이런 중국과 맞설 수 있을까?

상무부 아주사와 외교부 아주사

중국 정부 내에서 한국을 담당하는 핵심 부서는 아주사다. 이는 아시아 지역을 담당하는 부서로, 상무부 아주사商务部亚洲司와 외교부 아주사外交部亚洲司로 구분된다.

상무부 아주사는 중국 상무부 산하기관이다. 중국과 아시아 국가 간 경제·무역 협력과 전략·계획·정책을 수립·이행하며, 양자 경제·무역 협상을 조율하고 중요 사안을 처리하는 업무를 담당한다. 상무부 아주사는 한국·북한·일본·몽골의 동북아시아 4개국을 비롯해 동남아시아 11개국, 남아시아 8개국, 서아시아 3개국키프로스, 이란, 터키 등 총 26개국을 관할한다.

외교부 아주사는 중국 외교부 산하 조직이다. 국가의 외교정책과 지침을 관철하고, 중국과 관련 지역 및 국가 간의 양자관계를 연구·기획하며, 해당 지역 외교 사무 처리 및 대외 협상을 주관한다.

외교부 아주사는 조직적으로 동북아·동남아·남아시아 등 지역별로 8개 처處, Division로 나뉘어 운영된다. 주요 담당은 동남아시아 국가연합 ASEAN, 중국-아세안 정상회의10+1, ASEAN+중국·일본·한국10+3 정상회의, 동아시아 정상회의EAS, 중국-일본-한국 협력, 아세안 지역 포럼ARF, 아시아 협력 대화ACD, 남아시아 지역 협력연합SAARC, 란창-메콩 협력, 한반도 핵 문제 6자회담 등이다.

2024년까지 중국의 대아시아 무역은 전체 대외 무역의 53.1%를 차지할 정도로 아주사가 담당하는 지역의 경제적 중요성은 매우 크다. 최근 아주사는 디지털 경제와 녹색 경제 협력을 중시하며, 혁신 메커니즘을 통해 중국-남아시아, 중국-아세안 경제 무역 수준을 높여 왔다. 또한 2024년에는 ASEAN-중국-일본-한국 산업사슬 및 공급사슬 도킹 컨퍼런스 등 국제 행사를 주관해 지역 경제 통합과 발전을 촉진했다.

아주사에서 한국을 담당하는 인력은 대부분 북한 김일성종합대학 등 유학 경력을 갖고 있어 한국인 수준으로 한국어를 구사하며 한반도 정세에 정통하다. 이들은 평생을 한반도 전문가로 활동하는 집단이다. 주북한 중국대사관에 근무했다가 주한 중국대사관에 근무하고, 다시 중앙 부처에서 근무하는 방식으로 순환한다.

예를 들면, 싱하이밍邢海明 전 주한 중국대사는 1964년생으로, 북한에서 유학한 뒤 1986년 외교부 아시아사에 입부했다. 1988년부터 한국 네 차례, 북한에서 두 차례 근무한 전형적인 한반도통이다. 한국어에 매우 능할 뿐만 아니라 한국 각계 인사들과 좋은 관계를 맺었다. 대표적인

지한·친한파로 분류된다. 나는 삼성그룹 중국 주재원으로 재직하던 시절부터 그와 15년 이상 인연을 맺었다.

외교부 아주사와 상무부 아주사 담당자 다수는 학연과 인맥으로 긴밀히 연결되어 서로 잘 알고 있다. 이러한 구조 속에서 한국 기업들은 아주사와의 교류를 통해 중국의 정책 기조를 파악하고 현안 해결, 유연한 대응 전략을 수립할 수 있다.

중국 입장에서는 한국이 중요하지만 중국 전체 전략에서 외교적으로는 북한을 더 중시한다. 전통적으로 주북한 중국대사는 차관급, 주한 중국대사는 국장급이어서 북한이 더 높은 위상을 갖는다. 이는 중국이 전략적으로 북한을 중시해 온 관행을 반영한다.

아주사와의 관계는 현안 해결 창구를 넘어서 지정학적 환경에서 위기관리와 전략 대응의 핵심축이 될 수 있다. 현안 발생 시 아주사는 한국의 입장을 즉시 중앙에 반영하고 해결을 위해 노력한다. 사드 사태 등은 국가안보 차원의 이슈여서 해결이 쉽지 않지만 일상적인 문제 해결에서는 상당한 역할을 한다.

요소수 사태의 경우에도 중국과 호주 간 외교 갈등으로 석탄 수입이 줄면서 촉발된 결과였지, 한국을 겨냥한 보복은 아니었다. 중국은 석탄 수입 부족을 국내 생산 석탄으로 대체했는데, 석탄을 원료로 하는 요소수 물량이 부족해지는 상황이 벌어졌다. 이 과정에서 요소수 수출이 통제되면서 한국이 타격을 입었다.

당시 싱하이밍 전 주한 대사와 교류를 할 기회가 있었다. 그는 "중국의 호주 석탄 수입 제한이 한국에서 요소수 사태로 이어질 줄 몰랐다. 오래 끌지 않고 바로 해결될 것"이라고 말했고, 실제로 얼마 지나지 않아 사태는 해결되었다. 이때도 주한 중국대사관과 외교부 및 상무부 아주사가 큰 역할을 한 것으로 안다.

지금은 퇴임했지만, 호형호제하며 지냈던 상무부 아주사 한 국장과 필자는 특별한 인연과 재미있는 일화가 있다. 2019년 11월 5일, 상하이에서 중국 정부가 주관한 국제수입박람회가 열렸다. 오래 알고 지내온, 주한 중국대사관에 근무하던 그 국장을 행사장에서 우연히 만나 함께 저녁을 하게 되었다. 공교롭게도 그날은 나는 음력 생일을, 한 국장은 양력 생일을 보내는 날이었다.

같은 생일날을 맞아 유쾌하게 식사하며 이야기를 나누던 중 흥미로운 사실을 알게 되었다. 음력과 양력 생일이 같은 날은 19년마다 한 번씩 돌아온다는 것이다. 그 자리에서 우리는 약속했다. 19년 후인 2038년 11월 5일, 건강하다면 어디에서든 다시 만나기로.

"국장님, 2038년 11월 5일, 19년 만에 다시 같은 생일을 맞는 날이니 그날 건강하게 만날 수 있길 바랍니다."

나는 중국 근무 중 두 부처의 아주사와 좋은 교류를 하였고 많은 도움도 받았다. 이 지면을 빌어서 감사를 드린다.

일을 성사시키는 관료 접촉 전략

시장총국을 주목하라
지방정부는 작은 중앙정부
중국의 직함 : 서기書記와 주임主任
이제는 공식적 관계가 중요하다

시장총국을 주목하라

한국 기업이 중국에서 사업과 직접 관련되어 관심을 가져야 할 핵심 중앙정부 부처는 국가발전개혁위원회발개위, 공업정보화부공신부, 국가시장감독관리총국시장총국이라 할 수 있다. 물론 산업에 따라 관련 부서는 좀 다를 수 있다. 발개위는 중국의 거시경제 전략과 계획을 총괄하며, 공신부는 산업정책 전반과 각종 규제를 관장하는 핵심 부처다. 최근에는 시장총국国家市场监督管理总局의 중요성이 더욱 강화되고 있다. 시장총국은 중국의 경쟁 당국에 해당하며, 반독점·경쟁 관리, 기업결합이나 M&A 시 반드시 신고와 승인을 받아야 하므로 기업 활동과 직결된다.

4차 산업으로 인한 패러다임 전환기에는 기업들이 지속적으로 비핵심 사업 부문을 매각하거나 M&A를 추진하게 되며, 이때 반드시 주요 국가의 경쟁 당국 승인을 받아야 한다. 중국이 승인을 내주지 않으면 거래가 성사될 수 없으며, 지정학적 상황에서는 경쟁 요소 외에 다른 변수가 개입될 수 있기 때문에 그 관문을 넘기가 어려울 수 있다.

2016년, 퀄컴은 네덜란드 반도체 기업 NXP를 440억 달러약 50조 원에 인수하려 했다. 스마트폰칩 분야에서 세계 1위였던 퀄컴이 자동차용 반도체 강자인 NXP를 손에 넣으면 미래 성장시장인 자율주행차 시장까지 장악할 수 있었기 때문이다. 그러나 미국·EU·한국·일본은 모두 승인했지만, 중국 상무부가 반독점 심사를 지연하면서 2018년 7월 기한이 만료되어 무산되었다.

두 번째 사례는 인텔의 이스라엘 파운드리 업체 타워세미컨덕터Tower Semiconductor 인수 무산이다. 타워세미컨덕터는 아날로그 반도체와 특수 공정에 강점을 지닌 회사로, 이스라엘을 비롯해 미국과 일본에 생산 거점을 두고 있다. 인텔은 2022년 약 54억 달러에 이 회사를 인수해 취약했던 파운드리 고객 기반을 보강하고, 특수 공정 역량을 흡수해 제품 스펙트럼을 넓히려 하였지만 주요국의 승인은 모두 받은 상황에서 중국 시장총국의 승인 거부로 2023년 8월 계약이 종료되었다. 인텔은 타워에 3억 5000만 달러의 위약금을 지불했고, 파운드리 도전 동력을 상실해 TSMC·삼성에 더욱 밀리게 되었다.

업계는 이를 지정학이 기술 전략을 뒤흔든 사례로 평가했다.

중국에서 대규모 투자나 인수합병을 추진하는 한국 기업에게 시장총국은 반드시 주목해야 할 핵심 관문이다. 시장총국은 중국 내 기업 질서와 산업 구조를 조정하는 조정자이자 정책 집행자이며, 산업별 경쟁 구도, 기술 자립도, 국가안보 영향까지 종합적으로 판단해 승인 여부를 결정한다. 외자 기업의 M&A나 투자 안건은 지정학적 긴장 국면에서 경제 주권과 산업 안전의 시각으로 검토된다. 이 기관을 주목해야 할 이유는 정책적 판단과 지정학적 이해가 교차하는 최종 승인 권한자이 기 때문이다. 시장총국의 결정은 중국의 산업 보호, 기술 자립, 대외 전략 등 국가적 고려에 따라 좌우될 수 있다. 성공적인 사업 추진을 위해서는 시장총국과의 신뢰 구축, 정책 방향에 대한 이해, 사전 소통 채널 확보가 중요하다.

시장총국은 기업결합 심사 과정에서 관련 기업들의 의견을 참고하기도 한다. 각 기업은 이해관계에 따라 찬성하거나 반대할 수 있다. 자사의 인수 합병, 매각 등의 기업 결합 건을 원활하게 추진하는 측면에서도 중요하지만, 해당 산업의 경쟁을 저해하는 인수 합병 건에 대해 기업의 입장을 반영하기 위해서라도 시장총국과의 소통은 중요하다.

지방정부는 작은 중앙정부

중국의 지방정부는 중앙정부와 유사한 구조를 갖고 있다. 2007년 제정된 조례지방 각급 인민정부 기구 설치 및 편제 관리 조례는 행정기구 설치가 간소화, 통일성, 효율성 원칙을 따르도록 규정한다. 실제로는 업무 연계와 수직적 관리로 중앙과 지방이 유사하게 운영된다. 예를 들어, 상하이시에는 중앙정부와 유사하게 상하이시 공업정보화위원회공신부 대응, 상하이시 발전개혁위원회발개위 대응, 상하이시 시장감독관리국시장총국 대응 등이 있다. 권한 범위는 중앙과 차이가 있지만, 중앙의 권한이 지방으로 위임되면서 지방정부의 역할도 점점 더 중요해지고 있다.

중국의 지방정부에는 외사판공실外事办公室 또는 외사국外事局이 설치되어 있다. 이 부서는 지방 차원의 대외 교류와 협력을 담당하며, 외국 기업·기관과의 접촉, 자매 도시 관계 관리, 국제 행사 조정 등의 역할을 수행한다.

중국의 지방정부는 중앙의 지침 아래 움직이지만 당정 일체 구조 속에서 독자적 행정 시스템을 형성하고 있다. 지방관리들은 GDP 성장률, 세수 확대, 투자 유치, 고용 창출, 사회 안정 등 구체적인 성과 지표로 평가 받으며, 이는 승진과 직결되기 때문에 중앙의 정책 목표를 실적으로 전환하려는 치열한 성과 경쟁이 벌어진다.

이 경쟁은 산업단지 조성, 외자 유치, 인프라 건설로 이어지며 단기 성과 중심의 투자·건설·주도형 성장 모델을 강화했다. 그 결과 각 지방이 유사 산업을 무분별하게 육성하면서 중복 투자와 과잉 생산이 구조화되었다.

이러한 상황에서 어렵게 유치한 외국 투자가 철수하는 것은 받아들이기 힘든 사안이다. 특히 글로벌 500대 기업의 투자가 철수하는 것은 기존의 투자 유치 마케팅 효과가 역으로 나타나기 때문에 지방정부는 필사적으로 이를 막으려 한다. 따라서 지방정부와의 관계 형성에서 이 부분을 특히 유념할 필요가 있다.

중국의 직함 : 서기書記와 주임主任

중국의 관직 체계는 공산당이 국가와 군을 지휘하는 '당黨-군軍-정政' 서열 구조를 기본으로 한다. 공산당이 모든 국가 기구 위에 군림하는 체제로, 행정기관의 최고 책임자라 하더라도 공산당 내 서열이 더 높은 간부가 실질적 권한을 갖는다.

한국에서 '서기'書記는 기록 담당을 의미하지만, 중국에서 '당서기'黨委書記는 당의 대표이자 해당 지역 또는 조직의 최고 권력자를 의미한다. 중국의 직함을 해석할 때는 행정 직급보다 당직의 서열이 상위에 존재함을 반드시 유념해야 한다.

성省 단위에서는 당서기가 최고위직이며, 성장省長은 그 아래에서 정부 행정을 총괄한다. 당서기는 정치 노선을 지도하고 인사·경제·외교 등 주요 결정을 최종 조정한다. 반면 성장은 행정 집행 책임자로 2인자이다. 이러한 구조는 시市와 현縣 단위에서도 동일하다. 성장은 통상 5~8명의 부성장과 일하며, 그중 상무부성장이 성장 부재 시 대리 역할을 한다. 특기할 점은 성장이 공산당 내에서 부서기副書記를 겸직하는 것이 일반적이라는 것이다. 공산당 회의에서는 당 부서기로 참석하며, 이는 당정 일체의 원칙을 보여준다. 그러나 당서기와 성장은 엄연히 다른 사람이다. 이러한 지방정부의 이중 구조는 중국의 역사적 경험에서 비롯된 의도적 설계다.

중국은 청나라 말기와 민국 시대 지방 군벌 혼전으로 분열을 겪었다. 지방 행정수반에게 당권과 정권을 집중시키면 중앙에 도전할 독립적 권력 기반을 구축할 수 있기에 마오쩌둥과 덩샤오핑은 중앙 파견 당서기로 행정수반을 견제하는 시스템을 확립했다. 반면 중앙에서는 부장部長이 당조서기黨組書記를 겸임한다. 중앙 부처 부장들은 이미 당중앙이 검증한 핵심 간부로 총리와 총서기의 직접 통제 아래 있어, 별도 감시자 없이 겸임을 통해 신속한 집행이 가능하다.

이처럼 중국 공산당은 중앙에서는 겸임을 통한 효율을, 지방에서는 분리를 통한 통제를 추구하는 이중 전략을 구사한다. 이는 당정 일체를 실현하되 중앙과 지방의 위험 요소에 따라 다른 통치 기법을 적용하는 정교한 권력 구조다.

당 조직은 중국의 모든 영역에 세포처럼 퍼져 있다. 중앙정부의 각 부部와 위원회委員会에 당조黨組 또는 당위원회黨委가 설치되며, 지방정부에서는 청廳 단위까지 당조직이 존재한다. 성정부 산하의 교육청, 재정청, 공안청과 시·현 단위의 각 국局에도 당조가 설치된다. 가장 말단인 향진鄉鎮과 가도街道에는 당위원회가, 촌村과 사구社區에는 당지부黨支部가 있다.

이 조직은 정부기관뿐 아니라 학교, 국유기업, 민영기업, 외국계 합자기업, 사회단체에까지 확장된다. 당원이 3명 이상만 있으면 당 지부를 설치해야 하며, 그 책임자가 바로 서기다. 중국인들이 일하고, 공부하고, 사는 모든 곳에 당 조직이 뻗어 있는 것이다.

학교의 경우 당서기가 최고 책임자이고 대학총장이나 교장은 그 아래에서 교육행정을 총괄한다. 국유기업 역시 당서기가 정치 노선과 인사를 장악하고, 동사장董事長이나 총경리總經理가 경영 실무를 담당한다. 최근 당서기가 기업체 동사장이나 대학 총장을 겸임하는 사례가 생겨나고 있으며, 이는 시진핑 시대 당의 영도 강화 움직임으로 보인다.

중국의 행정기관에서 '주임'主任은 위원회나 특수 기구의 최고 책임자를 의미한다. 한국에서 주임은 부장·차장·과장보다 낮은 실무직급이지만, 중국에서는 실질적 최고위 행정 책임자이다. 중국의 '주임'은 정책결정자이며, 한국의 직장 내 직급 개념으로 해석해서는 안 된다.

같은 '주임'이라도 소속 기관에 따라 행정 레벨이 천차만별이다. 국가발전개혁위원회發改委 주임은 부총리급 혹은 부장급 서열을 가지며, 국무원 회의에 참석하여 국가 경제정책을 결정하는 핵심 인물이다. 반면 성급 판공실 주임은 청급廳級인 것에 비해 국局 산하 판공실 주임은 처급處級에 불과하다. 따라서 '주임'이라는 직함만으로는 실제 권한을 판단할 수 없으며, 어느 조직의 주임인지를 반드시 함께 봐야 한다.

중국 행정기관의 명칭 차이는 기관의 성격에서 비롯된다. '위원회'委員會는 여러 부처를 조정하는 종합 기관으로 '주임'이 수장이 되며, '부'部는 단일 분야를 담당하는 부처로 '부장'部長이 수장이 된다. 부部 산하에서는 국局의 수장이 국장, 사司의 수장이 사장, 처處의 수장이 처장으로 불린다. 지방정부 산하 판공실·위원회도 '주임'이 이끌며, 성급 발개위 주임은 부성장급, 시급 발개위 주임은 부시장급 대우를 받는다.

즉, 중국의 '주임'은 조직에 따라 부총리급부터 처급까지 다양한 레벨에 분포하며, 해당 조직의 '총괄 책임자'로서 실질적 권한을 행사한다. 특히 중앙정부의 주요 위원회 주임은 국무원 구성원으로서 국가 정책 결정에 직접 참여하는 고위직이다.

중국의 직함을 이해할 때는 세 가지를 반드시 기억해야 한다. 첫째, 당직이 행정직보다 상위다. 둘째, 같은 직함이라도 조직에 따라 레벨이 천차만별이다. 셋째, 중앙과 지방의 구조가 다르다. 중앙에서는 부장이 당조서기를 겸임하여 일체화하지만, 지방에서는 당서기와 행정수반이 분리되어 견제한다. 이는 모두 공산당이 효율과 통제를 동시에 달성하기 위해 설계한 정교한 권력 구조의 결과물이다.

이제는 공식적 관계가 중요하다

시진핑 집권 직후인 2012년 12월 6일, 중국공산당 중앙정치국 명의로 '중국판 청탁금지법'이라 할 수 있는 '8항 규정'이 발표되었다. 이는 공무원들의 업무 기풍을 개선하고 대중과 밀접히 연결하자는 취지였다. 8항 규정 이전에는 공무원과 기업 간 교류가 매우 원활했고, 정책 동향도 대면 교류 과정에서 파악이 되곤 했다. 그러나 8항 규정 이후 관료들이 매우 신중해져 비공식 교류 기회가 줄어들었다. 중국 공무원과 기업의 교류 자체가 금지된 것은 아니었지만, 혹시 구설에 오를 것을 우려해 만남을 꺼리게 된 것이다.

8항 규정의 주요 내용은 다음과 같다.

① **조사와 연구 방식을 개선한다.**
기층현장과 대중 속으로 들어가 실제 상황을 파악하고, 형식주의를 철저히 배격한다.

② **회의와 문건을 간소화한다.**
회의, 문서, 간행물은 실제 필요에 따라 작성하며, 실질적이고 효율적으로 되도록 한다.

③ **출장 및 시찰 활동을 간소화한다.**
수행 인원을 엄격히 통제하고, 의전 절차를 단순화하며, 불필요한 동행을 줄인다.

④ **경호 업무를 개선한다.**
업무 필요에 따라 경호 등급을 축소하고, 주민 생활에 불편을 주지 않도록 한다.

⑤ **언론 보도를 개선한다.**
활동 보도는 간결하고, 지도자 제사題詞, 축하 서한, 행사 커팅식 등의 형

식을 줄인다.
⑥ **문서 및 연설 발표를 엄격히 관리한다.**
지도자 발언이나 글은 엄격한 심사를 거치며, 공허한 말과 상투적인 표현을 지양한다.
⑦ **근검절약을 철저히 실천한다.**
재정 규율을 엄격히 지키고, 사치와 낭비를 금지하며, 호화 향락을 반대한다.
⑧ **공무 활동을 규범화한다.**
공무 접대는 간소하게 하고, 공금으로의 식사·선물·차량 사적 사용을 엄격히 금지한다.

'8항 규정' 八项规定은 당 기강 확립과 관료주의 척결을 위한 핵심 개혁 조치로, 행정 효율화와 청렴 행정 정착을 목표로 한다. 조사·회의·출장·재정·접대 등 공무 전반의 절제와 규범화를 통해 사치와 형식주의를 금지하였다. 공산당은 권력의 절제와 행정의 절약을 제도화하고, 청렴하고 실용적인 통치 이미지를 확립함으로써 통치 정당성과 대중 신뢰를 회복하고, 정치적 거버넌스 개혁을 추진하였다.

'8항 규정' 시행 이후 중국의 공직사회는 비공식 교류가 부패로 인식될 위험이 높아지면서 공무원과 기업 간 접촉이 현저히 위축되었다. 이러한 분위기는 갈수록 더욱 강화되는 분위기이다.

이제 기업들은 정책 건의와 협의, 현안 논의를 위해 공식적이고 제도화된 교류 채널을 적극 활용해야 한다. '8항 규정'은 중국식 비공식 관계 중심의 교류 문화를 공식 절차 중심의 투명한 제도적 교류 체계로 전환시키는 계기가 되었다.

이 때문에 공식적인 교류 방식이 더욱 중요해졌으며, '정책 제안, 정기 현안 교류, 정부 행사 참여, 한국 방문 시 교류' 등 다양한 공식 채널을 활용한 교류가 핵심 수단으로 자리 잡았다.

최근 중국 정부는 공무원 기강 확립을 더 강화하고 있다. 2025년 7월, 홍콩 성도일보香港 星島日報 보도에 따르면, 중국 당국이 공직자 '금주령'을 시행한 이후 대표적 고급 백주白酒인 마오타이주茅台酒의 가격이 올해 들어 약 20% 하락했다고 한다. 대표 제품인 53도 마오타이는 한때 3,000위안56만 원에 육박했으나, 1,780위안약 34만 원까지 떨어졌다고 한다. 이는 공직자 금주령이 고급술 수요와 가격에 즉각 영향을 미쳤음을 보여준다.

중국공산당 중앙위원회와 국무원은 2025년 5월 18일, '당정기관의 절약 실시와 낭비 반대 조례'를 발표했다. 이 조례의 핵심은 "당정기관 관계자들의 업무 식사에서 담배와 술을 제공해서는 안 된다"는 내용이다. 이후 지방정부들도 강화된 조치를 내놓았으며, 일부 지역은 파벌 형성을 방지한다는 명분으로 공직자들에게 '3인 이상 식사 금지'를 지시하는 등 경쟁적으로 규제를 강화했다.

이러한 상황을 감안하여 향후 중국 정부 관료와 관계 형성을 위해서는 공식적 교류를 강화할 수밖에 없다.

첫째, 공식적 채널을 통한 방법이다. 현안 미팅 요청으로 공식적인 업무 협의를 통하는 방법이다. 이와 더불어 중국 정부가 주관하는 각종 간담회·좌담회 등에 참석해서 만남을 가질 수 있다.

둘째, 업계 관련 학술 세미나 행사에서의 자연스러운 만남, 국제 컨퍼런스를 활용한 글로벌 행사에서의 네트워킹, 기타 문화 교류 프로그램

참여 등을 꼽을 수 있다.

셋째, 사회적 네트워크를 활용하는 방법이다. 전문가 모임 참석, 업계 모임을 통한 동종 업계 전문가들과의 정기 만남, CSR 활동에서도 자연스럽게 접촉할 수 있다.

앞에서 언급한 것처럼 삼성은 특히 중앙 부처가 추진하는 빈곤 마을 소득 증대 CSR 프로그램과 자사의 CSR 활동을 연계해 성과를 거두었다. 앞에서도 언급했듯이 중국 정부와의 교류는 현지인을 통하는 것이 가장 효과적이라 생각한다.

삼성의 중국투자 막전막후

삼성 최대의 해외 투자 프로젝트
'시안'으로 간 삼성 반도체
충칭시 실사 과정의 우여곡절
'삼성로'와 '삼성 톨게이트'를 명명한 시안시
'천운을 타고난' 삼성 반도체의 시안 투자

삼성 최대의 해외 투자 프로젝트

중국 정부에서는 어떤 산업보다도 반도체산업을 가장 중요하게 여긴다.

중국에서 수입액 최대 품목은 반도체이며, 이는 수입 2위인 원유를 크게 넘어선다. 2020년 반도체 집적회로IC 수입액은 3780억 달러 수준으로 원유 수입액 1780억 달러보다 2000억 달러를 웃돌았다. 2024년에는 반도체 수입액이 약 3850억 달러에 원유 수입액 3230억 달러로 좁혀졌지만, 여전히 그 구조는 바뀌지 않았다. 이처럼 막대한 반도체 수입 규모는 중국이 오랜 기간 반도체산업 육성에 매달려온 근본적 배경이 되었다.

중국도 산업 고도화와 기술 자립을 위해 반도체 유치에 총력을 기울였지만 삼성 역시 글로벌 생산 거점 다변화와 시장 접근성 확보를 위해 해외 진출이 필요했다. 중국 정부의 첨단 제조 육성 정책과 삼성의 공급망 안정화 전략이 맞물리면서 삼성 반도체 중국 투자의 출발점이 되었다.

이 프로젝트는 삼성그룹 해외 투자 중 최대 규모이자, 중국의 외자 유치 역사상 가장 큰 프로젝트였다.

2010년, 전 세계 메모리 시장은 600억 달러 정도였으며 연간 성장률은 15%에 달했다. 당해 중국시장은 글로벌 반도체시장에서 38%를 차지하였고, 2014년에는 46%로 증가할 것이라는 전망까지 나왔다. 그만큼 글로벌 반도체시장에서 중국의 위치가 급속히 부상하는 시기였.

무엇보다도 중국은 세계 전자기기의 생산기지로 반도체 고객이 집중되어 있다는 점이 가장 중요했다. 2009년 기준 핸드폰의 60%, PC의 41%, MP3의 85%가 중국에서 생산되고 있었다.

당시 반도체 업계 1위였던 인텔은 이미 2007년 3월에 총 55억 달러 규모로 랴오닝성 다롄에 투자한 상태였다. 삼성은 기존에 유지해 온 메모리 반도체 1위의 위상을 공고히 하는 차원에서 시장 성장성이 가장 큰 중국 투자가 필요하다고 보았다.

앞에서 기술한 바와 같이 중국은 1990년대부터 908공정, 909공정 등 반도체 육성을 위한 국가적 프로젝트를 추진해왔고, 2000년에는 '국무원 18호 문건'을 통해 반도체 기업에 대한 세제 혜택 정책을 도입하면서 본격적인 반도체산업 육성에 나섰다. 2011년에는 '국무원 4호 문건'을 발표하여 세제 혜택을 더욱 강화하는 등 반도체산업 육성을 위한 국가적 노력을 한층 강화하던 시기였다. 이러한 배경에서 중국 정부는 선진 기술과 자본을 보유한 외자기업의 투자 유치를 강하게 희망하는 분위기였다.

중국 정부는 2010년경 '7대 전략적 신흥 산업' 가운데 차세대 정보기술 분야에 반도체산업을 포함시켜 본격적인 육성 계획을 추진하기 시작했다.

삼성 반도체의 중국 진출 검토는 2010년 이전부터 꾸준히 검토되었지만 본격적으로는 2011년부터라고 할 수 있다. 중국의 가격경쟁력 및 고객·기술 지원의 용이성, 정치적 영향력 등을 고려해 중국의 주요 대도시 베이징北京, 충칭重庆, 다롄大连, 우한武汉, 허페이合肥 등을 대상으로 기초 조사를 시작했다.

반도체 투자를 결정할 때 주요한 고려 요소는 전력, 용수, 우수 인재, 항공·해상·육상 교통 인프라를 핵심으로 한다. 무엇보다 사업성을 담보하는 것이 가장 중요하지만 정치적 영향력 또한 무시할 수 없다. 다시 말해서 사업성 담보는 필요조건, 정치적 영향력은 충분조건이라 말할 수 있다.

반도체 투자를 위한 기초 조사 대상에는 베이징을 포함해 충칭, 다롄, 우한 등 산업 인프라가 좋고 교통이 좋은 성 정부 소재지 도시들이 후보지로 우선 검토되었다. 그러나 본격 협상에 들어가면서 후보지 간의 과열경쟁 방지와 협상 속도를 위해 베이징을 우선 협상 대상으로 선정했다.

'시안'으로 간 삼성 반도체

반도체 투자지 결정 과정에 대해 간략하게 언급하는 것은 중국이 얼마나 최첨단 투자 유치에 대해 진심이고 열정적인지를 보여주자는 취지이다.

베이징은 반도체 투자에 매우 적합한 조건을 구비한 도시이다. 전력과 용수는 물론, 전 세계와 연결되는 항공 물류 여건 또한 탁월하다. 반도체 제조에 필요한 특수 가스 등의 물류를 고려할 때도 베이징에서 가까운 톈진항이 있다. 베이징에는 반도체 공장 운영을 뒷받침할 우수한 이공계 대학과 인재 풀이 풍부했다.

여기에 더해 베이징은 교통과 인프라 면에서 탁월한 조건을 갖춰 한국 엔지니어들과의 빈번한 인력 교류를 필요로 하는 초기 공장 운영 단계의 효율성을 높일 수 있다는 게 장점이었다. 무엇보다 최첨단 공장을 수도에 두면 중앙정부의 지지를 얻기 쉽고, 삼성의 브랜드 이미지 제고에도 도움이 되어 '일석이조'의 효과를 기대할 수 있었다.

삼성은 베이징시 경신위经济和信息化委员会, 베이징시의 공업정보화부에 해당와 협상을 시작하게 되었다. 주요 검토 지역은 베이징 남동쪽의 국가급 산업단지인 이쫭亦莊과 베이징 수도 공항 인근의 부지 두 곳이 유력한 후보지였다.

이러한 와중에 2010년 말, 중국삼성 총재가 새롭게 부임했다. 베이징과 협상이 시작되는 시점이었다. 신임 총재는 취임 직후, 이전에 한국 본사에서 중국 사업을 하면서 인연을 맺었던 공신부 부부장한국의 산업통상자원부 차관에 해당을 찾았다. 당시 그 공신부 부부장은 1999년부터 2010년 10월까지 중앙정부 근무를 마치고 막 산시성의 상무 부성장으로 부임한 상태였다.

산시성과 협의해 2011년 3월 초, 3일 간의 일정으로 중국삼성 일행이 시안에 가게 되었다. 방문은 주로 상무 부성장을 비롯한 산시성 지도자와의 교류, 시안의 투자 환경 등을 둘러보는 것으로 짰다.

산시성 시안은 3,100년의 역사가 있고, 13개 왕조 동안 1,100년이 수도였던 도시다. 역사는 깊었으나 기존의 투자 유치 이력이 부족하고 투자 인프라도 그다지 좋은 편은 아니었다.

산시성 상무 부성장은 공식 만찬 자리에서 투자 유치가 자신의 가장 중요한 임무라며, 삼성이 현재 검토 중인 프로젝트가 있다면 시안도 후보지로 검토해 달라고 요청했다. 이에 대해 중국삼성 총재는 이번 방문으로 시안의 투자 환경을 잘 파악하게 되었다면서 현재 검토 중인 프로젝트가 있기는 하지만, 향후 시안에 맞는 적절한 프로젝트가 생기면 시안을 투자 후보지로 적극 추천하겠다고 답했다.

이렇게 만찬에서 오간 짧은 대화가 훗날 삼성의 최대 규모 투자와 시안과의 깊은 인연으로 이어질 것이라고는 당시 누구도 예상하지 못했다.

시안 방문 일정을 무사히 마치고 베이징으로 복귀한 직후부터 산시성 고신개발구에서 찾아오기 시작했다. 산시성 시안도 투자 후보지로 고려해 줄 것을 요청하기 위해서였다.

베이징과 투자 협상이 진행되는 도중인 2011년 7월, 삼성전자 본사에서는 주요한 조직 변화가 있었다. 당시 부품 총괄DS이 독립 운영 체제로 전환되면서 새로운 CEO가 부임하였다. 그리고 베이징만을 단독 투자 후보지로 고려했던 방침에서 다른 지역도 고려할 수 있는 분위기로 바뀌었다.

그러던 와중에 2011년 12월경 당시 산시성 성장이 직접 한국본사에 가서 경영진을 만나겠다고 요청해 왔다. 산시성 성장은 본사 경영진을 만난 자리에서 시안 투자 환경을 설명하고 '삼성이 시안에 반도체 투자를 하지 않아도 좋으니 우선 시안의 투자 환경만이라도 살펴봐 줄 것'을 제안했다.

산시성 성장의 요청에 따라 삼성은 실무 고찰단을 파견했고, 수백 항목에 달하는 세부 체크리스트를 기준으로 시안의 투자 환경을 면밀히 검토했다.

검토 결과 시안이 공기 질, 항공 및 선박 물류 등에서 일부 미흡한 점은 있지만 투자를 고려해볼 만한 것으로 평가되었다.

이러한 상황에서 2012년 2월 삼성전자 반도체 경영진이 시안을 방문해 산시성 서기와 성장과 교류하게 되었다. 통상적으로 중국의 지방정부 서기는 외부 접견을 잘 하지 않는다. 서기가 접견할 경우 성장은 불참하고 부성장이 참석하는 것이 관례다. 중국 지방정부에서는 서기書记가 최고 권력자로, 성장省长보다 상위에 있다.

그런데 당시 삼성 경영진과의 미팅 때는 서기를 비롯해 성장, 시안시 서기, 시장 등 주요 핵심 인사들이 모두 참석했다. 내가 여러 지방정부의 투자 유치 미팅에 참석했지만, 이 같은 의전은 파격이었다. 한국본사 경영진과의 미팅에서 서기의 투자 유치 의지는 확고했다.

"오늘 한국 삼성의 경영진이 오셨는데 우리의 투자 유치 의지를 보여주고자 성 정부, 시 정부에서 핵심 의사 결정자 모두가 한 명도 빠짐없이 참석했다. 산시성은 위에서 아래까지 똘똘 뭉쳐 투자 유치를 할 준비가 되어 있다."

서기는 미팅 후 저녁 식사 자리까지 주재하면서 삼성에 강한 투자 유치 의지를 재차 표명했다.

시안이 부상하면서 베이징과 동등한 경쟁 구도로 바뀌었고, 이후 충칭도 가세하면서 삼성의 반도체 투자 유치경쟁은 삼각 구도로 진행되었다.

충칭의 경우 당초 삼성 내부에서 적극적인 투자 대상지로 검토되지 않았지만, 투자 유치에 대한 의지만큼은 시안이나 베이징에 뒤지지 않았다. 그러나 충칭은 한국까지 거리도 멀고 항공 물류나 반도체 생산에 필요한 특수 가스의 육상 운송이 먼 것이 단점이었다.

이러한 점들을 종합적으로 고려해 삼성 반도체 공장 투자는 마침내 시안으로 결정하게 되었다.

삼성이 시안에 반도체 투자를 결정하게 된 이유가 "정치적 고려가 아니냐"는 질문을 당시 베이징 특파원들로부터 자주 받았다.

그러나 내가 현장에서 느낀 바로는 가장 중요한 것은 객관적인 인프라 조건과 지방정부의 강한 의지, 그리고 그들의 뜨거운 열정이었다.

충칭시 실사 과정의 우여곡절

충칭시重庆市도 삼성 반도체 공장 투자 유치에 뒤늦게 뛰어든 도시였다. 당시 충칭시의 당 서기는 중앙정부 상무부 장관을 역임한 인사였고, 충칭시장은 상하이에서 초기 중국 반도체산업을 육성했던 인사였다. 충칭시 서기는 충칭시에 부임한 후 지역 조직범죄 척결과 반부패 운동 등으로 중국 인민의 전폭적인 지지를 받고 있었다. 지방정부의 서기였지만, 중국의 차기 지도자급으로 거론되며 막강한 영향력을 가진 인사였다.

이런 분위기 속에서 2012년 1월 충칭시장이 "한국을 방문해 삼성전자의 최고경영진을 만나고 싶다"는 의사를 전해 왔다.

삼성전자 경영진과 충칭시장과의 미팅은 서울에서 이루어졌다. 충칭시는 미리 준비한 프레젠테이션을 통해 각종 인센티브 조건을 제시하고, 시안西安과 동일하게 투자 실사단을 보내 달라는 요청을 했다. 충칭이 제시한 인센티브는 베이징이나 시안에 뒤지지 않는 좋은 조건이었다. 충칭이 중국의 서부 지역이라 물류상 비용이 더 든다면 그런 부분도 감안해 줄 수 있다는 조건까지 제시했다.

중국 속담에 '훠비산쟈'货比三家라는 말이 있다. '물건을 살 때는 최소 세 집의 가격을 비교하라'라는 의미다. 원래 베이징시만 고려하는 상태에서 이제는 세 개 도시가 치열하게 경쟁하는 구도가 되었다. 한국본사는 충칭시의 요청을 받아들여 투자 실사단을 충칭시에 파견했다.

충칭시장의 파견 실사단장은 임원급으로 구성되어야 하나 한국본사에는 적당한 임원이 없어 불가피하게 베이징에 있던 내가 실사단장으로 가게 되었다.

이때 충칭시의 투자 유치 의지도 얼마나 강력한지 직접 경험했다. 2012년 2월 6일, 당시 나는 투자실사단장 신분이지만 북경에서 충칭공항에 도착하니 충칭시 관계자가 비행기 안까지 들어와 직접 영접하고 경찰 호송을 대동해 교통 통제를 실시하면서 충칭시장 관저로 막힘없이 곧장 이동하도록 조치했다.

충칭시장 관저로 이동한 후 충칭시장과의 환담은 한 시간에 걸쳐 이루어졌다. 충칭시장은 한국 방문에서 언급한 바대로 충칭시의 투자 환경을 설명하고 이번 실사단이 객관적이고 공정한 평가를 해줄 것을 당부했다. 충칭시는 100만 평 규모의 부지를 준비했고, 필요하다면 충칭의 다른 곳에도 부지 조성이 가능하다는 대안까지 마련해 놓았다.

충칭시장과의 환담을 끝내고 그가 주관하기로 한 오찬 장소로 갔다. 그런데 시장의 좌석 명패는 식탁 테이블에 놓여 있었지만, 정작 본인은 중식이 끝날 때까지 나타나지 않았다.

지금까지 환대한 것과 달리 점심 식사 약속을 지키지 않는 상황을 이해할 수가 없었다. 결국 충칭시장은 참석하지 않은 채 다른 정부 인사들과 식사를 마쳤다. 중식 후 충칭시가 준비한 투자 후보지 브리핑을 받은 뒤 실사단이 실무적인 실사를 진행하도록 하고 나는 베이징으로 복귀했다.

베이징 복귀 후 들은 이야기는 놀라웠다. 2012년 2월 6일 오전에 충칭시 공안국장이 쓰촨성四川省 청두成都의 주중 미국 영사관에 진입하는 돌발 사건이 발생했다. 충칭시장은 이를 해결하기 위해 쓰촨성 청두에 가게 되어 점심 식사 약속을 지킬 수 없었다는 소식이었다.

공안국장이 당시 충칭시 서기와 갈등 관계를 겪고 있었고, 정치적 망명을 단행한 사건이었다.

충칭시 공안국장은 충칭시 서기가 주도한 '충칭 모델'의 핵심 집행자로, 조직범죄 척결 캠페인을 통해 전국적 명성을 얻었다. 두 사람의 긴밀한 관계는 2011년 한 외국인 사업가의 의문사를 계기로 파국을 맞았다. 이 외국인 사업가는 서기의 가족과 오랜 친분을 맺고 있었으나 금전 문제와 이해관계 갈등이 심화되었다.

2011년 11월, 충칭의 한 호텔에서 숨진 채 발견된 이 사업가에 대해 공안국장이 조사한 끝에 서기의 부인이 독극물을 사용해 살해한 정황이 나왔다. 그러나, 서기는 이를 의도적으로 무시했다. 두 사람의 관계가 완전히 파국으로 치달으면서 2012년 2월 6일, 공안국장은 돌연 청두의 외국 공관으로 들어가 망명을 요청하게 된 사건이었다.

훗날 진상이 드러났다. 공안국장의 미국 영사관 진입 사건, 그 뒤에는 충칭시 서기의 불법 행위가 있었다. 결국 그는 실각했다. 나는 의도하지 않았지만 역사의 한 현장에 있었던 셈이었다.

'삼성로'와 '삼성 톨게이트'를 명명한 시안시

삼성 반도체 공장 투자 유치는 결국 시안으로 결정이 났다. 이제 문제는 중국 중앙정부와의 소통이었다.

대형 프로젝트 투자 유관 기관은 발개위, 상무부, 공신부의 세 곳이다. 관건은 투자 비준권을 가지고 있는 중앙 발개위였다.

우선 가장 중요한 발개위부터 소통하기로 했다. 하지만 일정이 맞지 않아 상무부와 먼저 하고 그 다음으로 발개위, 공신부를 만나게 되었다.

상무부 부부장과 미팅하기로 한 2012년 3월 15일 아침, 충칭시 서기가 물러난다는 내용이 뉴스로 전해졌다. 상무부 부부장은 삼성이 중국에 첨단 투자를 하는 것에 적극 환영을 표시했다. 중국 내 어느 지역에 투자하든 그 결정은 전적으로 삼성의 판단에 달려 있다며 이를 존중한다는 입장을 밝혔다.

상무부 부부장을 만난 지 이틀 후, 발개위 부주임과의 만날 때는 상당한 긴장감을 가지고 참석했다. 당시 첨단기술 투자담당 발개위 부주임은 기업의 의견을 존중한다면서도 충칭시의 양호한 투자 환경을 또다시 언급하며 "삼성이 충칭에 투자해도 좋았을 것 같다"는 말을 덧붙였다.

충칭시에서 그런 일이 일어나지 않았다면 발개위와의 소통이 쉽지 않앉을 수가 있겠다는 생각이 들었다. 어쨌든 마지막으로 공신부 역시 별다른 의견이 없어 무사히 중앙정부와의 소통을 끝마쳤다.

중앙정부와의 소통까지 끝나고 본격적인 프로젝트가 시작되었다. 이제 가장 중요한 사항은 프로젝트 비준을 빨리 받는 것이었다. 프로젝트 비준의 첫 단계는 가행성평가 보고서를 작성하는 것부터 시작한다. '가행성평가'는 투자 전에 경제·환경·법률·기술·생산 등 전 분야에 걸쳐 문제가 없는지 분석하는 과정이다. 보통 중국은 정부 산하의 설계연구소에서 가행성평가 보고서를 작성하면 발개위에 보고해서 승인 절차를 밟는 것으로 진행된다.

가행성평가를 위한 기초 분석은 이미 완료된 상태이기 때문에 자료 작성은 일사천리로 진행했다. 발개위 승인 절차는 먼저 발개위 지정 전문 평가기관에 가행성연구可行性研究를 의뢰하여 전문가 심사를 받는 것으로 시작된다.

문제가 되는 사항은 전문가 집단과 삼성 실무진이 여러 차례 기술 회의 및 교류를 통해 수정해 나가는 진행 형태다. 이 과정은 평상시 가행성평가 보고서를 작성하는 기관과 중국 반도체 전문가들과는 평소에 긴밀하게 교류하고 있었으므로 아주 순조롭게 진행되었다. 그동안 중국 반도체협회를 비롯해 전문가들과 간담회, 포럼, 회사 참관행사 등에서 정기적인 교류를 해 온 덕분이었다.

보세구保稅区 신설 관련은 비준의 또 다른 절차였다. 보세구로 지정되면 공장이 중국 내에 위치하더라도 법적으로는 중국에 속하지 않는다. 보세구에서는 수출입 절차가 간소화되고 관세도 면제된다.

보세구에서는 수출용이든 내수용이든 모두 완제품이 만들어진 뒤에야

삼성 투자시찰단 단장으로 충칭을 방문했을 때 충칭시장과 함께.
상석 왼쪽이 저자이다.

다음 단계로 넘어간다. 수출용은 그대로 해외로 보내면 되지만 내수용 제품은 정식 수입 절차를 거쳐 중국시장에 판매할 수 있다.

시안 반도체 공장은 수출이 50%를 상회해 보세구 지정이 매우 중요한 상황이었다. 반도체 설비를 구입해 공장에 설치할 때도 보세구는 통관 절차가 간단하고 면세 혜택이 있어서 필수적이었다. 보세구는 기업 입장에서는 무역 절차를 간소화하는 매력적인 제도였지만 중국 정부는 세수 손실, 자본 유출, 밀수 위험, 산업정책과의 불균형 등을 이유로 승인을 매우 신중하게 처리했다.

이에 따라 보세구 승인을 받으려면 관련 부처가 열 곳이 넘고, 서류 날인 작업만 100회 이상 필요로 해 그 지정에 1년 이상 걸리는 매우 복잡한 사안이다. 가행성평가와 보세구 신설에는 통상 2년 이상 필요하다고 보면 된다. 이러한 복잡하고 어려운 절차를 삼성과 협력하여 산시성 정부는 7~8개월 만에 마무리했다.

하루는 중국 발개위 담당자가 중국삼성 현지 실무자에게 문자로 "삼성이 산시성 직원을 데려가 주었으면 좋겠다"는 연락을 보내왔다. 알고 보니 이렇게 된 것이다.

산시성에서 삼성 프로젝트 비준 시간을 당기기 위해 베이징에 출장 나온 직원이 있었다. 그는 중앙정부 승인 절차가 진행되는 동안 삼성 안건을 담당하는 관료의 의자 뒤에서 대기하며 검토를 재촉했다.

산시성은 승인 속도를 높이기 위해 그만큼 적극적으로 움직였고, 그 결과 발개위 실무자는 번거롭게 느꼈던 것 같다. 산시성에서 '보세구 비준을 받기 전에는 복귀하지 말라'는 특명을 받고, 각 단계별로 담당 중앙정부 공무원 자리 뒤에서 서명해 줄 때까지 대기하다 생긴 에피소드였다.

최종 투자를 결정할 당시 우려한 사항은 그 전까지 시안에서는 단일 공사로 최대 5억 달러 이상을 투자해 보지 않았다는 점이었다. '과연 70억 달러나 투입되는 세계 최첨단 반도체 공장 건설을 해낼 수 있을까?' 하는 걱정이 컸다. 결과적으로 그것은 기우에 불과했다.

산시성은 성 정부의 미래를 걸고 모든 역량을 집중해 반도체 건설 공사 지원에 나섰다. 고신개발구 내 삼성 프로젝트 지원반을 신설하고, 공사 현장에는 현장지휘소를 만들어 지원을 아끼지 않았다.

성 정부는 전체 공사 일정을 면밀히 관리하면서 성 지도자가 직접 진척 상황을 챙길 만큼 공사에 전력을 기울였다. 공정이 지연되면 오히려 성 정부가 먼저 나서 이유를 점검하고 일정 준수를 독촉하는 모습을 보였다.

건축 공사에는 'PC Precast Concrete 공법'이라는 방식이 있다. 일반적으로 현장에서는 임시 거푸집을 설치하고 그 안에 콘크리트를 부어 구조물을 만든다. 하지만 PC 공법은 공장에서 미리 콘크리트 부재를 제작한 뒤 현장에서 조립하기 때문에, 품질을 일정하게 유지하면서 공사 기간을 크게 단축할 수 있다.

문제는 당시 시안에는 이 PC 공법을 적용할 만한 기업이나 시설이 없었다는 점이다. 그러자 산시성 정부는 직접 PC 전문 회사를 설립해 반도체 공장 건설을 지원할 만큼 적극적이었다.

반도체 공장이 위치하는 곳은 시안의 남동부 쪽이었는데, 공항으로 연결되는 도로가 미흡한 상태였다. 산시성 정부는 순환도로와 공장을 연결하는 전용 연결도로를 건설하고, 도로명을 '삼성로'라고 했다. 고속

삼성전자 중국 시안 반도체 공장은 2012년 9월 기공식을 갖고 약 20개월 간의 공사 기간을 거쳐 2014년 5월 9일 준공식을 가졌다. 이날 준공식에는 산시성 서기 자오정융, 산시성 성장 러우친젠, 공신부 부장 먀오웨이, 발개위 부주임 쉬셴핑, 그리고 권오현 부회장 등 삼성전자 경영진이 대거 참석했다.(위)
산시성 시안에 있는 삼성 톨게이트(아래)

도로에서 공장으로 나가는 톨게이트는 '삼성'으로 명명했다.

반도체 공장 운영에 가장 필수적인 전력은 이중으로 고압 전력선을 마련해 한 곳에 문제가 생기면 곧바로 다른 전력선이 백업되도록 만들었다. 여기에 더해 법이 허용하는 범위 내에서 회사가 경쟁력을 가질 수 있는 모든 지원을 아끼지 않았다.

보도에 따르면, 한국에서 반도체 공장 부지 선정부터 착공, 가동까지는 통상 5년 이상, 길게는 8년 가까이 걸리는 경우도 있다고 한다. 송전선 건설, 환경영향평가, 주민 동의, 용수 공급 인프라 구축 등 복잡한 행정 절차와 인허가 과정이 그만큼 길고 까다롭기 때문이다.

인허가가 까다롭기로 알려진 일본조차도 한국보다는 훨씬 빠르다고 한다. TSMC 구마모토 공장은 착공에서 완공까지 약 20개월, 실제 양산까지도 2년 남짓밖에 걸리지 않았다는 보도도 있다.

SK하이닉스의 용인 반도체 클러스터는 토지 보상, 지자체 반발, 환경영향평가, 인허가 지연 등으로 착공이 수년 미뤄졌고, 삼성전자는 평택 3·4공장 건설 과정에서 송전선 지중화 갈등으로 약 5년간 사업이 지체되었다고 한다.

시안 반도체 사례를 보면 중국의 최첨단 산업이 왜 그토록 빠르게 성장하는지 알 수 있다. 한국의 투자 환경과 비교해 볼 때 시사하는 바가 크다.

'천운을 타고난' 삼성 반도체의 시안 투자

어떤 지역이 투자를 유치하면 지역 경제 발전에 기여하는 정도가 크다. 투자에 직접적으로 관계된 고용과 함께 간접적인 파급 효과가 따르기

마련이다.

시안의 경우에는 1기에 100억 달러를 투자했고, 2기는 70억 달러를 투자했다. 그 결과 1기는 반도체 임직원 4,000여 명, 300개 협력사 2,000여 명, 청소·조경·식당 등 간접 인력 6,000명의 고용 효과가 있었다. 건설 과정의 4만 명 노동자까지 포함한다면 1기에만 6만 2,000명의 고용을 창출했다는 분석이다. 2기까지 포함하면 시안은 적게 잡아도 반도체 투자만으로 10만 명의 직·간접 고용 효과가 있었다.

산시성은 삼성 반도체를 비롯한 첨단산업의 유치와 육성을 통해 큰 성장을 이루고 있다. 2011년 산시성 GDP는 1조 2000억 위안으로 전국 15위였다. 2021년에는 2조 9800억 위안을 기록해 14위로 한 단계 올라섰다. 2024년에도 3조 6000억 위안으로 전국 14위를 유지하고 있다. 산시성은 중국 4대 석탄 생산지 가운데 하나로, 지금도 지역 경제의 절반가량이 석탄과 화학 산업에서 나온다. 하지만 중국 정부가 2030년 탄소피크, 2060년 탄소중립 등 '이중탄소 정책'을 추진하면서 성장의 발목이 잡혔다. 그럼에도 삼성 시안 반도체를 비롯한 첨단 제조업의 유치로 산시성은 2024년 전국 GDP 14위를 유지 중이다.

시안의 반도체산업은 삼성의 투자 유치 후 크게 성장했다. 2011년 10억 위안 규모로 전국 8위에 머물던 시안의 반도체산업이 2021년에는 1500억 위안을 넘어서며 5위로 올라섰다.

중국의 뉴스포털 탕쉰망騰迅網에 따르면, 시안은 2024년에는 우시, 상하이, 선전에 이어 4위를 차지했고, 2025년에는 2000억 위안을 돌파할 것으로 전망된다.

이처럼 삼성을 축으로 설계-웨이퍼 제조-장비·재료-후공정이 단계적으로 연결되는 클러스터 구조가 시안에서 형성되고 있다. 상하이 화훙华虹이 시안에 연구·설계 거점을 두고 전력 반도체와 아날로그 칩 설계를 진행하고 있으며, 일부 공정 테스트 라인도 운영 중이다. 2006년 중국과학원이 설립하고 2016년에 YMTC长江存储에 통합된 XMC는 현재 시안 팹Fab 내에서 YMTC의 핵심 공정 개발과 차세대 메모리, 특수용 집적회로IC 연구를 담당하고 있다. 또 다른 핵심 기업인 이스웨이YSW는 300mm 실리콘 웨이퍼를 생산하며 주요 반도체 제조사와 공급을 추진 중이다.

장비·재료 분야에서 AMEC中微半导体, Advanced Micro-Fabrication Equipment는 상하이에 본사를 두고 노광기와 식각기 시제품을 개발했으며, 일부 장비를 시안 팹에서 시험 적용 중이다. 북방화창北方华创, NAURA Technology Group은 베이징·톈진에서 증착, 세정, CMP 장비를 생산해 중국 주요 반도체 기업에 공급하며, 시안에서는 기술 지원을 수행한다. 테스트·패키징 분야의 통푸마이크로일렉트로닉스通富微电는 메모리와 시스템 반도체용 패키징 라인을, JCET长电科技는 고밀도 패키징과 후공정 테스트를 통해 시안 지역 수요에 대응하고 있다.

산시성의 지도자들은 이 같은 성과를 인정받아 대부분 승진했다. 삼성 반도체 투자 유치에 결정적 역할을 했던 상무 부성장은 산시성 서기를 거쳐 경제 규모 2위의 성인 장쑤성 서기로 영전했다. 당시 산시성 서기는 중국공산당 인사를 총괄하는 중앙조직부 부장을 거쳐 2017년 정치국 상무위원으로 승진했다. 2022년 제20차 당대회에서 상무위원에 유임되었다.

삼성이 시안에 반도체 공장 건설을 결정하자 베이징의 한국 특파원들

산시성 시안의 삼성 반도체 공장 전경

사이에서는 '역시 대단한 삼성'이라는 평이 나왔다. 본인들은 충칭을 유력한 후보지로 꼽았는데, 삼성이 충칭시의 정치적 사건을 미리 간파하고 막판에 시안으로 갔다는 것이다.

그러나 삼성이 시안을 선택한 것은 무엇보다 시안이 산업 인프라, 인재, 지방정부의 지원 및 행정 효율성 등 종합 경쟁력에서 가장 우수했기 때문이었다.

되돌아보면, 시안 반도체 공장 건설만큼 일이 순조롭게 진행된 경우가 흔치 않았다. 중국에서 큰 프로젝트를 진행하면 인허가 지연, 지방정부 간 이해관계 충돌, 정책 변화 등 갖가지 우여곡절을 겪게 되는데, 시안 반도체 공장은 계획된 일정대로 큰 문제없이 투자가 진행되었다. 그랬기에 삼성 반도체의 시안 투자는 '천운을 타고난 사업'이라는 생각이 든다.

지금까지 순조롭게 진행되어 왔던 시안 반도체가 미·중 반도체 경쟁의 국면에서 큰 도전을 받고 있는 현실이 안타깝다.

 ## '환영'과 '냉담' 사이의 외자 기업

중국에서 중국시장 진출이 막힌 전기차 배터리
중국 정부가 결정한 정책은 쉽게 바뀌지 않는다

중국에서 중국시장 진출이 막힌 전기차 배터리

2015년 상반기부터 불거진 중국 내 전기차 배터리 보조금 논란은 한국 언론을 뜨겁게 달궜고, 업계 초미의 관심사로 떠올랐다. 그러나 결과적으로 성과를 거두지 못한 것이 지금도 아쉬운 기억으로 남아 있다. 당시 한국 배터리 3사가 중국에서 어떤 일을 겪었는지를 기록하는 차원에서 되짚어보고자 한다.

반도체 투자 후속으로 배터리 투자가 이어졌다. 삼성SDI는 전기버스를 필두로 중국 전기차시장이 폭발적으로 성장할 것을 감안해 중국 배터리 투자를 결정했다.

2012년 말, 삼성SDI는 완성차와의 물류 거리 등 시장 접근성이 가장 좋은 안후이성安徽省 허페이시를 1차 투자 후보지로 검토하고 투자 조건 협상을 시작했다. 전기차 배터리 산업에서 완성차와의 물류 거리는 핵심적인 입지 결정 요인이다. 배터리는 고가·고위험 제품으로, 장거리 운송 시 화재·손상 위험과 물류비 부담이 증가한다. 완성차 조립라인의 '저스트 인 타임'Just-in-Time 방식 운영 특성상 납기 지연은 생산 차질로 직결되므로, 근거리 배치는 공급 안정성을 보장한다. 또한 완성차 기업과의 기술 조율, 품질 검증, 신제품 공동개발이 용이해져 협업 효율성이 제고된다. 따라서 삼성SDI는 주요 완성차 생산 거점이 위치한 안후이성 허페이를 우선 투자 후보지로 검토하였다.

안후이성 실무진과 본격 협상에 앞서 삼성SDI 경영진은 당시 여성 성장이었던 안후이성 성장을 허페이에서 만나 투자 개요를 설명하고 지지를 부탁했다. 안후이성 성장은 삼성의 배터리 투자를 적극 환영하며 필요한 지원을 아끼지 않겠다고 밝혔다.

이후 개발구 실무진과의 협상이 일사천리로 진행되어 최종 계약을 앞두고 있었다. 그러나 협상이 마무리되는 시점에 안후이성 성장이 교체되었다.

신임 성장은 중앙에서 내려온 인물이었다. 최종 계약을 하기 전에 삼성SDI 경영진이 신임 안후이성 성장의 최종 지지 의사를 확인하기 위한 미팅을 추진했다. 약속한 미팅 날 허페이에 도착한 경영진이 성 정부로 가는 도중에 "성장이 긴급한 국무원 일정으로 부득이 부성장이 대신 나온다"는 통보가 왔다. 이때부터 삼성SDI의 안후이성 투자는 꼬이기 시작했다.

성장 대신 나온 부성장은 삼성의 투자를 지지한다는 입장을 밝혔으나, 이후 협상 과정에서 성장이 무슨 이유에선지 이를 탐탁치 않게 여긴다는 것을 알게 되었다. 해외 투자는 지방정부의 강력한 지지가 무엇보다 중요하다. 공장 건립과 운영 과정에서 예상치 못한 상황이 발생했을 때 지방정부가 해결사 역할을 해줘야 하기 때문이다. 그러나 안후이성에서 투자 유치를 추진하는 허페이시 지도자는 적극적인 의지를 보였지만, 성장은 그렇지 않은 태도를 보였다. 삼성의 최첨단 기술 투자 사업은 중국 전역이 환영하는 분위기였던 것을 감안하면 지금도 이해하기 어려운 부분이다.

이런 상황에서 반도체 투자로 신뢰를 쌓았던 시안이 강력히 투자 유치 의지를 보였다. 시안은 배터리 고객사인 완성차OEM와는 상대적으로 멀어 물류비 부담이 컸지만 "추가 물류비는 별도의 인센티브로 보전하겠다"는 입장이었다. 결국 삼성SDI는 공장 설립 일정상 허페이를 더는 기다리지 못했고, 종합적으로 경쟁력 있고 투자 유치에 적극적인 시안을 최종 투자지로 결정했다.

만약 공장 설립에 충분한 시간적 여유가 있었다면 삼성은 허페이를 선택했을지도 모른다. 그러나 여러 여건이 맞물리면서 시안과의 인연이 배터리까지 이어진 셈이다.

당시 중국 규정상 배터리 공장 설립 시 외국 지분이 50%를 초과할 수 없었는데, 산시성은 산하 국유 기업과 중견 기업을 주선해 삼성 지분을 50%로 맞추도록 적극 협조했다.

2014년 1월 MOU 체결과 같은 해 8월 착공을 거쳐, 2015년 9월 시안 배터리 공장이 본격 양산에 들어갔다. 그러나 양산 후 6개월도 되지 않은 2016년 1월, 중국 공신부는 삼원계 배터리 탑재 전기버스, 트럭, 물류차를 보조금에서 제외했다. 중국 기업이 생산하는 LFP 배터리는 충전 용량은 떨어지지만 화재 가능성이 낮다는 논리로 보조금을 지속적으로 받을 수 있었다. 이로써 시안과 난징에 각각 대규모 공장을 설립해 중국 전기차시장 진출 확대를 추진하던 삼성SDI와 LG화학은 가격 경쟁력에서 밀리며 제품 판매가 사실상 중단되고 말았다.

삼성 경영진은 당시 중국 공신부工信部 담당 부부장을 직접 만나 강하게 항의했다. 그러나 돌아온 답변은 "안전에 대한 기준을 정립한 후 조만간 판매가 재개될 것이다"라는 원론적인 입장이었다.

한국 정부도 중국에 강하게 항의했다. 2016년 3월, 주형환 산업통상자원부 장관이 방중해 차별적 조치 재고를 요청했고, 그해 6월 유일호 부총리도 중국 국가발전개혁위원회发改委 주임과의 회담에서 조속한 해결을 부탁했다. 당시 주중 노영민 한국 대사 역시 여러 중국 중앙부처 인사를 만나 해결 방안을 제시해 줄 것을 요청하였다.

이러한 노력의 결과로 2016년 7월, 중국 부총리가 삼성SDI 시안 배터리 공장을 방문했다. 방문 현장에서 참석자들과 미팅 시 "차량 탑승 인원이 많지 않은 물류차에는 보조금을 지급할 수 있지 않겠느냐"는 의견을 제시하며 긍정적 신호를 보냈다. 숨막히게 돌아갔던 배터리 보조금 건은 그러나 불과 한 달 뒤 한국 정부가 사드 배치를 공식 발표하면서 모든 것이 원점으로 돌아갔다.

사드 배치 발표가 없었더라도 해결되었을지 장담할 수는 없었지만, 당시 분위기로는 물류차 등 일부 차종에 대해서는 성공 가능성이 높았다. 중국 정부는 이후 각종 제도를 통해 문턱을 쌓았고, 기업은 그 제도에 맞춰 대응하며 시간은 흘러갔다. 한국 기업들이 보조금 획득을 위한 모범 기업 인증, 차량 형식승인 등을 위해 동분서주하는 사이 중국 최대 배터리 업체 CATL은 자국 자동차 업체들과 파트너십을 맺고 내수시장을 장악했다.

삼성SDI 시안 공장은 연간 4만 대 전기차에 배터리를 공급할 수 있는 대규모 생산기지였다. 그러나 중국 내수시장 진입이 막히자 공장을 유럽 수출용으로 전환할 수밖에 없었다.

결국 전기차 보조금 사태는 중국 정부의 자국 산업 보호 의지, 사드 배치로 촉발된 지정학적 갈등, 그리고 기업외교 노력의 한계를 동시에 보여주는 사건으로 남았다.

중국 정부가 결정한 정책은 쉽게 바뀌지 않는다

2018년 3월 28일, 삼성전자 시안 반도체 공장 2기 착공식이 열리던 그날의 냉랭한 분위기를 지금도 선명하게 기억한다. 대규모 반도체 투자를 기념하는 자리였지만, 그곳에는 축하보다는 긴장이 흐르고 있었다. 행사 시작 전 노영민 주중 한국대사와 중국 공업정보화부 먀오웨이 부장이 짧은 환담을 나눴다. 화기애애해야 할 착공식 행사장에서 이루어진 이 짧은 만남은 당시 한·중 관계의 냉혹한 현실을 그대로 반영하고 있었다.

먼저 노영민 대사가 한국산 전기차 배터리에 대한 중국의 보조금 차별 문제를 해결해 달라고 요청하였다. 그러나 먀오웨이 부장의 답변은 우회적이었다. "중국 인민의 여론이 보조금을 주는 것에 우호적인 분위기로 돌아서야 한다"고 하면서 여론을 방패로 삼았다.

이후 공신부는 산하 협회를 통해 전지연구원과 협력을 유도했다. 공신부의 입장을 대변하는 협회 관계자는 삼성과 전지연구원의 협력이 중국시장 진입의 중요한 기초가 된다고 밝혔다. 공신부 산하 장비사裝備司의 한 처장은 "중국은 삼성이 세계 최대 전기차시장에 진입하려면 그에 걸맞은 성의와 노력이 필요하다고 본다"고 말했다. 중국이 제시한 협력 방식은 전지연구원과 차세대 배터리를 공동 개발하는 것이 주요 내용이었다.

그 뒤로 먀오웨이 부장이 한국을 방문할 기회가 있었는데, 먀오웨이 부장은 2018년 5월 삼성 한국본사 경영진을 만난 자리에서 "배터리 이슈는 과거 사드 배치 문제로 우여곡절을 겪었지만 이제는 지난 이야기이며 새로운 페이지를 열어야 할 시점이다"라고 언급해 우리 측의 기대감을 키웠다. 그러나 그해 10월, 삼성SDI 배터리를 장착한 중국 현지 전기차 기업은 보조금 신청을 위한 전제인 차량 형식승인 절차를 통과하지 못했다.

세계 각국은 효율적이고 체계적인 자동차관리와 안전 확보를 위해 자동차 안전 기준을 제정하고, 제작이 그러한 기준에 부합하는지를 확인하는 인증제도를 운영한다. 인증제도는 국가가 판매 전에 안전도를 확인하는 사전인증제인 '형식승인제도'Type Approval System와 제작자가 스스로 안전도를 인증하고 판매 후 결함 시 리콜하는 '자기인증'Self Certification으로 나뉜다.

형식승인은 일본·EU·중국 등 대부분 나라가 시행하며, 자기인증은 한국·미국·캐나다 등이 시행한다. 차량이 형식승인을 통과하려면 각 나라마다 조금씩 다른 점은 있지만 부품인증, 시스템 인증, 통합인증 절차를 모두 거쳐야 하고, 약 1년이 소요되는 지난한 과정이다.

문제는 이러한 형식승인 제도가 절차가 복잡하고 기술적 과정이 많아 꼬투리를 잡히면 피해 나갈 방법이 없다는 데 있다. 물론 중국 정부는 형식승인이 통과되지 못한 것이 배터리 자체 문제인지, 다른 이유 때문인지 명확한 근거를 제시하지 않았다.

초기 보조금은 차량 가격의 40% 이상을 차지했으므로 이를 받지 못하면 사실상 판매가 불가능했다. 안정성 문제, 사드 문제 등은 모두 부차적이었던 것으로 보인다. 중국 정부는 시장 개방과 내·외자 차별이 없다고 했지만 현장에서 본 현실은 달랐다.

처음에는 공장 건설을 허용하면서도 언제든 입장을 바꿀 수 있는 믿을 수 없는 상황을 만들었고 전지연구원과의 협약 체결 문제도 진전 없이 사실상 중단되었다. 아마도 중국 정부가 "실익이 없다"는 판단을 내렸던 것으로 보인다.

중국은 일단 정부가 정해버린 정책은 바꾸기가 쉽지 않은 나라다. 삼성 배터리가 양산을 시작하자마자 어려움에 직면한 것은 현지 조직이 정책 기조를 충분히 파악하지 못한 탓도 있지만, 다시 그 시절로 돌아가더라도 공장 건립 후의 상황을 예측하기란 쉽지 않았을 것이다.

이러한 상황은 삼성뿐만 아니라 LG에너지솔루션도 겪었다. LG의 중국시장 점유율은 2020년 6.5%, 2021년 4%, 2022년 1.9%로 하락했다. LG는 그나마 테슬라가 받쳐줘 조금 더 버틸 수 있었다.

삼성 배터리 건은 중국 정부가 외자 기업을 견제하고 로컬 기업을 육성하기 위한 정책의 일환으로 봐야 한다. 특히 정부 정책의 영향력이 큰 산업일수록 철저한 정책 분석이 필요하다. 다양한 통로를 통해 현지의 정책 방향과 산업 실정을 미리 파악하고, 그에 맞는 대응 전략을 세우는 것이 무엇보다 중요하다.

배터리 사안은 비록 성공적인 결과로 이어지지는 못했지만, 상황을 반전시키고자 성심껏 노력해준 한국 정부와 주중 대사관의 많은 분들의 노력이 있었다. 이 지면을 통해 감사를 드린다.

生生Talk 생생토크 ⑤

중국에서의 경험담과
중국에서 배운 것들

| **마오타이주**   중국은 술의 나라라고 해도 과언이 아니다. 그중에서도 마오타이는 단순히 술이라는 의미보다 중국의 정치·경제·외교와 깊이 얽힌 특별한 상징성을 지닌다. 1949년 중화인민공화국 건국 연회에서 마오쩌둥과 저우언라이周恩來는 외국 사절들에게 마오타이를 건배주로 올렸고, 이때부터 마오타이는 '혁명의 술'이자 '중국의 국주國酒'로 불리게 되었다.
이후 중국의 공식 외교 만찬에는 언제나 마오타이가 등장했다. 특히 1972년 닉슨 미국 대통령의 방중 때 저우언라이 총리가 마오타이로 건배한 장면은 국제 언론에 크게 보도되면서 마오타이가 세계적으로 이름을 알리는 계기가 되었다. 닉슨이 "이 술은 강하다"It's potent stuff라고 말한 일화는 지금도 유명하다.
마오타이가 세계적 주류로 도약한 데에는 국제 박람회에서의 활약도

있었다. 1915년 미국 샌프란시스코에서 열린 파나마-퍼시픽 박람회에서 마오타이는 국제 무대에 첫발을 내디뎠다. 당시 투박한 흙항아리에 담겨 농업관에 전시되었고, 초라한 외관 탓에 심사위원들의 관심을 끌지 못하였다. 그러다 술병이 깨지면서 퍼진 강렬한 향이 심사위원을 사로잡았다고 한다. 술병을 일부러 깨뜨렸다는 이야기도 있다. 어찌 되었든 이 박람회 참가가 오늘날 마오타이를 중국 대표 명주로 만든 전환점이 된 것은 분명하다.

마오타이의 혁명 전설도 흥미롭다. 장정长征 시기, 마오쩌둥과 홍군이 구이저우성을 지나면서 마오타이진茅台镇에 들렀다고 한다. 당시 군사들은 지치고 부상자가 많았는데, 현지에서 얻은 마오타이가 피로를 풀어주었을 뿐만 아니라 상처 소독과 치료에도 쓰였다고 한다. 이후 홍군이 재정비하고 다시 북상을 이어갈 수 있었던 배경에 마오타이가 있었다는 이 일화는, 마오타이가 단순한 술이 아니라 혁명과 고난을 함께한 술이라는 이미지를 심어주었다. 이 스토리는 1949년 이후 마오타이가 '혁명의 술'로 공식화되는 데 상징적인 힘을 보탰다.

마오타이의 뿌리를 말할 때 빼놓을 수 없는 것이 바로 '마오타이 마을의 3대 가문'이다. 건국 직후인 1950년대 초, 구이저우성 마오타이진에는 화씨 가문의 화모华茅, 왕씨 가문의 왕모王茅, 라이씨 가문의 라이모赖茅라는 대표적 민간 양조장이 있었다. 이들은 각기 오랜 전통을 이어오며 마오타이의 명성을 지탱했는데, 1951년 중국 정부가 이들을 국유화해 하나의 브랜드 '마오타이'茅台로 통합했다. 지금도 화모·왕모·라이모는 별도 브랜드로 남아 생산되고 있으며, 공정 방식과 원료가 유사

마오타이 술 항아리(茅台酒坛). 1915년 미국 샌프란시스코 만국박람회에 참가한 마오타이주는 술 항아리로 출품했다.

해 '국영 마오타이'와 비슷한 맛을 낸다.

마오타이가 생산되는 구이저우성 런화이시 마오타이진贵州省 仁怀市 茅台镇은 중국을 대표하는 백주 집산지다. 이곳에는 약 3,000개의 크고 작은 양조장이 있으며, 그중 300곳은 일정 규모 이상의 기업이다. 마오타이진에서 생산되는 고량주는 연간 약 20만 톤에 이르는데, 이는 0.5리터 병으로 환산하면 약 4억 병에 해당한다. 중국 전체 백주 생산량이 연간 700~800만 톤이라는 점을 고려하면, 단일 지역인 마오타이진이 약 2.5~3%를 차지하는 셈이다. 단일 마을에서 이 정도 생산 비중을 보이는 것은 중국 내에서도 독보적이다.

이 지역이 특별한 이유는 생산량 때문만이 아니다. 적수강赤水江의 물, 고지대에서 자라는 고량高粱·수수, 연중 높은 습도와 특수한 기후가 발효균의 다양성을 만들어내며, 다른 지역에서는 절대 재현할 수 없는 독특한 풍미가 형성된다. 그래서 중국 내 다른 곳에서 동일한 원료와 공정을 써도 마오타이진의 술맛을 똑같이 낼 수 없다는 평가가 나온다.

나는 지방정부의 초청으로 직접 마오타이 공장을 방문한 적이 있다. 마오타이진에 들어서자마자 마을 전체가 술 냄새로 가득 차 있었고, 그 순간 이곳이야말로 진정한 술의 고장이라는 것이 체감되었다. 공장 내부에서는 전통적인 제조 과정이 지금도 이어지고 있었다. 마오타이는 먼저 고량수수을 쪄낸 뒤 누룩과 섞어 발효시키고, 이를 증류해 원액을 얻는다. 이 발효와 증류 과정은 한 번으로 끝나는 것이 아니라, 7~8차례 반복된다. 이렇게 얻은 원액은 항아리와 저장고에서 장기간 숙성되는데, 전체 공정에만 최소 5년이 소요된다. 이 과정을 거친 다음, 서로 다른 숙성 원액을 조합해 최종적인 풍미를 완성하는 것이 마오타이만의 전통이다. 현장에서 만난 기술자는 "마오타이의 맛은 자연이 주는 미생물과 발효균의 조화에서 오며, 같은 방식으로 다른 지역에서 만든다고 해도 결코 동일한 술이 나오지 않는다"고 강조했다. 압도적인 스케일의 저장고와 장기간 숙성된 원액이 놓인 창고는 '국주'의 위상을 실감하게 했다.

오늘날 마오타이는 세계에서 가장 비싼 술 가운데 하나다. 한국 고급 중식당에서 기본 5년산 한 병이 80만 원가량에 판매되며, 15년·30

년·80년산은 수백만 원에서 수천만 원에 이른다. 다만, 이는 실제 숙성 기간을 그대로 반영한 것이 아니라, 기본 5년산을 중심으로 일부 오래된 원액을 섞어 만든 브랜드명에 가깝다. 마오타이 특유의 '勾兌'gōuduì, 블렌딩 전통으로 완성되는 것이어서, 오래된 술이 일부 들어간다는 희소성 때문에 가격이 비싼 것이다. 중국 증시에 상장되어 있는 마오타이 회사는 한때 삼성전자 시가 총액을 초월한 적도 있다. 현재는 삼성전자 시가 총액의 60% 수준이다.

마오타이를 둘러싼 흥미로운 이야기도 많다. 병에 달린 빨간 리본에는 생산라인 번호가 적혀 있는데, 애호가들 사이에서는 "숫자가 적을수록 오래된 생산라인에서 만들어져 맛이 더 은근하다"는 속설이 있다. 물론 이는 확인된 사실은 아니지만 소비자들은 이런 이야기에 매료되고, 마오타이는 더욱 프리미엄 이미지를 갖게 된다. 마오타이를 마실 때 병의 빨간 띠 숫자를 확인해보는 것도 흥미로울 수 있다.

마오타이는 워낙 인기가 높다 보니 가짜 술 문제가 심각하다. 정품 연간 생산량이 3000만 병인데 판매시장에서는 수억 병이 '마오타이'라는 이름으로 유통된다는 말이 있을 정도다.

마오타이는 중국 사회의 체면, 권력, 그리고 문화적 정체성을 담고 있는 술이다. 중국 비즈니스 현장에서 마오타이가 빠지지 않는 이유도 여기에 있다. 건배 한 잔은 관계의 확인이자, 약속의 상징이다. 때문에 마오타이를 아는 것은 중국문화를 이해하는 중요한 열쇠이며, 중국 사회와 비즈니스를 풀어내는 코드라고 할 수 있다.

숫자에 얽힌 중국문화 코드

중국에는 선물 개수를 짝수로 준비하는 문화가 있다. '호사성쌍'好事成双은 '좋은 일은 쌍雙으로 온다'는 뜻의 중국 속담이다. 중국문화에서 '쌍'은 단순히 '둘' 또는 '한 쌍'을 의미하는 것 이상으로, 조화·균형·완성·행운을 상징하는 중요한 개념으로 자리 잡고 있다. 그래서 중국에서 선물을 줄 때는 짝수가 원칙이며, 2개·6개·8개 등으로 준비하는 경우가 많다. 선물 포장은 붉은색과 금색을 선호하는데 붉은색은 행운과 번영을, 금색은 부와 성공을 상징한다.

중국인들이 특히 선호하는 숫자는 6·8·9다.

6六, liù은 '流'흐르다, 순조롭다와 발음이 비슷해 모든 일이 술술 풀린다는 의미로 여겨진다. "六六大順"liu liu da shun은 '매사가 순조롭다'는 덕담으로 자주 쓰이며, 상점 간판·계좌번호·가격표 등에도 6이 반복된다.

8八, bā은 '發'fā, 부자가 되다와 발음이 유사해 부와 번영을 상징한다. 호텔 방 번호 518은 '我要發'나는 반드시 부자가 된다 의미로 인기 있고, 자동차 번호판 '8888'은 길상의 극치로 여겨져 수백만 위안에 거래된 사례가 있다. 아우디Audi 로고의 네 개 원이 '88'을 연상시켜 중국시장에서 특히 선호되는 것도 이런 맥락이다. 결혼식도 숫자 8에 맞추는 경우가 많다. 내가 중국에 처음 갔을 때 나를 가르치던 중국어 선생님의 결혼식에 초청을 받아 참석한 적이 있다. 그때 결혼식 시간이 10시 58분이어서 매우 의아하게 생각했는데, 나중에 물어보니 이는 숫자문화 코드였다. 또한 결혼식 축하금红包도 흔히 188위안, 888위안처럼 금액 속에 8자가 들어가도록 준비해, 신랑·신부의 번영과 행운을 기원한다.

1988년 서울올림픽이 한국 경제성장과 맞물린 것을 중국인들이 부러워했고, 2008년 베이징올림픽 개막식이 2008년 8월 8일 오후 8시_{공식기록}에 열린 것도 같은 맥락이다. 한국은 이후 2018년에 평창올림픽을 열었다.

흥미롭게도 18十八, shíbā 역시 중국인이 좋아하는 숫자다. 중국어로 '18'에서 1은 要로 발음될 수 있고, 이 경우 "要发"yào fā가 된다. 여기서 要 yào는 '곧 ~하다', '될 것이다'는 뜻을 가지고 있어 '곧 부자가 된다'로 해석된다. 중국인의 관점에서 보면 한국은 1988년과 2018년, 두 번 모두 '발전'發展을 상징하는 숫자와 함께 세계 무대에 섰다. 숫자의 언어로 본다면 한국은 늘 '발전의 해'에 세상을 향해 나아가는 나라였고, 중국이 그것을 부러워한 것도 어쩌면 당연한 일이었다.

9九, jiǔ는 '久'오래 지속되다와 발음이 같아 장수와 영원을 상징한다. 황제의 권위와도 연결되어 자금성에는 9와 관련된 장식이 가득하며, 오늘날에도 결혼식에서 '영원히 함께한다'는 의미로 선호된다.

반대로 불길하게 여겨지는 숫자도 있다. 4四, sì는 발음이 '死'죽다, sǐ와 같아 기피한다. 그래서 건물 층 번호에서 4·14·24층을 아예 생략하는 경우가 많고, 선물이나 전화번호, 번호판에서도 4는 꺼린다. 또한 시계를 선물하는 표현인 '送鐘'송종은 장례를 뜻하는 '送終'송종과 발음이 같아 피한다.

흰색과 검은색도 장례와 관련된 색이다. 특히 흰색은 민감하게 받아들인다. 중국에서 결혼식 축의금을 흰 봉투에 담아서 내면 실례가 될 수 있다.

숫자와 관련된 독특한 속어도 있다. 중국에서 250二百五, èr bǎi wǔ은 '바보, 어리석은 사람'을 뜻한다.

250이 바보의 의미가 된 것은 춘추전국 시대 제나라 소진蘇秦의 암살 사건에서 비롯되었다는 고사가 전해진다. 다만, 이는 역사적 사실이라기보다 민간전승으로 보는 것이 타당하다.

소진은 제나라의 정객으로서 정세를 조율하던 인물이었으나, 암살당한 뒤 왕은 범인을 잡지 못했다. 이에 왕은 '살인범에게 황금 천 냥을 상으로 내린다'는 포고문을 성문에 붙였다. 얼마 후 네 명이 나타나 모두 자신이 범인이라고 주장했다. 그러나 '누가 진짜 범인인지 증거가 없어 상금을 줄 수 없다'고 하자, 이들은 모두 자신이 확실한 범인이라며 '만약 상금을 줄 수 없다면 1,000냥을 네 명에게 나눠 250냥씩이라도 달라'는 요구를 내놓았다. 누가 범인인지 특정할 수 없었던 왕은 이들을 모두 참수했다. 이후 중국에서는 '二百五'가 어리석고 바보스러운 사람을 지칭하는 속어로 자리 잡게 되었다고 한다.

실제로 과거 삼성의 중국 내 한 생산법인이 연말 보너스로 직원들에게 250위안을 현금으로 지급했다가, 일부 직원이 "한국 기업이 중국인을 모욕했다"는 항의성 글을 올려 경영진이 곤란을 겪은 사례도 있었다. 이는 숫자 하나에도 문화적 맥락이 얽혀 있음을 보여준다.

중국의 문화를 이해하고 실천하는 것은 중국시장에서 성공하기 위한 필수적인 문화적 소양이다. 특히 숫자문화는 사회적 코드로 작동하기 때문에, 이를 세심하게 배려하는 것이 예의라 볼 수 있다.

| 3·15
| 소비자의 날

중국에는 '3·15 완후이'315晚会가 있다. 3월 15일 소비자의 날 저녁 8시, 중국의 대표적인 국영 방송인 CCTV-1종합 채널에서 전국 생방송되며, CCTV-2경제 채널 등에서 동시에 송출되기도 한다. 이 프로그램은 소비자 권익을 침해한 기업을 고발하는 대표적 기획으로, 약 10개 내외 기업의 품질 불량 문제를 취재하고 전문가 대담 등의 형식으로 방송된다. 일단 이 프로그램에서 문제 기업으로 언급되면 중국 내 시장 점유율이 큰 폭으로 감소하는 상황을 감수해야 한다. 외자 기업으로는 LG, 소니, 도시바, 애플, 니콘, 금호타이어, 맥도널드, 스타벅스, HP, 닛산, 폭스바겐, 벤츠, 나이키 등이 줄줄이 방송되었다.

대부분이 애프터서비스A/S에 관한 문제, 품질 불량에 대한 소비자 불만 사항, 국가의 품질 기준 위반 문제 등이다. 특히 금호타이어는 2011년 재생 타이어 배합 비율이 과도하다는 문제로 3·15에 방송된 후 매출에 심각한 타격을 입었다. 일단 3·15에 방송이 나가면 사실 여부와 관계없이 기업의 브랜드 이미지에 막대한 타격이 불가피하다는 점이 분명히 드러난 사건이었다. 또한 외자 기업뿐만 아니라 중국 기업도 예외 없이 타깃이 될 수 있다.

또 다른 대표적 사례로는 2012년 애플 아이폰 A/S 차별 논란이 있다. 당시 3·15에서 중국 소비자에게만 불리한 보증정책을 적용한 문제가 집중 보도되자, 애플은 팀 쿡 CEO 명의로 사과 성명을 발표해야 했다. 또한 같은 해 맥도날드의 유통 기한 경과 닭고기 사용 사건도 큰 파장을 일으켰다. 이처럼 3·15는 글로벌 기업조차 한번 걸리면 중국 내 신뢰도에 치명적 상처를 입을 수밖에 없는 무서운 방송이 되었다.

3·15 완후이 방송에는 비단 다국적 기업뿐만 아니라, 중국의 대표적인 기업도 해당된 적이 많다. 어떤 해는 외자 기업은 한 곳도 포함되지 않았다. 따라서 3·15 완후이 방송이 해외 기업에 편파적이라 보기는 어렵다. 기업 입장에서는 외자 기업이든 중국 기업이든 매년 3·15 시즌이 되면 전전긍긍하지 않을 수 없다.

2016년 사드 배치 발표 후 2017년 3·15를 앞두고 삼성은 긴장하지 않을 수 없었다. 2016년 갤럭시 노트 7 화재로 인해 대규모 리콜 사태를 겪었을 때 중국 CCTV로부터 몇 차례 소비자 고발 기획 프로그램에 방송되어 타격을 입었기 때문이다. 2017년 3·15 소비자 고발로 다시 이미지 타격을 입는다면 중국에서 철수해야 할 상황이었다.

당시 사드 배치로 한·중 관계가 극도로 불편해져 언제든 소비자 고발 프로그램에 삼성 제품이 포함될 수 있었다. CCTV의 담당자와 긴밀한 소통을 이어가며 삼성의 소비자에 대한 중시 정책을 어필했다. 3·15 담당 PD와 부단히 교류하며 삼성의 품질관리 체제와 소비자 대응 노력을 설명하고, 때로는 솔직하게 어려운 상황을 털어놓기도 했다. 이러한 성의 있는 소통 덕분인지는 몰라도 삼성 제품이 품질 불만으로 다시 거론되는 최악의 상황은 피할 수 있었다.

중국시장에서 판매 규모가 크면 클수록 이런 리스크는 더욱 부담으로 다가온다. 그러나 지금은 삼성의 중국 내 스마트폰 시장 점유율이 추락하면서 예전처럼 3·15 완후이 리스크가 줄어들었다. 그만큼 시장 위상이 사라졌다는 점에서는 씁쓸한 느낌도 든다.

중국의 친구 스케일

사드 사태 같은 국가 간의 이슈와는 별개로, 중국의 친구관계 문화는 한국과는 전혀 다른 스케일을 보여준다. 대륙의 스케일은 인간관계에서도 강렬하게 체감된다.

내가 중국에 처음 부임했을 때 같은 부서의 선배 주재원 가족과 함께 허난성으로 여행을 간 적이 있었다. 그 선배는 '허난성에 가면 박사 학위 친구가 여행을 다 책임져 줄 것'이라고 했다. 나는 단순히 '식사 정도는 대접하겠지'라고 생각했는데, 막상 현지에 도착하니 첫날부터 떠날 때까지 여행 전 과정을 풀코스로 지원해 주었다. 관광지 입장을 도와주고, 버스를 한 대 렌트해 함께 이동하게 했으며, 인력 네 명을 붙여 가방을 들어주고, 심지어 등산할 때 힘들어하는 주재원 아이들을 안고 올라가는 것까지 도와주었다. 당시에 선배와의 친분이 깊다 해도 어떻게 '이 정도까지 친구의 가족을 챙길 수 있을까?'라는 생각이 들었다.

이 물음은 내가 칭화대학교 EMBA 과정을 시작하면서 풀렸다. 칭화대 EMBA는 매월 4일간 풀데이Full Day 수업이 진행되었는데, 수업이 끝나면 반 친구들끼리 교류 모임이 이어졌다. 대부분 한 명이 반원 전체를 초청하는 방식이었다. 한 반이 약 70명 정도였으니, 호텔 식당을 통째로 빌려 거나한 저녁 모임을 열었다. 다음에는 또 다른 친구가 같은 방식으로 초청하고, 선물까지 준비했다. 그때 '중국인들의 노는 스케일은 확실히 다르구나' 하는 것을 실감했다.

졸업 후에도 교류는 계속되었다. 어떤 친구가 초청을 하면 반원 전체와 그 가족을 포함하는 것이 원칙이었다. 이론적으로 가족까지 합치면

200명 가까이 될 수 있다. 나도 가족과 함께 한 번 초청에 응한 적이 있다. 초청자는 중국의 한 지방 소도시에서 온 친구였는데, 반 전체와 가족을 대상으로 3박 4일간 원난 고찰 방문을 명목으로 초청했다. 지방이라 실제 참석자는 열 가족 정도였지만, 공항부터 공항까지 '도어 투 도어'Door to Door 의전이 제공되었다. 교통, 숙박, 관광지 방문, 식사까지 모든 비용을 부담했고, 돌아갈 때는 선물까지 챙겨줬다. 왕복 항공편만 제외하면 사실상 모든 일정이 초청자에 의해 제공된 셈이었다.

중국에서는 한쪽이 그렇게 초청하면 상대방이 초청할 때도 그만큼의 대접을 해야 한다는 상호성의 원칙이 작동한다는 점이다.

최근에 한국을 자주 오가는 한 중국인 지인이 이렇게 말했다.

"한국 사람들은 중국을 너무 모른다. 중국에서는 손님을 최대한 환대하고 좋은 식사와 고급 술로 대접하려고 노력하는데, 한국에 갔을 때는 그만큼의 대접을 받지 못해 솔직히 썩 기분이 좋지 않았다."

중국 문화에서는 손님을 정성껏 대접한 만큼 상대방에게서도 그에 상응하는 예우를 받는 것을 당연하게 여긴다. 이러한 '호혜적 환대'라는 기본 문화 코드가 맞지 않으면, 중국인과 깊은 '꽌시'关系, 관계를 맺기는 어렵다고 본다.

중국의 환대 문화는 오랜 역사적 전통 속에서 형성된 생활 철학의 표현이다. 그 사상적 기원은 유교적 인仁과 예禮에서 찾을 수 있다. 공자는 인간 관계의 조화를 인간 본성의 핵심으로 규정하였으며, 이는 타인에 대한 존중과 배려의 실현으로 구체화 되었다.

전통 농경사회에서 이러한 유교적 환대 정신은 생활 양식 속에서 자연스럽게 계승되었다. 혈연과 지연 기반의 마을 공동체에서 외부 방문객에 대한 접대는 사회적 미덕으로 자리 잡았다. 근현대 이후 환대 문화는 면자面子, 체면나 꽌시 개념과 결합되면서 인간 관계의 사회적 문화로 형성되었다.

칭화대 동기들은 반농담 삼아 내게 이렇게 말하곤 한다.

"병철, 반 친구들 모두 한국에 한번 초청해."

| 닫는 글 | **기정학 시대에 한국 기업이 승리하는 다섯 가지 전략**

현대의 경쟁은 기업과 기업만의 싸움이 아니다. 지금은 한국이라는 시스템 전체가 중국, 미국, 일본, 대만이라는 국가 시스템과 맞붙는 싸움이다.

기업의 노력만으로는 기술전쟁에서 이길 수 없다. 정부의 정책, 금융의 지원, 인재의 공급, 사회의 신뢰가 하나의 톱니바퀴처럼 정교하게 맞물려 돌아가야만 승산이 생긴다.

한국은 미국이 주도한 자유무역 질서 Globalization의 가장 큰 수혜국이었다. 그 체제 속에서 우리는 '한강의 기적'을 이루며 눈부신 성장을 이뤘다. 그러나 세계는 이미 다른 질서로 이동했다. 경제는 블록으로 나뉘고, 공급망은 무기가 되었으며, 기술은 국가안보의 핵심이 되었다.

한때 미·중 갈등이 한국에 새로운 기회가 될 것이라는 기대도 있었다. 그러나 미국은 보호자가 아니라 자국 중심의 공급망 재편을 추진 중이며, 중국은 대외 압박에 맞서 기술 자립과 국산화의 속도를 높였다. 결국 한국은 양쪽으로부터 압박받는 상황에 처해 있다.

더 큰 문제는 인구는 줄고, 청년은 떠나며, 기업은 투자를 망설인다. 정치는 갈등을 증폭시키고, 사회는 불신으로 갈라졌다.

AI라는 거대한 기술혁명의 파도가 밀려오는데, 우리는 배가 새는 줄도 모른 채 서로를 탓하며 표류하고 있다. 지정학적 격변, 기술 혁명, 중국의 굴기, 인구 절벽, 사회 분열이 동시에 작동하는 지금의 상황은 단순한 경기 침체가 아니라 국가 시스템 전체의 지속 가능성이 흔들리는 총체적 위기Total Crisis다.

한국은 전략적 기술 우위Strategic Technological Advantage를 확보하지 못한다면 성장의 기반 자체가 급격히 약화될 것이다. 기업이 경쟁력을 잃으면 시장 점유율은 떨어지고 글로벌 시장에서 도태되며, 국가가 투자 매력을 잃으면 외국 자본이 떠나는 것은 자연스러운 이치다.

이제 우리는 불안한 현실, 현재가 '코리아 피크'일지 모른다는 불안에 직면해 있다.

원래 '피크론'Peak Theory은 특정 국가의 경제가 더 이상 과거와 같은 성장 잠재력을 유지하지 못하고, 구조적 둔화의 길로 접어든다는 이론이다. 한때 '차이나 피크론'China Peak Theory이 담론을 이룬 적이 있었지만, 자칫하면 오히려 한국이 피크론의 대상이 될 수 있다.

국제통화기금IMF의 『World Economic OutlookApril 2025』 보고서에 따르면, 세계 명목 GDP의 약 26.8%를 차지하는 미국은 2024년에 약 2.8% 성장했고, 중국은 약 5.0%, 대만은 약 4.3%, 한국은 약 2.0% 성장했다.

IMF는 2025년에도 미국 1.8%2025년 10월 2.0%로 상향, 중국 4.0%, 대만 2.9%, 한국 1.0% 수준의 완만한 성장을 전망했으며, 한국의 향후 5년간 연평균 성장률도 대체로 잠재 성장의 둔화로 인해 1%대 초반에 머물 가능성이 있다는 경고를 내렸다.

저출산과 고령화, 제조업 경쟁력 약화, 기술 혁신 둔화, 사회 양극화 등 복합적인 요인들이 겹치며 성장의 엔진이 식어가고 있다. 특히 반도체, 배터리, 조선 등 주력 산업의 경쟁 우위가 흔들리고, 내수와 수출 모두 구조적 한계에 부딪힌 현실은 한국 경제가 서서히 쇠퇴의 문턱으로 이동하고 있음을 보여준다.

그러나 이 위기를 극복하려면 시스템의 전면적 재설계와 전략적 대전환Strategic Realignment이 필요하다.

기술·인재·제도의 삼박자가 다시 맞물려야 한다. AI, 반도체, 배터리, 바이오, 핵심 광물 등 전략산업의 기술 초격차Technological Superiority를 회복하지 못한다면 한국은 기술패권의 중심에서 변방으로 밀려날 위험이 있다.

기술은 권력이자 외교 수단이며, 동시에 국가안보 그 자체다. 기술적 우위를 확보하는 것은 이제 국가와 기업의 생존을 위한 최소 조건이다. 기술을 기반으로 한 전략적 선택이 뒷받침되지 않는다면 한국은 급변하는 국제 질서 속에서 '생존 게임'Survival Game을 치를 수밖에 없다.

한국은 그동안 여러 분야에서 세계 정상급 기술력을 자랑했지만, 지금은 반도체를 제외하면 글로벌 초격차 분야를 찾기가 어렵다. 그런 반도체산업조차 미국의 공급망 압박과 중국의 기술 추격 속에서 흔들리고 있다.

결국 해법은 단 하나다. 현실을 정확하게 직시하고, 위기를 인정하는 것. 그것이 모든 전략의 출발점이다.

거대한 쓰나미가 몰려오는데도 정치적 분열과 내부 소모전에 매몰된다면 한국은 회복 불능의 상태에 빠질 것이다. 지금 필요한 것은 '코리아 피크'가 아니라 '코리아 리스타트'Korea Restart다.

기술과 제도, 사회가 다시 조율되고, 국가 전략과 기업 전략이 하나로 맞물릴 때 우리는 초격차를 되찾고 또 한 번의 도약을 이룰 수 있을 것이다.

기업의 운명이 국가의 미래를 좌우한다

기정학 시대에 한국 기업, 특히 반도체를 중심으로 한국 기업들이 생존하고 더 도약할 수 있을 것인가?

이 책이 탐색한 주제는 바로 여기에 있다. 그 다섯 가지 전략을 제시한다.

1. 결국은 인재전쟁이다

한국 반도체 산업의 생존은 인재 전쟁에 달려 있다. 2022년, 유럽 출장에서 돌아온 삼성그룹 이재용 회장은 기자들에게 "첫째도 기술, 둘째도 기술, 셋째도 기술입니다"라고 말한 적이 있다. 그 짧은 한마디에는 기술이야말로 삼성과 한국 산업의 생존을 보장할 수 있다는 절박한 현실 인식이 담겨 있다.

기술은 결국 사람에게서 나온다. 지금 전 세계는 반도체와 AI 기술 패권을 둘러싼 치열한 경쟁을 벌이고 있으며, 이 경쟁의 본질은 '인재 전쟁'이다.

한국은 최근 몇 년 사이 인재 유출의 충격적인 현실을 온몸으로 겪고 있다. 한국의 AI 인재 순유출은 2024년 인구 1만 명당 −0.36명으로, OECD 38개국 중 35위를 기록했다. 2020년에는 +0.23명14위으로, 인재가 유입되는 국가였지만 불과 4년 만에 상황이 역전됐다.

2023년에는 석·박사급 고급 인력 취업 이민 비자를 발급받은 한국인이 5,684명으로, 인구 10만 명당 10.98명에 달했다. 이는 인도보다 7배, 중국보다 11배 높은 수치로, 한국이 명실상부 세계 최고 수준의 '인재 유출국'이 되었음을 보여준다.

과학기술인 대상 설문조사에서는 전체 응답자의 61.5%가 해외 기관으로부터 제안을 받았고, 그중 42%가 이미 이직했거나 고려 중이라고 응답했다. 유치 제안을 한 주요 발신국으로는 중국이 82.9%로 가장 높았다.

이 같은 상황은 중국의 노골적인 스카우트 전략과도 맞물려 있다.

"당신을 모십니다."

2024년 초, 한국과학기술원KAIST 교수 149명에게 중국발 이메일이 동시에 발송되어 연봉 4억 원과 주택, 자녀 학자금까지 제공하겠다는 파격적인 제안이 전달됐다. 과거 '천인계획'이 암암리에 진행되던 것과 달리, 이제는 국내 최고 연구기관 교수들을 정면으로 겨냥하며 공개적이고 조직적인 방식으로 접근하고 있다.

실제로 국내 최고 과학기술 대학에서 수십 년간 연구를 이끌던 세계적 석학들이 정년 이후 연구를 이어가기 위해 중국을 선택하는 사례가 늘고 있다. 가장 경험 많은 석학조차 제대로 유지하지 못하는 상황에서 과연 차세대 인재를 어떻게 키울 수 있을지 묻게 된다.

인재 유출은 해외로 나가는 문제만이 아니다. 국내에서도 이공계 기피가 심각하다. 이공계가 매력적인 진로가 아니라는 사회적 신호는 곳곳에서 포착된다.

이공계 기피의 가장 큰 이유는 장래 경로의 불확실성이다.

연봉 격차도 문제지만 더 근본적인 문제는 연구 환경이다. 한국의 R&D 환경은 자율성을 억제하는 상하 위계질서와 관료주의 연구 행정으로 창의적 인재들을 숨 막히게 만든다. 박사학위 소지자도 입사 후 '막내' 취급을 받는 반면, 해외에서는 입사와 동시에 주도적인 연구를 맡을 수 있다. "내 아이디어가 평가받기까지 거쳐야 할 보고 라인이 너무 많다."는 것이 현장의 공통된 호소다.

창의적 연구는 예측 불가능한 문제 해결 과정이며 반복된 시행착오 속에서 성과가 나온다. 그런데 실패를 허용하지 않는 평가 시스템에서는 혁신이 나오기 어렵다.

연구 경력의 연속성도 위태롭다.

국내에서는 정년 이후 연구비 확보가 어렵고 연구 과제 수주 기회가 급감한다. 정부의 R&D 지원이 현직 연구자 중심으로 집중되면서 은퇴 연구자는 사실상 제도 밖으로 밀려난다. 일부 대학의 석좌교수 제도는 명예직에 가까운 운영 형태로 급여가 줄거나 연구 공간조차 제한하는 사례가 있다고 한다.

반면 중국은 정년을 사실상 유연화하여 평생 연구할 수 있는 환경을 보장하며 국가적 영웅으로 대우한다. 중국 최고 과학자에게 부여되는 중국과학원·중국공정원의 '원사'院士 자격은 차관급 의전과 의료비 지원, 정책 자문 권한 등 막강한 예우를 동반하며, 중국 내에서는 노벨상 수상에 버금가는 사회적 지위와 종신 영예를 보장받는 최고의 칭호로 여겨진다.

65세 정년으로 연구를 중단시키는 것은 국가적 손실이다. 노벨상 수상자의 평균 연령이 60대라는 점만 봐도 그렇다.

인재 유출의 원인으로는 단기 실적 중심의 평가체계, 연공서열식 보상 시스템, 부족한 연구 인프라, 국제협력 기회 부족 등이 복합적으로 지목된다. 특히 상위 성과자일수록 해외 이주 비중이 높아 '유능할수록 떠나는 구조'가 고착화되고, 가장 뛰어난 인재가 가장 먼저 떠나는 역설이 벌어지고 있다.

세계는 이미 조직적·전략적으로 인재를 빼가는 체계를 갖췄다.

중국은 2009년부터 2018년까지 '천인계획'을 통해 7,000명 이상의 과학기술 인재를 포섭하며, 최대 500만 위안약 9억 원의 연구비와 100만 위안약 1억 8,000만 원의 일회성 보조금, 생활비, 주택 등을 지원했다.

미국의 제재 이후에도 중국은 '치밍'啓明, Qiming 프로그램으로 간판만 바꿔 유치 전략을 재가동했고, KAIST 교수 149명에게 동시 스카우트 이메일을 보낸 사건에서 드러나듯 방식은 더욱 노골화됐다. 생명공학, 인공지능, 반도체 등 미래 산업의 주도권을 확보하기 위해 천문학적인 자금을 투입해 전 세계의 우수 인재를 블랙홀처럼 빨아들이고 있다. 대기업부터 중견기업·소부장 기업의 엔지니어에게까지 몇 배의 연봉을 제시하는 등의 방식으로 인재 영입을 추진 중이다.

중국뿐만 아니라 미국 마이크론도 삼성전자·SK하이닉스 엔지니어들을 대상으로 인재 영입을 가속화 하고 있다.

최근 HBM 후발주자였던 마이크론도 한국의 반도체 인재를 적극 채용하고 있다. 미국은 석·박사급 인재에게 고급 인력 취업 이민 비자를 발급하고 가족에게도 영주권을 제공한다. 연봉은 한국의 2~3배 수준이고 연구 자율성은 비교할 수 없을 정도로 높으며, 60세가 넘어서도 최전선에서 연구하는 인재들이 흔하다.

인재 유출은 지금부터가 진짜 시작이다. 단기 처방으로는 역부족이며, 과학기술인을 국가의 핵심 자산으로 인정하고 정년 걱정 없이 연구에만 몰두할 수 있는 환경을 만드는 것이 필요하다.

무엇보다 교수급 인재를 지키고 영입하는 데 국가적 역량을 집중해야 한다.

정년 제도를 유연화하여 석학이 정년 이후에도 연구를 계속할 수 있게 제도적으로 보장하고, 중국처럼 '국가석학' 제도를 운영해 연구비·공간·행정 지원을 패키지로 제공해야 한다. 60대·70대 석학이 후학을 양성하고 연구를 이어갈 수 있는 생태계를 구축하고, 석좌교수 제도를 명예직이 아닌 실질적 연구 지원 제도로 전환해야 한다.

국가 차원의 '석학 후속세대 양성' 프로그램을 설계해 젊은 연구자를 멘토링하는 구조를 제도화하고, 경험과 노하우가 체계적으로 전수되도록 해야 한다.

최상위 인재가 이공계로 몰리게 하려면 이공계가 매력적인 진로임을 실증해야 한다.

이공계 출신 성공 모델을 가시화하고 사회적 인정과 보상을 강화해, 자신이 연구하는 바가 국가와 세계에 기여한다는 자긍심을 느낄 수 있는 환경을 만들어야 한다.

과학고와 영재학교는 이공계 최고 인재 양성을 목적으로 설립되었지만, 최근 의대 진학 비율이 상승하고 있다. 의대 진학 시 국가 장학금 환수 등 제도적 장치를 정비하는 한편, 이공계 진학자에게는 더 파격적인 장학금과 연구 지원을 제공해야 한다.

장학금 제도는 과학기술원 모델을 확대해 등록금 전액과 생활비 지원을 더 많은 대학·학과로 확장하고, 석·박사 과정 학생에게 안정적인 연구 환경을 제공해야 한다.

2024학년도 삼성전자·SK하이닉스 취업이 보장되는 5개 반도체 계약학과 정시모집에서 미등록률이 180%에 이르렀다. 77명을 선발하기 위해 215명77명+138명에게 합격 통지를 해야 했다는 뜻으로, 합격자 3명 중 2명이 등록을 포기한 셈이다. 취업이 보장되는 최상위 계약학과조차 외면당하는 현실을 여실히 보여준다.

연구 문화의 근본 혁신도 병행돼야 한다.

창의적 개발자에게 연구 성과를 되돌려주는 지식재산 제도를 정비해야 한다. 까다로운 연구비 관리 규정 때문에 연구가 지연되거나 해외로 떠나는 석학의 사례가 반복되어서는 안 된다.

단기 실적이 아닌 장기 혁신 역량을 평가하고, 실패를 허용하는 평가시스템을 마련해야 한다. 또한 해외 체류 후 복귀하거나 산업체에서 대학으로 전환한 연구자가 '재도전 트랙'으로 진입할 수 있는 복귀 경로Re-entry path를 제도화해 실패 경험을 오히려 경력의 자산으로 인정해야 한다.

또한 첨단 분야 연구자에게 주 52시간제 예외를 적용하는 등 노동 유연성을 보장해야 한다. 전 세계가 인재 전쟁을 벌이며 첨단기술 확보를 위해 국가 간 대항전을 치르는 상황에서 스스로 족쇄를 차고 경주를

할 수는 없다. 창의적 연구는 몰입이 보장되도록 해야 한다.

부족한 기술 인력을 확보하기 위해 한국 인재를 지키는 동시에 외국의 우수 인재를 적극적으로 받아들여야 한다. 외국 인재의 장기 정착을 위해 비자·취업·정착 등의 모든 지원을 아끼지 않아야 한다. 이를 위해서는 비자·주택·가족지원·행정지원을 아우르는 복합 지원체계를 구축하고 국가 차원의 '글로벌 연구 허브'를 지정해 캠퍼스-연구소 연계 생태계를 조성해야 한다.

기술 유출에 대한 강력한 처벌도 더 강화해야 한다.

대만은 반도체 핵심기술 유출 시 5~12년의 징역형과 최대 42억 원의 벌금형을 부과하고, 중국 기업이 대만 구인 사이트에 광고를 게재하면 최대 1억 6,000만 원의 벌금을 부과한다.

반면 한국의 산업기술보호법 위반 처벌은 최대 3년 징역과 15억 원 이하 벌금에 그친다. 2021년 산업기술보호법 위반 33건 중 87.8%가 무죄 또는 집행유예로 끝났다는 사실은 경각심을 불러일으킨다. 법과 제도를 개정해 유출 규모·피해액 기반의 징벌적 손해배상, 기업 내부 제보자 보호 및 신고 보상금 체계 등을 강화해야 한다.

결론은 명확하다. 인재가 곧 국가 경쟁력이다.

인재를 많이 양성하는 것도 중요하지만, 양성한 인재가 머무르고 싶도록 만들어야 한다. 최상위 학생이 의대로 몰리고, 우수 인재가 해외로 떠나며, 석학조차 정년 후 중국으로 가는 현실을 방치한다면 한국 첨단산업의 미래는 없다.

핵심은 세 가지다.

첫째, 교수급 석학을 지켜야 한다.

정년 제도를 유연화하고 평생 연구할 수 있는 환경을 만들어야 한다. 수십 년의 경험과 노하우가 해외로 넘어가는 것을 막아야 한다. 과학 기술인을 국가 핵심 자산으로 인정하고 정년 걱정 없이 연구에 몰두할 수 있도록 해야 한다.

둘째, 이공계로 최상위 인재가 몰리게 해야 한다.

파격적인 장학금·취업 보장·사회적 인정을 통해 이공계가 의대보다 매력적인 진로임을 증명하고, 박사 학위 취득 후 창업 자금을 제공하며 산학 협력 펀드를 통해 지분과 성과를 공유하는 구조를 만들어야 한다.

셋째, 연구 문화를 혁신해야 한다.

자율성·신뢰·성과 중심의 문화로 전환하고 실패를 허용하며, 창의성을 존중하는 시스템을 구축해야 한다. 단기 처방이 아니라 근본적 체질 개선이 필요하며, 실패한 연구자에게 재도전 트랙을 제공하고 글로벌 연구 허브를 통해 외국 인재가 정착할 수 있는 통합 인프라를 갖춰야 한다.

지금이야말로 대한민국이 반도체 패권을 지켜내기 위해 인재 전략을 근본부터 다시 세울 시점이다. 글로벌 공급망에서 '한국이 없으면 세계가 멈춘다!', 이것이 바로 기술 초격차, 한국형 실리콘 방패 전략의 핵심이다. 그리고 그 모든 것의 시작은 사람이다. 기술은 결국 사람에게서 나온다.

2. 국가의 외교 정책과 기업외교 시너지 창출

오늘날 한국 반도체 산업이 직면한 가장 큰 도전은 중국 반도체 산업의 부상과 더불어 지정학적 압박이다. 미국과 중국 사이에서 선택을 강요받고, 각국의 보호무역과 기술 규제가 새로운 장벽으로 등장하고 있다. 아무리 뛰어난 기술을 확보해도 시장 접근이 차단되면 무용지물이며, 공급망이 끊기면 생산 자체가 불가능하다.

그러나 현재의 지정학적 이슈는 리스크인 동시에 기회이기도 하다. 이 기회를 전략적으로 어떻게 활용하는가가 한국 반도체산업의 생존을 결정할 것이다.

파편화된 국제 질서 속에서 지금 필요한 것은 국가외교와 기업외교의 전략적 결합이다. 국가외교가 큰 틀에서 외교적 방향을 설정한다면, 기업외교는 그 안에서 현실적 해법을 찾아야 한다.

현재의 국제 질서에서는 여전히 미국이 가장 중요하다. 미국은 기술패권 경쟁의 중심에 있으며, 반도체 공급망 재편, 수출 통제, 보조금 정책을 설계하고 주도하고 있다. 미·중 갈등 속에서 한국의 피해를 최소화하고, 한국에 대한 직접 압박의 강도를 완화시키는 것이 우선적으로 중요하다.

미국의 전략적 방향 자체를 바꾸는 것은 어렵지만 법과 정책의 세부 조항과 예외 규정에서는 충분히 협상 여지가 있다. 즉, 디테일 전쟁이다. 예컨대 CHIPS Act의 '중국 내 첨단 생산 능력 5% 제한' 조항은 '첨단 반도체'의 정의, '생산 능력'의 산정 기준, '확장'의 범위 등에 따라 한국 기업의 운신 폭이 달라질 수 있다.

최근 미국이 중국 내 한국 기업에 대한 VEU Validated End User 혜택을 폐지할 예정인 것도 같은 맥락이다. VEU 지위를 상실하면 미국산 반도체 장비 도입에 매번 개별 허가를 받아야 하는 등 운영에 심각한 차질이 불가피하다.

이러한 변화의 세부 적용 기준, 예외 조항, 유예 기간 등을 협상하는 것이 실질적인 외교력의 영역이다. 큰 국면은 바꾸기 어렵더라도 디테일에서 기회를 찾아야 한다.

이를 위해 미국 정치권과 정책 결정권자에 대한 네트워크를 총동원해야 한다. 기업들은 합법적 로비 활동을 강화하고, 정부는 기업과 긴밀히 협력해 미국의 대중 제재가 동맹국 산업에 불필요한 피해를 주지 않도록 세밀히 조율해야 한다.

동시에 중국과의 소통도 절대 소홀히 해서는 안 된다.

현재 중국은 미국의 제재에 방어적으로 대응하고 있지만, 기술 자립이 일정 수준에 도달하면 보다 공격적인 태세로 전환할 가능성이 크다. 이미 반외국제재법, 역외차단법, 중국판 엔티티 리스트, 희토류 수출 통제 등 다양한 법적 보복 수단을 갖춘 상태다. 마음만 먹으면 중국 시장 접근 제한이나 중국 내 외국 기업 공장 제재 같은 조치도 가능하다.

이러한 상황에 대비하기 위해 기업들은 나름대로 기존의 기업외교 역량을 한층 강화하고 '플랜 B'를 준비해야 한다. 중국이 추진하는 '자주·제어 가능'自主可控 전략, 즉 핵심기술·부품·소재·장비·시스템을 외부 의존 없이 통제 가능한 상태로 만드는 목표가 완성되는 시점에는 중국발 합법적 제재가 현실화될 가능성이 높다. 따라서 한국 기업들은 장기적 관점에서 중국 정부와의 대정부 활동을 지속하고, 사회공헌 활동을 통해 중국 사회 내 신뢰 기반을 유지해야 한다.

미·중 간의 갈등이 깊어질수록 기술 디커플링에 이어 시장 디커플링의 가능성이 높아질 것이다. 한국 기업에게는 큰 리스크일 수 있지만, 중국의 서방 시장 접근성이 제한된다는 측면에서는 오히려 유리할 수도 있다.

외교가 효과를 발휘하려면 정부와 기업 간 협력 체계가 필수적이다. 미국 정부의 수출 통제 규정, 중국 정부의 시장 접근 제한 등 국가 간 외교적 이슈는 결국 정부 차원의 개입 없이는 해결할 수 없다. 기업이 쌓아온 현지 네트워크와 신뢰도 중요하지만, 그것이 실질적 성과로 이어지려면 정부 외교의 긴밀한 협력이 뒷받침되어야 한다. 따라서 외교부·산업부·과기정통부·기업이 함께 참여하는 협의체를 정례화하여 주요국의 법안이나 규제 변화에 선제적으로 대응하는 체계를 구축하는 것도 검토할 필요가 있다.

지정학적 파고를 넘어서는 핵심은 기술력이지만, 그 기술을 지켜내고 전략적으로 활용하는 것은 외교력이다. 국가 대 국가의 경쟁 구조 속에서 국가외교와 기업외교는 협력의 틀 안에서 유기적으로 움직이며 시너지를 극대화해야 한다.

외교의 부활이 필요한 시점이다.

3. 통합 거버넌스 : 국가 총력 대응 체제 구축

21세기 기술은 산업의 경계를 허물며 융복합의 시대를 열고 있다. 이러한 변화 속에서 각국 정부는 범부처 정책 기획과 조정 능력을 강화하고 있다.

글로벌 경제 질서가 근본적으로 변화하고 있다. 1980년대 이후 약 40년간 지속된 신자유주의 질서가 각국의 보호무역 강화로 전환되고 있다. 미국은 건국 초기 초대 재무장관 알렉산더 해밀턴의 주도로 유치산업을 보호하기 위해 고율의 관세를 부과하며 200년 가까이 보호무역을 유지했다. 하지만 제2차 세계대전 이후 자유무역 체제를 주도하면서

1995년 WTO 출범을 이끌었다. 그러나 21세기 들어 중국을 비롯한 국가자본주의 체제의 부상이라는 새로운 경쟁에 직면했다.

중국은 2014년부터 반도체 산업을 국가 전략산업으로 격상하고 막대한 보조금을 투입하며 국가 주도의 산업정책을 강화했다. 이에 대응해 2022년 8월 바이든 대통령이 CHIPS Act에 서명하면서 미국의 경제정책은 근본적으로 전환되었다. 이는 신자유주의 시대의 종언이자 해밀턴식 산업정책으로의 회귀를 상징했다.

자유시장 자본주의와 국가자본주의 간 체제 경쟁이 본격화되었으며, 산업 경쟁의 중심이 기업 대 기업에서 국가 대 국가의 총력전으로 이동했다.

이제 기업의 기술력만으로는 생존이 어렵다. 기술과 외교, 산업과 안보가 맞물리는 복합 경쟁의 시대에는 정부가 전략적 역할을 수행하지 않으면 국가 경쟁력 자체가 흔들릴 수밖에 없다.

이러한 환경 변화에 대응하여 주요국들은 국가가 직접 나서서 통합 거버넌스 체계를 강화하고 있다.

미국의 과학기술위원회NSTC는 1993년부터 국가 차원의 과학기술 정책을 통합·조정하는 역할을 맡고 있다. 이를 실행하는 사무국인 과학기술정책실OSTP은 연방정부 전체의 과학기술 정책을 실제로 조정하고 집행한다. 바이든 대통령은 재임 시기 OSTP 국장을 장관급으로 격상시켰다. 그는 "과학은 언제나 행정부의 최전선에 있을 것이다"라고 밝히며, 에릭 렌더Eric Lander를 OSTP 국장으로 임명했다.

중국은 2023년 3월부터 중앙과학기술위원회를 통해 공산당 권력 7인 상무위원 중 1명을 위원장으로 두고, 과학기술부·공업정보화부·발전

개혁위원회 등 핵심 기관의 정책 시너지를 극대화하고 있다. 과학기술정책을 당 중앙위원회 직속 기구로 격상한 것은 과학기술을 국가안보와 직결된 최상위 전략 사안으로 관리하겠다는 의미로, 사실상 국가 총력 대응 체제의 완성을 상징한다.

전 세계가 국가 차원에서 움직이고 있다. 미국과 중국뿐만 아니라 일본, EU, 인도 등 주요국들이 반도체를 비롯한 전략산업에서 국가가 직접 나서 장기 계획을 수립하고 막대한 예산을 투입하며 체계적으로 추진하고 있다. 일본은 2021년 경제안보추진법을 제정하고 총리 직속 경제안보추진회의를 설치했으며, EU는 2023년 유럽반도체법을 통과시켜 430억 유로 규모의 지원을 결정했다. 이들 국가는 10년, 20년을 내다보는 장기 로드맵을 세우고, 정권이 바뀌어도 정책의 연속성을 유지하며 차근차근 실행해 나가고 있다.

한국도 이제 국가적 차원에서 접근해야 한다.

기술혁신은 이제 특정 부처의 연구개발 과제를 넘어, 산업·환경·교통·교육·국방·외교 등 국가 시스템 전반과 긴밀히 연결되어 있다. 반도체 초격차 확보를 위해서는 과학기술정보통신부의 R&D뿐 아니라, 산업통상자원부의 산업정책, 외교부의 통상협상과 기술외교, 기획재정부의 전략적 재정 지원, 교육부의 인재 양성, 국방부의 방산 수요 연계가 유기적으로 맞물려야 한다. AI 기술 경쟁력을 높이려면 데이터 인프라, 전력 공급, 규제 개혁, 윤리 기준 마련이 동시에 이루어져야 한다.

부처 간 칸막이를 넘어 기술공급 부처와 기술수요 부처 간의 유기적 연계가 필요하며, 시민과 산업계가 함께 참여하는 개방형 혁신 네트워크로 전환해야 한다. 과학기술정보통신부, 산업통상자원부, 외교부, 기획재정부 등으로 분절된 현재의 정책 구조를 넘어 최첨단 전략기술 확보를 목표로 기술·산업·외교·안보·금융·인력이 유기적으로 연결되는 통합 전략 거버넌스를 구축해야 한다.

국가가 나서서 컨트롤타워를 만들고, 장기적 비전을 세우고, 정권이 바뀌어도 흔들리지 않는 정책 연속성을 확보해야 한다. 기존의 대통령 직속 경제안보전략회의를 예산 조정과 정책 조율 권한을 갖는 국가기술안보위원회로 격상하거나, 새로운 형태의 실질적 컨트롤타워를 신설할 필요가 있다.

또한 정부 간 조정만큼이나 중요한 것은 민관 협력 메커니즘의 제도화다. 정부는 민간 기업과 정기적으로 전략산업협의회를 구성하고, 기업 현장의 수요를 정책에 신속히 반영할 수 있는 상시 협력 구조를 만들어야 한다.

또한 AI를 각 산업에 접목시켜 전반적인 산업 경쟁력을 올리는 국가적인 노력도 필요하다. 최근 산업통상자원부가 추진 중인 AI 팩토리, 자율주행차, 휴머노이드, AI 방산, AI 바이오, AI 반도체 등 AI 전환M.AX 전략은 좋은 전략 방향이라 본다. 구체적인 성과로 나타나도록 장기적 관점에서 접근할 필요가 있다. 5년, 10년을 내다보는 중장기 로드맵을 수립하고, 정권이 바뀌어도 정책이 지속될 수 있도록 제도적 장치를 마련해야 한다.

전 세계가 국가 대 국가의 총력전을 벌이는 지금 정부가 나서서 장기적 비전을 제시하고, 정책의 연속성을 보장하며, 차근차근 실행해 나갈 때 그리고 기업의 과감한 투자와 혁신, 시민사회의 성숙한 합의와 지지가 유기적으로 결합될 때 한국은 다시 한 번 세계를 놀라게 하는 새로운 발전 모델을 제시할 수 있을 것이다.

4 공급망 안보: 기술주권 회복을 위한 전략적 재설계

한국 반도체는 세계 최고 수준의 제조 역량을 보유하고 있다. 하지만 그 기반은 외부 기술과 자원 위에 세워져 있다.

포토리소그래피, 에칭, 증착 등 핵심 장비의 대부분이 미국과 일본 등 특정 국가에서 수입되며, 소재·부품·장비의 자급률은 30% 수준에 머문다. 특히 EUV극자외선 노광 장비는 네덜란드 ASML이 사실상 독점하고 있으며, 일부 핵심 소재와 부품은 일본과 독일에 절대적으로 의존한다. 포토레지스트, 불화수소, 실리콘 웨이퍼 등 반도체 제조의 필수 소재들 역시 특정국 의존도가 70~90%에 달한다. 희토류, 특히 네오디뮴 자석이나 갈륨·게르마늄 같은 전략 광물은 거의 전량을 수입에 의존한다.

이런 구조 속에서는 한쪽 축만 흔들려도 전체 시스템이 정지할 위험이 크다. 2019년 일본의 수출 규제는 한국 반도체 생산라인을 즉각적인 위기로 몰아넣었고, 2023년 중국의 희토류 통제는 공급망의 지정학적 무기화를 현실로 보여주었다.

미국의 대중 수출 제한, 특히 첨단 반도체 장비에 대한 규제 강화는 한국 기업의 중국 내 공장 운영을 직접 제약하고 있다.

최근 미국이 중국 내 한국 기업의 VEU검증된 최종 사용자 자격을 해제하기로 결정한 것은 한국 기업이 중국 공장에서 미국산 장비를 도입할 때마다 개별 허가를 받아야 함을 의미한다. 이는 생산 일정 지연, 비용 증가, 불확실성 확대로 이어지며 한국 반도체 산업의 경쟁력을 직접적으로 약화시킨다.

그동안 한국 반도체의 경쟁력은 저비용과 고효율에 기반한 글로벌 분업 체계 속에서 형성되었다. 안정된 국제 질서와 자유무역이 보장되던 시기에는 이 구조가 가장 합리적인 전략이었다. 가장 저렴한 곳에서 소재를 조달하고, 가장 효율적인 지역에서 생산하며, 가장 큰 시장에 판매하는 것이 기업의 최적 전략이었다.

그러나 미·중 기술패권 경쟁이 격화되고, 각국이 기술과 자원을 전략 자산으로 통제하기 시작하면서 효율 중심의 체계는 오히려 리스크의 근원이 될 수 있다.

미국은 반도체를 국가 안보의 핵심 영역으로 재정의하고, 반도체법을 통해 자국 내 생산 기반 강화와 대중 수출 통제를 동시에 추진하고 있다. 중국은 반도체 자급률 70% 달성을 국가 전략 목표로 설정하고 막대한 재정을 투입하며, 동시에 희토류와 전략 광물을 외교적 레버리지로 활용하기 시작했다.

값싼 소재를 해외에서 조달하고, 대량 생산으로 비용을 줄이는 방식은 더 이상 안전하지 않다. 세계는 효율보다 안정을, 속도보다 자립을 중시하는 새로운 질서로 이동하고 있다. 공급망의 패러다임이 '저비용·고효율'에서 '안정과 신뢰'로 전환되고 있는 것이다.

효율 중심의 공급망에서 회복 탄력성 중심의 공급망 전환을 적극 고려해야 한다.

첫째, 핵심기술의 축적과 내재화를 통해 병목 구간을 해소해야 한다. 반도체 제조공정을 세밀히 분석하여 어느 단계에서 공급 중단이 발생할 경우 전체 시스템이 마비되는지를 파악하고, 그 병목 구간에 집중적으로 투자해야 한다.

메모리 분야의 압도적 초격차 유지는 한국 반도체 산업 생존의 필수 조건이다. 그러나 더 근본적 과제는 AI 시대 핵심 인프라로 부상한 시스템 반도체와 파운드리 경쟁력을 메모리 수준으로 끌어올리는 것이다.

반도체가 국가 안보 자산National Security Asset으로 간주되는 지정학적 시대에 파운드리는 공급망의 근간이자 전략 산업의 중추이며, 팹리스는 혁신의 원천이자 기술 생태계의 엔진이다. AI 연산이 클라우드에서 디바이스로 이동하면서 고성능 로직·AI 가속칩 설계와 파운드리 공정 통합 역량이 국가 경쟁력의 핵심으로 부상했다. 따라서 메모리 초격차 유지와 시스템 반도체·팹리스-파운드리 생태계 강화를 동시에 추진하는 이중 전략Dual-track Strategy이 필요하다.

둘째, 대기업 중심의 수직적 구조에서 벗어나 중소·중견 소부장 기업과 수평적으로 협력하는 산업 생태계를 구축하는 것도 필수적이다.

전통적으로 한국의 공급망은 대기업이 중소 협력사에 기술 사양과 납품 조건을 일방적으로 제시하는 상명하달식 구조였다. 이런 구조에서는 중소기업이 독자적인 기술 역량을 쌓기 어렵고, 대기업 의존도만 높아진다.

그러나 공급망 분절 리스크에 대비하려면 중소기업도 독자적 기술 경쟁력을 갖추고, 대기업과 대등한 파트너로서 협력할 수 있어야 한다. 기술과 인력, 데이터를 개방적으로 공유하며 함께 리스크를 분담할 수 있을 때 비로소 공급망 전체의 복원력이 강화된다.

대기업은 중소 협력사를 단순 납품업체가 아니라 기술 파트너로 인식하고, 공동 연구개발, 기술 이전, 인력 교류 등을 통해 생태계 전체의 역량을 끌어올려야 한다. 정부 역시 중소기업이 대기업과 공정하게 협상할 수 있는 제도적 기반을 마련하고, 기술 개발 성과가 공정하게 배분되도록 지원해야 한다.

셋째, 우호국과의 다층적 네트워크를 통해 공급망을 분산시켜야 한다. 미국·일본·EU뿐 아니라 인도·베트남·호주 등 신흥 파트너국과의 협력을 확대해 안정적인 공급망을 확보해야 한다. 한·미·일·대만 간 기술 동맹은 지정학적 리스크를 완화하면서도 새로운 성장 축을 마련할 수 있는 전략이다.

중국은 여전히 세계 최대의 반도체 시장이다. 그러므로 협력 가능한 영역에서는 중국과의 산업적 연계를 유지하면서 리스크를 분산시키는 '균형적 대응'이 바람직하다. 다운스트림에서 중국 의존도를 완화하고 인도·아세안 등 새로운 시장을 개척하는 한편, 중국과는 비첨단 영역에서의 협력을 지속하는 이중 전략이 필요하다.

넷째, 희토류와 같은 핵심 자원의 경우 종합적 공급망 안보 전략이 필수적이다.

한국은 호주·미국·베트남 등 우호국과의 광산 공동개발, 장기 구매계약, 해외 광산 지분 참여를 통해 안정적 공급선을 확보해야 한다. 동시에 최소 6개월 이상의 산업 수요를 충족할 수 있는 국가 비축 체계를 제도화하고, 폐배터리나 전자폐기물에서 희토류를 회수하는 '도시광산'Urban Mining 기술을 육성해야 한다.

미국·EU·일본·호주 등이 주도하는 핵심광물안보파트너십MSP 같은 다자 협력체에도 적극 참여하여 글로벌 차원의 공급망 안정화 노력에 동참해야 한다. 비축과 회수, 대체의 3단 방어체계를 갖출 때 중국의 공급 통제나 글로벌 시장 충격이 현실화되더라도 산업 기반이 흔들리지 않는다.

공급망이 무기화되는 시대에 기술 주권을 잃은 국가는 아무리 높은 생산성을 갖추더라도 초격차를 유지할 수 없다. 정부는 전략 품목을 중심으로 기술 자산을 국가 차원에서 축적해야 하며, 기업은 기술 투자를 비용이 아닌 주권을 지키는 보험으로 인식해야 한다.

소부장 핵심기술에 대한 장기 투자, 전문 인재 양성, 수평적 산업 생태계 조성, 우호국과의 전략적 협력을 통해 외부 충격에도 흔들리지 않는 회복탄력성 높은 공급망을 만들어야 한다.

5. 중국과의 전략적 관계 재정립 : 지피지기의 실천

현재 국제 질서를 주도하는 나라는 미국이다. 하지만 이 질서를 근본적으로 변화시키고 있는 핵심 동력은 중국의 부상에 있다. 중국 속담에 "지피지기면 백전불태" 知彼知己 百戰不殆라는 말이 있지 않은가? 그러므로 무엇보다 먼저 짚어야 할 점은 한국이 과연 중국을 얼마나 깊이 이해하고 있는가 하는 문제다.

중국의 외교부·상무부 등 한국 관련 부처의 핵심 인사들은 대부분 한국어에 능통하고 한반도 정세에 정통하며, 한국 사회 각계와 긴밀한 네트워크를 가지고 있다.

반면 한국은 어떠한가?

미·중 패권경쟁이 격화되고 한·중 경제 협력이 약화되면서 중국 관련 부서 근무를 기피하는 경향이 확산되고 있다. 성과를 내기 어렵고 양국 간의 관계도 이전에 비해 비우호적인 환경이기 때문이다.

기업들도 중국에서 성과를 내기 힘들고 복귀 후 경력에 불리하다는 이유로 중국 근무를 꺼리고 있다. 물론 경험적으로 이러한 현상을 이해하지 못하는 바는 아니다.

중국 시장을 공략하고 글로벌 경쟁에서 살아남기 위해서도 중국을 알아야 하지만, 중국이 점점 위협의 존재가 되고 있기 때문에 더욱 깊이 있는 연구가 필요하다. 중국을 모르고서는 향후 국제 질서의 변화를 예측할 수 없으며, 그 속에서 한국의 생존 전략을 도모할 수도 없다.

지금부터라도 중국을 연구하고 공부하고 이해해야 한다. 중국은 산업정책을 장기적이고 일관되게 추진하며 목표 달성까지 집요하게 밀어붙이는 특징이 있다.

한국 정부 역시 중국의 정책 방향을 심층적으로 분석하고, 이에 상응하는 대응 전략을 마련해야 한다. 싱크탱크와 연구소의 중국 관련 연구 예산을 대폭 늘리고, 중국 관련 연구에 대한 국가적 관심과 지원을 강화해야 한다.

중국은 더 이상 '기회의 땅'이 아니다. 여전히 거대한 시장으로서의 매력을 지니고 있지만, 이제는 한국 산업에 가장 위협적인 경쟁자로 부상했다. 중국 굴기를 단순히 두려워할 것이 아니라, 경쟁 속에서도 협력의 공간을 찾는 것이 중요하다. 중국과의 경쟁을 회피한다면 중국 시장은 물론 글로벌 시장까지 빼앗길 수밖에 없다.

지금은 미·중 경쟁 속에서 중국이 글로벌 시장 접근에 일정 부분 제약을 받고 있지만, 국제 질서는 언제든 바뀔 수 있다. 근본적인 경쟁력이 부족하다면 결국 우리가 지켜온 글로벌 시장마저 내줄 수밖에 없다. 중국 시장의 틈새를 파고들고 글로벌 시장을 지켜내기 위해서라도 중국을 이해하고, 필요하다면 정면 대결도 불사해야 한다.

중국과의 관계는 정부 간 공식 외교만으로는 충분하지 않다. 1.5트랙 정부-민간 혼합, 2.0트랙민간 등 다층적 채널을 통한 관계 강화가 필요하다. 특히 정부 간 관계가 경색되었을 때 이러한 비공식 채널이 완충 역할을 할 수 있다.

정부 간 교류뿐만 아니라 학계, 연구소, 싱크탱크 등 1.5트랙을 통한 소통창구 활성화도 매우 필요하다. 2.0트랙은 순수 민간 차원의 교류로, 기업, 문화예술계, 시민단체 등 다양한 분야에서 폭넓은 인적 네트워크를 구축하는 것이다.

현재 한·중 협력은 새로운 협력 모델을 찾아야 할 시점에 와 있다. 기존의 '윈-윈 분업' 구조를 넘어 경쟁 속 협력 방안을 모색해야 하며, 제조업 중심에서 서비스, 금융, 친환경, 공동투자, 의료, 문화교류 등으로 협력 범위를 확대할 필요가 있다. 쉽지 않지만 제3국 공동 진출 방안도 고려할 만하다.

특히 한·중 FTA 2단계 협상 모멘텀을 적극 활용해야 한다. 공급망 협력 또한 중요한 축이다. 지정학적 리스크 속에서 양국은 공급망 안정화를 위해 제도적 협의 체제를 구축할 필요가 있다.

미·중 경쟁 상황에서 디커플링이 진행되더라도 중국과의 경제적 연결은 변하지 않으며 피할 수도 없다. 중국의 굴기가 거세다고 해서 미국에 일방적으로 의존하는 것은 위험하며, 중국과의 경쟁은 불가피하다. 그러기 위해서는 중국을 제대로 이해하고 대응 전략을 세워야 한다. 현실을 회피하는 태도는 문제 해결에 기여하지 못한다.

최근의 반중 시위는 매우 우려스럽다. 한국에 조금이라도 도움이 되지 않는다. 중국이 최근 급속한 굴기를 하고 있지만 여전히 경제적, 안보적으로 중요한 협력 파트너이다. 미·중 패권경쟁의 소용돌이 속에서 한국이 생존하려면 미국과의 동맹 강화도 필요하지만, 동시에 중국과 최소한의 우호적 관계를 유지하기 위한 외교적 노력도 병행해야 한다. 중국에 대한 이해, 중국과의 전략적 관계 재정립, 이것이 한국이 미·중 패권경쟁 속에서 살아남기 위한 필요 조건이다.

위기를 넘어 재도약으로

현재 한국이 직면한 상황은 1997년 외환위기보다 더 위험하다고 생각한다. 당시의 위기는 외환 부족이라는 금융 불균형이 초래한 일시적 충격이었고, 전 국민이 그 위기를 명확히 인식했기에 비교적 단기간에 위기를 극복할 수 있었다. 위기 인식의 공유가 곧 효과적 대응의 출발점이었음을 보여준 사례다.

그러나 지금은 다르다. 삼성전자와 SK하이닉스는 여전히 글로벌 시장을 주도하고 있으며, 수출 실적도 견조하다. 표면적으로는 문제가 없어 보인다.

바로 이것이 더 큰 위험이다. 수면 아래에서는 구조적 변화가 진행되고 있으며, 반도체 산업을 비롯한 제조업 전반이 경쟁력 약화의 조짐을 보이고 있다.

반도체산업의 위기, 제조업 붕괴의 위험이 눈앞에 다가왔지만 정작 사회 전반에 '위기'라는 인식조차 부족하다. 위기를 위기로 인식하지 못하면 대응할 수도 없다.

이러한 인식의 공백은 정책 대응의 지연과 사회적 합의 형성의 어려움으로 이어진다.

IMF 외환위기 당시 원·달러 연평균 환율은 약 1,400원대였고, 2025년 하반기 현재 환율은 1,450원 안팎이다. 명목상으로는 IMF 시기보다 더 절하되어 있다. 환율은 국가 신용, 경쟁력, 정책의 총합을 보여주는 경제 초음파다.

급격히 다가온 위기는 위기로 인식하지만, 천천히 다가온 위기는 위기로 인식하지 못한다.

대한민국 경제는 어디에 서 있고, 어디로 가고 있는가?

반도체 산업의 지속 가능성은 확보되었는가?

기업의 힘만으로 문제를 해결할 수 있는가?

이러한 질문들에 대한 냉정한 검토가 필요한 시점이다. 본 저서는 반도체를 통해 한국이 처한 구조적 현실을 인식하는 계기를 제공하고자 했다. 중요한 것은 현실 진단이 정확히 이루어지고, 그에 대한 사회적 합의를 형성해 나가는 일이다.

현재 한국이 직면한 과제는 다층적이다. 미·중 기술패권 경쟁이라는 국제 정세 변화, 국내 정치·경제 환경의 불안정, 산업 구조의 급격한 재편, 인구 구조 변화와 고령화라는 사회적 도전이 동시에 진행되고 있다.

21세기 패권경쟁의 핵심은 군사력이 아니라 기술이다. 미국과 중국은 반도체를 국가안보의 핵심 자산으로 규정하고, 전례 없는 규모의 국가 주도 산업정책을 전개하고 있다. 중국은 2010년대 초부터 반도체 산업을 국가 전략산업으로 격상한 이후, 국가자본주의 체제의 장점을 활용해 막대한 보조금, 국유기업 중심의 공급망 구축, 내수시장을 활용하여 빠르게 추격해 오고 있는 중이다.

이는 단순한 시장 경쟁이 아니라 국가 대 국가의 전략 경쟁이며, 자유

시장 자본주의와 국가자본주의 간의 체제 경쟁이다.

한국은 이 양강 구도 속에서 전략적 선택을 강요받고 있다. 특히 한국은 GDP 대비 40%를 넘는 높은 수출 의존도와 글로벌 공급망의 깊은 통합 구조로 인해 보호무역과 경제 블록화 흐름에 가장 취약한 국가 중 하나다.

4차 산업혁명으로 인한 기술경쟁 구조의 근본적 변화 또한 중요한 도전이다. 인공지능, 사물인터넷, 빅데이터, 자율주행으로 대표되는 기술혁명은 산업 패러다임을 근본적으로 바꾸고 있다. 그리고 그 모든 기술의 물리적 기반은 반도체다.

기술 발전의 속도는 기하급수적으로 빨라지고 있으며, 기술 격차가 시장 지배력을 직접 결정하는 시대가 되었다. 더욱이 AI 반도체, 양자컴퓨팅, 뉴로모픽 칩 등 새로운 기술 영역이 빠르게 부상하면서 기존 기술 우위가 단기간에 무력화될 가능성도 커지고 있다.

기술혁신은 국가가 직접 창출할 수 있는 것이 아니다. 혁신은 본질적으로 기업의 연구개발 역량과 시장경쟁 메커니즘에 의해 주도된다는 것이 슘페터 혁신경제학의 정설이다.

그러나 혁신이 순수하게 시장 메커니즘으로 최적화되지 않는다는 것도 경험적으로 증명되어 왔다. 자본집약도가 높고 기술적 불확실성이 큰 첨단산업은 시장 실패의 가능성이 크다. 특히 지정학적 경쟁이 융합되면서 공공과 민간의 협력의 질이 국가간 기술경쟁력 격차를 결정하는 핵심적 변수가 되고 있다.

중국의 급속한 부상은 우리가 가장 경계해야 할 부분이다. 매일같이 중국발 기술혁신 뉴스가 쏟아지고 있으며, 그 영향력은 한국 산업의 입지를 위협하고 있다.

이제부터는 그야말로 국가 총력전이다.

정부가 다양한 노력을 통해 유리한 정책 환경을 조성하더라도 기업의 기술 경쟁력이 뒷받침되지 않으면 실효성이 없다. 반대로 기업이 기술을 개발하더라도 국가가 정책적 지원을 하지 않으면 국제 경쟁에서 지속성을 확보하기 어렵다.

결국 국가, 기업, 국민이 힘을 모아 함께 움직이는 협력 체제가 필수적이다. 중국이 국가자본주의 모델을 통해 국가와 기업을 일체화하여 공격해 오는 상황에서 한국이 분절적으로 대응한다면 경쟁에서 밀릴 수밖에 없다.

국가는 외교와 정책으로 환경을 만들고, 기업은 기술과 전략으로 경쟁력을 높이며, 국민은 이해와 지지로 힘을 보태야 한다.

환경은 끊임없이 변한다. 과거의 성공 공식이 현재에 통하지 않으며, 현재의 전략이 미래에도 유효하다는 보장은 없다. 혁신을 멈추는 순간 추락이 시작된다. 환경에 적응하지 못하면 도태되고, 전략적으로 사고하지 않으면 방향을 잃는다. 감정이 아니라 이성으로, 단기가 아니라 장기로, 부분이 아니라 전체를 보는 전략적 사고가 필요하다.

본 저서는 현재 위기의 해법이라기보다 담론이 더 활성화 되는 촉매제가 되기를 바란다. 궁극적으로는 '한국 반도체 산업과 기업의 지속가능성 확보 방안'이라는 질문에 대한 사회적 논의를 광범위하게 촉발하는 것이 목표다.

우리는 국가, 기업, 국민이 하나로 뭉쳤을 때 기적을 만들어내는 민족이다. 한국은 위기를 기회로 바꾼 경험이 많은 나라다. 이 격변의 시대를 헤쳐나가는 나라는 더 강해질 것이고, 그렇지 못한 나라는 뒤처질 것이다. 선택은 우리의 몫이다.

끊임없이 혁신하고, 변화에 적응하며, 함께 나아가자. 바로 지금이 재도약의 시기다.

그 여정에 이 책이 작은 도움이 되길 바란다. 독자 한 분, 한 분이 변화를 만드는 주역이 되길 기대한다. 한국이 지정학 시대를 넘어 기정학 시대의 새로운 기술 챔피언 국가로 거듭나는 그날까지, 우리 모두 함께 나아가자. 그것이 이 책을 쓴 이유이자, 저자로서의 간절한 바람이다.

삼성전자 전 부사장이 말하는
K-반도체 초격차전략

제1판 1쇄 발행 2025년 12월 2일

저자	이병철
펴낸이	김덕문
편집	손미정
교열	김정성
디자인	놈normmm
영업	이종률
제작	정우미디어

펴낸곳	더봄
등록일	2015년 4월 20일
주소	서울시 마포구 어울마당로 130 기린빌딩 3105호
대표전화	02-975-8007 ‖ 팩스 02-975-8006
전자우편	thebom21@naver.com
블로그	blog.naver.com/thebom21

ⓒ이병철, 2025
ISBN 979-11-92386-40-9 03320

- 이 책의 내용의 전부 또는 일부를 재사용하려면 반드시 저작권자와 출판사 더봄 양측의 동의를 받아야 합니다.
- 책값은 뒤표지에 표시되어 있습니다.
- 잘못된 책은 서점에서 바꾸어 드립니다.